后灵魂年代的美国

Post-Soul Nation

Nelson George

(美) 尼尔森 · 乔治 著　蒋怡 译

后灵魂年代的美国

南京大学出版社

图书在版编目(CIP)数据

后灵魂年代的美国 / (美) 乔治著 ; 蒋怡译. —南京 :
南京大学出版社, 2013.1
书名原文: Post-Soul Nation
ISBN 978-7-305-09388-3

Ⅰ. ①后… Ⅱ. ①乔… ②蒋… Ⅲ. ①文化史—研究
—美国 Ⅳ. K712.03

中国版本图书馆 CIP 数据核字(2011)第 268859 号

Nelson George
Post-Soul Nation

江苏省版权局著作权合同登记 图字:10-2008-192 号

出版发行 南京大学出版社
社 址 南京市汉口路 22 号 邮 编 210093
网 址 http://www.NjupCo.com
出 版 人 左 健

书 名 后灵魂年代的美国
著 者 [美]尼尔森·乔治
译 者 蒋 怡
责任编辑 芮逸敏 王 跃

照 排 江苏南大印刷厂
印 刷 扬中市印刷有限公司
开 本 889×1194 1/32 印张 9.5 字数 216 千
版 次 2013 年 1 月第 1 版 2013 年 1 月第 1 次印刷
ISBN 978-7-305-09388-3
定 价 28.00 元

发行热线 025-83592169 025-83592317
电子邮箱 Press@NjupCo.com
Sales@NjupCo.com(市场部)

献给杰德，

等他有朝一日读这本书时

肯定会想，也太大惊小怪了吧

导言：平权行动[①]

几百年来，只有宗教领袖和哲学家的口中才会冒出“灵魂”一词（暂且不论该词的其他含义[②]），指人的精神内核。灵魂可以受到诅咒，永世不得超生；灵魂也可以得到救赎，升入天国。早在被信徒奉为至宝的《圣经》诞生之前，上帝和魔鬼就为了谁主人类灵魂一事争执不休。我们生而为人全赖灵魂，而非游走世间的外部身躯，因灵魂就是诠释人何以为人的那块意识领域。在当今公众的概念中，“灵魂”总与个体的精神世界相关，世纪之交风靡各地的《心灵鸡汤》[③]一书即是很好的佐证。

由此看来，那些60年代的黑人歌手自称他们的流行音乐为

注：本书所有注释均为译注

① 平权行动（affirmative action）：美国人口的构成呈多元化，在历史上，非白人少数族裔经常受到不公正对待。平权运动最早开始于20世纪60年代，旨在改善黑人受歧视的状况，通过颁布一系列政策，在就业、受教育等方面照顾种族、残疾、性别等原因而受到歧视的人。作者用了复数形式（affirmative actions），意指一系列为黑人争取平等地位的行动。

② Soul一词除了“灵魂”之外还有其他多种释义，如在本书中用得最多的释义是“美国黑人的”。

③ 《心灵鸡汤》（*Chicken Soup for the Soul*）为系列读物，收集了一个个充满哲理的小故事，语言浅显易懂，却传达着人间真情，让真情在心灵的碰撞中成为永恒。“心灵”一词对应的英文正是soul。

"灵魂乐"就不足为奇了,因为这些音乐的要素(节奏、旋律、和声)都根源于滋养他们的基督教堂音乐。虽然灵魂乐关乎世俗题材——多为爱情、爱欲和丧失,但其灵魂还是源自基督教义,尤其当由艾瑞莎·弗兰克林(Aretha Franklin)这样的歌后诠释时,灵魂乐便如主日讲道一般虔诚崇高。

经过这一简单的语义转用,"灵魂"一词开始在更大范围内使用。随着60年代的逐渐流逝,灵魂指代的不仅仅是一种流行音乐风格,还有美国黑人(根据年代或语境的不同,还可能被称作黑鬼、有色人种、非裔美国人)所有的传统和文化。我们成了"灵魂姊妹[①]","灵魂弟兄",我们吃着"灵魂饭",见面握"灵魂手",庆祝时"鼓灵魂掌",而我们的"灵魂孩子"听着"灵魂乐教父"詹姆斯·布朗(James Brown)的歌,朝着获取"灵魂势力"的方向迈进。"灵魂"一词在社会上广泛使用后不久便具有了商业味道,随之出现了灵魂杂志、灵魂理发店、灵魂护发产品,以及一部经久不衰的电视表演秀《灵歌列车》(*Soul Train*)。摩城唱片公司创始人贝利·戈迪(Berry Gordy)一贯擅长抓住机遇,他甚至给这个词注册了版权,发行灵魂厂牌的唱片。

眼下的音乐视频、电视广告和电影仍会时不时提及60年代这一灵魂年代,然而,他们着眼的不过是这一时代的商业表层;对于黑人社区而言,60年代有着深厚的底蕴及独特的历史。风靡60年代的不仅有烤鸡——那十年间,黑人争取平等公民权利的斗争达到了巅峰。这场斗争的号角自林肯总统签署《解放宣言》之日便

① 灵魂姊妹(soul sista):60年代以来,黑人开始在生活中的方方面面前冠以soul(灵魂)这一词,使得soul获得了新的释义,即"美国黑人的"、"美国黑人文化的"。"灵魂姊妹",还有下面的"灵魂弟兄"、"灵魂饭"等分别是黑人对其姊妹、弟兄、食物等的称呼。

已吹响,不过于二战后重燃烽火,因为战后美国国内不同种族的公民(其中有好多外国观察评论员,这让政府稍感安慰)纷纷揭露这个国家的虚伪面目,称其在外与纳粹打仗,向内却不约而同地施行种族歧视。

为了使现实情境不至于与国家宪法中激情澎湃的措辞相去甚远,民权运动带着宗教般的热情重新塑造了美利坚合众国。1946年到70年代之间发生了一系列立法、游行、道德劝诫以及流血运动,其中在60年代,立法行动和道德劝诫均达到顶峰,因而官方障碍轰然倒塌。

60年代时我还是个孩童,即便如此,每当回想起那个年代里《我们必胜》[①]中的激情也很是留恋。对我而言,那个历史年代绝对是把灵魂的精神内涵宣泄到极致的最佳写照,是对人类进步的信念,是对未来辉煌的自信乐观。我们无需一一细数其间的伟绩就可以了解,在那个年代里,马丁·路德·金(Martin Luther King Jr.)、法尼·罗·哈默(Fannie Lou Hamer)、马尔克姆·艾克斯(Malcolm X)和成千上万怀着奉献精神的民众一起参与到热血沸腾的实际行动中。他们致力于一场艰苦卓绝的事业,一场为灵魂而战的事业。

自70年代中期起,美国黑人的历史进入了崭新的时期,“后灵魂年代”这一术语就是指这段百般曲折、矛盾四起、动荡不断,并且时常漫溢着恐怖的岁月。我用这一简略术语来描绘一个时代,在这个时代里,整个国家努力试图内化灵魂年代以来的成败得失以及矛盾困惑。后灵魂年代里,黑人在社会生活中开始占有一席之

---

① 《我们必胜》(“We Shall Overcome”):堪称美国民权运动的国民颂歌,歌词最初来自一首福音歌。马丁·路德·金在他的演讲中也多次用了“我们必胜”。

地，这在之前从未有过。非洲黑奴的后裔开始以政治人物、广告明星、流行歌手、工人阶层和同窗好友的身份参与公众活动，享有了公民的权利，但是他们并不总被当成同等公民，这在很大程度上归因于这个国家里黑奴以往的悲惨历史。

然而不幸的是，所有这些进步都没有像60年代里人们期待的那样给黑人群众带来实际益处。就缓解现实中持续的贫困、改善低劣的教育、驱除根深蒂固的社会歧视而言，60年代的楷模们取得的成就并没有带来多少实质影响。后灵魂年代里的一些人对政府改善社会环境所做的甚微努力只做保守的还击，黑人群体中的阶级矛盾一直以来都被压制，加上四下泛滥的吸毒，以及与灵魂年代的精神背道而驰的唯唯诺诺，以上种种只是后灵魂年代为什么经常乱如麻叫人理不清的部分原因。

一部关于后灵魂年代的纪实片，不是讲述一场时间脉络清晰的社会运动，却是收集了七零八碎的各色片断，组成的也不是条理清楚线性发展的故事，而是一幅色彩斑驳的拼贴图。一些社会动态，如对灵魂年代的直接响应或是前所未料的某种革命，推动着这部纪实叙事片的情节向前发展。在后灵魂年代，许多黑人在选举中胜出，开始担任政府要职，这是历史上不曾发生过的。他们恪尽职守，致力于改善同胞的生活状况，同时也为其他社会成员服务（主要是指白人）。在这个年代里，持保守观点的黑人通过高透明度的政府任聘或从事媒体工作，开始跻身权贵之列，这对社会上普遍存在的对黑人抱有的传统政治观点和价值观构成了挑战。这个年代激发了穷人阶层的创新激情，点燃了他们压抑的怒火，由此催生了艺术作品的创作，也鼓动了一些破坏活动，使外界得以了解黑人世界，而这些在历史上都未曾有过。这个年代展示了黑人女性作家和知识分子在种族和性别的语境下爆发的才华，但也引发了各个阶层的黑人男性对这些女性的挖苦指摘。这个年代还重生了黑人民族主义这一遥远年代的信念，上演了多幕街道游行，还向族裔融合这一观念发难，而族裔融合实际上却是有利于培养人们对非洲文化和非基督教信仰的兴趣的。

由于“黑色①”一词成了对一个种族的特指，不难想象，到了70年代末，这个词即便不被新词替换掉，也肯定会招致多方挑战或是重新诠释。事实上，80年代的人们就在玩味对黑人的称呼，像“邦皮士”、“霹雳舞男孩”、“美国黑公主②”、“下层阶级”、“女性主义者”和“非洲中心主义”这类词开始进入词汇库。这些词中，有一些是戴着有色眼镜的白人创造的，另一些则是俚语和学术词，是代表黑人逐渐获得的新身份和新形象的词。

对《后灵魂年代的美国》一书一个保险的猜想是，这本书讲述的是美国黑人群体中的发明创造、事迹现象以及流行趋势，最终是如何塑造美国其他族裔的生活的。民权运动时期，这种说法很大程度上在政治、法律以及音乐界得到了证实，但是在废除种族隔离更加彻底的80年代，美国社会接受这种族裔之间的相互影响时，不再是堂而皇之地排斥，因而可以想象，黑人文化的影响遂有了更大的发展空间。

即便如此，本书却不是在单纯地缅怀种族界限模糊的80年代。《音乐故事》③或是历史频道的忠实观众在本书中可能找不到80年代

---

① black首先是一种颜色，黑色，后来用来指代黑人这一种族。

② 美国黑公主(BAP: Black American Princess)：指的是那些美国上层或中上层背景的黑人女性，她们通常娇宠势利，物质欲强。

③ 《音乐故事》(*Behind the Music*)：美国VH1电视台播出的一套电视纪录片，每一集关注一位音乐家或是音乐组合，记载他们的成功之路及期间面临的职业抉择。这套纪录片刚开始从1997年持续播放到2006年后结束，之后断断续续播出一些，直到2009年9月才重新正式续播。

的一些主题思想和重大事件的叙述，书中也不讲魔术方块[①]、“会员专用”夹克衫[②]，也尽可能少讲T先生[③]。万分抱歉。本书侧重于记载那些突然觉得生为非裔美国人值得骄傲的人的成败得失，因而所呈现的那十年景象（多出或少了十二个月都无妨）具有高度选择性。

《后灵魂年代的美国》一书是我的切身体验。80年代时的我二十出头，风华正茂，像所有同龄人一样，我一路走来，一路探索，可谓意气风发。于80年代步入弱冠之年，对我和我的同龄人而言，实属大幸。那时的美国前所未有地向黑人敞开了机遇的大门。我们得到了我们的父母没有机会触碰的工作，那十年里我们挣得的报酬可能比以前一代黑人终其一生赚到的还多。但是生在80年代的我们就高人一等吗？难道我们比先辈更强健、更英勇、更果敢吗？我不这么认为。我觉得我们不过是受到的教育更好，不过是时代的幸运儿罢了。

生在这一时代的我们还很贪得无厌、自视甚高，却又被种族主义者用拿来造势的武器攻击得喘不过气来。拥挤不堪、寒酸破败的学校，以及漫不经心不问事儿的老师，要么暴虐凶残，要么不闻不问。而通常两者兼具的治安部门，还有惨不忍睹、画了红线隔离

---

① 魔术方块(Rubik's Cube)：匈牙利雕塑家兼建筑学教授Rubik于1974年发明的一种智力玩具，1980年，他把这个玩具注册后卖给了Ideal玩具公司。截至2009年1月，魔术方块在全球共计卖出35亿件，是拼图玩具中销量最好的。

② “会员专用”夹克衫(Members Only Jacket)：Members Only是一个衣服的牌子，1980年时这个衣服牌子生产的夹克衫非常流行。

③ T先生(Mr. T)：原名劳伦斯·图力乌德(Laurence Tureaud)，因出演1980年的电视剧《天龙特攻队》(*The A-Team*)而走红。

开的住宅[①],加之腐败瘫痪的公共设施,这些都为种族主义者说事提供了借口。虽然种族隔离得到削弱,我们硕果累累,虽然族裔融合给我们带来了多种可能,但是在更深的层面上,黑人大众中还是产生了一股愤世嫉俗、甘愿遗世独立的心态,仿佛这个崭新的美国让我们激动万分的同时,也让我们厌倦而丧失热情了,这种两面性正是对我们绝好的诠释。

接着,电影牛仔罗纳德·里根[②]登场了,骑着他的马——新保守主义[③],这也是时下整个国家弥漫的气氛。里根于 1980 年登上总统之位,也有赖于国家对黑人晋升的扼制,因为早在吉米·卡特(Jimmy Carter)在任的四年中,黑人晋升一事就闹得沸沸扬扬。70 年代末的报纸杂志对此大肆报道,当时许多黑人领导人都认为,对于黑人来说,里根总统不会比在任的民主党总统吉米·卡特更糟了。一些声名显赫的黑人领导人甚至还积极赞成这位新保守主义者继位呢。花费口舌去说这些领导人目光短浅,无异于突然意识到说唱音乐是按着节奏来的。

---

① 画了红线隔离开的住宅(red-lined housing):指一些经济风险大的地区或衰退地区,银行、保险商等对其拒绝发放抵押贷款。20 世纪 60 年代,美国很多城市实行种族隔离,黑人和白人分居红线的两侧。黑人很难从银行贷到款,或者通常得付更高的利息。

② 罗纳德·里根(Ronald Reagan,1911 - 2004):美国总统,于 1981 - 1989 年间在位。里根是演员出身,他出生于美国西部的伊利诺伊州,所以文中称他为电影牛仔。

③ 新保守主义(neoconservatism):又称激进的保守主义。美国的新保守主义最初只是一群自由派知识分子,他们在 20 世纪 80 年代反对民主党的防务政策,后来追随里根与共和党政府反对苏联扩张,主张在外交上奉行强硬政策。新保守主义者开始也支持民权运动,但后来民权运动领袖和尼克松政府推行“平权行动”,虽然这个政策的本意是消除种族歧视,但有人认为,它已经变成了对少数民族给予更多的优惠政策,而不是一视同仁。比如说黑人就业和大学入学方面,就都比白人待遇优惠。这个政策逐渐引起争议,在自由主义者中发生了分歧。有些人不再支持这么做,这些人就是新保守主义者。

《后灵魂年代的美国》一书虽然是用第三人称展开叙述，但是从许多方面来说却是我的自传，因为书中论及的宽泛主题皆为我一生的探索。1980 年 1 月，当时我是个没有固定工作的自由作家，与母亲和有孕在身的妹妹挤在布鲁克林最破烂不堪的社区中的一幢两层楼的房子里。1989 年末，我担任一家报纸的专栏作者，同时还是个小有名气的音乐评论家和作家，住在布鲁克林一处考究的住宅区里，住的是宽敞舒适的赤褐色砂石房屋，新厨房比老房子的卧室还要大。80 年代，激发我改善生活现状的动力是黑人流行文化的迅速崛起。我第一份像模像样的收入是迈克尔·杰克逊(Michael Jackson)传记的版税，1983 年夏天，我一气呵成写完了这书。我把这笔钱的一部分投资斯派克·李(Spike Lee)的电影《稳操胜券》(*She's Gotta Have It*)，这也是我初次涉足文化产业。1980 年至 1989 年间，我从事写作的同时，还经营些小生意，这都得益于后灵魂年代给我带来的机遇。

但是，我的人生图景并非总是一帆风顺。我的一位近亲染上毒瘾，接着就干起了小偷小摸之事，满口谎言，自此之后，这种互不信任、相互猜忌的风气就在家庭成员心中生了根，至今我们还在努力摆脱它。俗话说祸不单行，这位吸毒的亲戚不久便染上了 HIV 病毒，整个家庭因这 80 年代的另一瘟疫而受累。幸好，我们都挺过来了，而且从多方面来看，我们比以往任何时候都坚强。但是，痛苦是切切实实的，伤疤也永远无法抚平。

在我看来，查尔斯·狄更斯的至理名言——“这是最好的时代，也是最坏的时代”恰如其分地概括了 80 年代。所有经历过这个年代的人都被它跌宕起伏的喜悦与悲痛所感染，就像弗兰克·贝弗利(Frankie Beverly)的歌里唱的那样。你不知道谁是弗兰克·贝弗利？这又是 80 年代的旧事了。

1 9 7 9

1979

1979年可谓奏响了序曲，这一年发生的重大事件影响着接下来的十年。亲美的伊朗国王下台后，59名美国公民在德黑兰被扣为人质——在重重危机的笼罩下，国内一场总统选举正在进行着。一场伊斯兰革命推翻了腐旧的寡头统治，伊朗民众站在正义的一方，指责美国政府扶持一个靠石油致富的腐败独裁者。除了很少几位学者、观察敏锐的记者和守口如瓶的政府特工，整个美国没有人意识到，政治冷战正让位于宗教热战，敬畏上帝的美国在许多非西方人士眼中成了魔鬼撒旦，而伊朗恼羞成怒下的激烈举动，则是这些转变的另一个标志性事件。

当美国的大街小巷正议论纷纷，为何一个小小的中东国家就能这样无视我们时，一场新型的毒品泛滥正在袭来。苯环利定(PCP，又称"天使粉")是一种人工合成毒品，一种风行于贫民窟的LSD①，它能使服用者进入失去判断能力的迷幻状态。这种灰色粉状物质通常被撒在普通的香烟或是大麻烟上吸食，吸食者除了能出现奇特朦胧的幻觉，有时还能体力倍增，寻衅挑事，得有四五个警察才能把他们制服。大城市的医院病房里，时不时就住着"粉

① 全称是 lysergic acid diethylamide，一种迷幻药。

头垢面"、神情疯狂、两眼发直的男男女女，他们被关了起来，注射氯丙嗪。氯丙嗪这种药物让病患镇定的同时，也会麻痹他们的大脑。真正令人毛骨悚然的是，80 年代中期以前，天使粉之于纯可卡因就如疱疹之于艾滋病一般渺不足道。

在本书开篇的内容中，黑人文化已然跻身美国主流文化——至少在某种程度上来说是这样。黑人出现在情景喜剧、地方新闻中，一些主要城市的市长由黑人担任，废除种族隔离是全国 50 个州的公共政策。我们正跨入一个新时代：埃弗罗发式[①]和大喜吉装[②]仍存在，但是在慢慢淡出人们的视野，而宽松的裤子则出现得越来越多。

1 月 25 日 美国小牛电影节(American Mavericks)在曼哈顿东村的一个影院里举办，这是一届独立长片电影节，出席的年轻导演有马丁·布莱斯特(Martin Brest)，带着他自编自导的电影《来生》(*Hot Tomorrows*)。这部电影讲述的是来世，与几年以后让他声名大噪的《比弗利山超级警探》(*Beverly Hills Cop*)极为不同。

电影节上唯一的一部黑人影片是耶鲁毕业的沃林顿·哈德林(Warrington Hudlin)拍摄的《街头故事》(*Streetcorner Stories*)，这部长达 1 小时的纪录片讲述了一群工人在开工前的清晨聚集在康涅狄格州纽黑文街头的故事。《街头故事》运用时下流行的电影实录手法，通过对细节的刻画捕获黑人劳动阶层的生活节奏与习性。哈德林出生于东圣路易斯，他身上就带有中西部工人阶层硬汉的

① 埃弗罗发式(Afro)是一种类似非洲黑人自然发式的呈圆形的蓬松髻发。

② 大喜吉装(dashiki)：(黑人穿的)颜色花哨的短袖衬衫。

品质，影片开头引用了拉尔夫·埃里森[①]关于布鲁斯音乐“悲喜剧交加”特质的话，以此为这部“硬汉”影片定下基调。

整个70年代，东西海岸的黑人独立电影制作人勤勤恳恳，艰苦创作，然而，他们大部分心血都被好莱坞以及主流（白人以及黑人）媒体所忽视，居住在哈勒姆的哈德林就是这个群体的一员。梅尔文·范·皮布尔斯（Melvin Van Peebles）1971年的影片《斯维特拜克之歌》（*Sweet Sweetback's BaadAsssss Song*）是最后一部获得骄人商业成绩、吸引大批观众的黑人独立影片。像哈德林这样的黑人独立影片制作人，他们一般通过艺术组织赞助，或是个人出资而筹集影片拍摄的资金，或是在他们就读或任教的电影学校拍摄。这些影片很少有明星出演，大部分是在电影节或博物馆放映，通常带有浓厚的政治或社会主题色彩，而且几乎没有广告预算，这就是为什么即便像《乌檀》（*Ebony*）这样的黑人流行报刊也只给这些电影象征性的报道。

4月 伽玛·法纳卡（Jamaa Fanaka）的影片《忏悔录》（*Penitentiary*）可以说是疯狂监狱版的《洛奇》[②]，性感十足的列昂·伊萨克·肯尼迪（Leon Issac Kennedy）扮演的主人公宝贝（Too Sweet）俘获了不少观众的心。法纳卡虽然脱胎于黑人独立电影中严肃的洛杉矶学派，但是自身却保有扭曲的世界观。在加州大学洛杉矶分校求学时，他就因一部短片而臭名远扬——这部短片中，

---

① 拉尔夫·埃里森（Ralph Ellison，1914－1994）：当代美国著名的黑人作家，也是20世纪最有影响力的美国小说家之一，代表作有《看不见的人》（*The Invisible Man*）。

② 《洛奇》（*Rocky*）：由史泰龙主演的电影，其硬派的表演风格在80年代的美国成为了传奇。影片大获成功之后，好莱坞追拍了六部《洛奇》系列的影片。“洛奇”成了铁血英雄的代名词。

男主人公的阴茎长得足以绞死敌人。《忏悔录》同样也是这种离奇思维的产物,这部B级影片[1]很是叫座,此后还诞生了两部续集。虽然并不为批评家所看好,法纳卡和肯尼迪却创造了那个年代第一个黑人系列电影。

5月 《黑人学者》(*The Black Scholar*)是黑人知识界的一份权威期刊,其五/六月份的杂志登出了"黑人性别主义论坛",因为在这之前,三/四月的杂志上刊登了一篇米歇尔·华莱士(Michelle Wallace)的著作《黑人男性气质与女超人的神话》(*Black Macho and the Myth of the Superwoman*)的书评,撰笔人为罗伯特·斯坦普斯(Robert Staples),文章难掩愤怒之情,题为"黑人男性气质的神话——回应气势汹汹的黑人女权主义者"("The Myth of Black Macho: A Response to Angry Black Feminists")。

华莱士的这本书于1979年年初出版,曾受到白人女权主义者的好评,被认为是黑人民族主义运动中对男性沙文主义的审视,书中把黑人女性置于白人种族主义与黑人男性气质的双重压力下,具有划时代的意义。《女士杂志》[2]也用了这位年轻的作者做封面。然而,黑人男性仍对安投扎克·宋盖(Ntozake Shange)几年前的百老汇名剧《彩虹艳尽半边天》(*For Colored Girls Who Have Considered Suicide When the Rainbow Is Enuf*)中对他们十恶不赦的描写耿耿于怀,他们随即对华莱士展开猛烈的抨击。其中以《乡村之音》的斯坦利·克罗齐(Stanley Crouch)最具代表性,他撰

① B级影片(B-movie):低预算的商业电影,旨在迎合大众娱乐需要的二流电影。

② 《女士杂志》(*Ms. Magazine*):美国的一份女权主义杂志,由女权主义者们创立于20世纪70年代初期,在那个十年间颇受欢迎。

文写道,媒体界的白人“扶持了一群叽叽喳喳、只会为女性运动动动嘴皮子的黑人女作家,却给我们新添了有关黑人男性与女性的成见”。参与这一期《黑人学者》辩论的人员名单颇惹人注目,有:郎·卡尼加(Ron Karenga),阿斯基亚·杜尔(Askia Touré),哈利·爱德华兹(Harry Edwards),奥黛丽·罗德(Audre Lorde),朱恩·乔丹(June Jordan),罗伯特·斯坦普斯(Robert Staples),安投扎克·宋盖,阿尔文·普森特(Alvin Poussaint),卡拉姆·亚·萨拉姆(Kalamu ya Salaam),朱莉安娜·马勒福(Julianne Malveaux)等等。

五年后,加尔文·亨顿(Calvin Hernton)在《性别的高山与黑人女性作家——性别、文学与现实生活中的探险》(*The Sexual Mountain and Black Women Writers: Adventures in Sex, Literature, and Real Life*)一书中回顾这次辩论时谈道:“显而易见,这场辩论中被惹怒的是男性……他们叫嚣道,女性已落入白人女权主义者的政治宣传圈套中了。他们还说,黑人女性和白人女性一样,因为受人愚弄才跟男性叫板。其中最刻毒的话是,黑人女性的文字引发了黑人社区凝聚力的‘下降’。”

7月 “迪斯科烂透了!”的呼声响彻了整个国家。就在《周末夜生活》[①]的电影及其原声音乐刮起巨大的流行文化旋风后的一年,一场反对音乐—文化风潮的运动就浩浩荡荡地展开了。一直以来,摇滚乐迷们就痛恨迪斯科舞厅装腔作势地故扮深沉,及其追

① 《周末夜生活》(*Saturday Night Fever*,1977):由约翰·特拉沃塔主演,获得了很大的商业成功,从此迪斯科音乐在全世界流行开来,该电影的原声音乐(*OST*)是历史上第一张电影原声音乐唱片,被载入吉尼斯纪录,是销量第二大的OST,Bee Gees兄弟的迪斯科音乐每首都是经典歌曲。

逐时尚的舞蹈，而其他人觉得这种混合了黑人、拉丁风格以及同性恋俱乐部的世界让人恐惧不安，而且也异常危险。

下个十年伊始，说起“迪斯科”时，许多人仍嘟嘟囔囔，好似这是个不祥的字眼，但是迪斯科催生的舞曲却会在DJ们的努力推动下继续繁荣，而且会分裂成几个不同的舞蹈类型。DJ们是时髦风尚的倡行者，也是音乐制作人，他们把在唱片转盘上干的事儿转变成一种创造性行为。

新泽西州一家名为“糖山唱片”的独立音乐公司推出了糖山帮(Sugar Hill Gang)的唱片——《说唱人的快乐》(*Rapper's Delight*)，这是说唱风格获得的第一次商业成功，虽然这种风格在纽约地区的公园和俱乐部中已经流行了好几年了。《说唱人的快乐》虽然会改变并且最终变革世界音乐，但是，当时这张唱片里的风格只是舞曲的另一种形式而已。三位表演者按照节奏念念叨叨(即说唱)的内容是从新近最伟大的迪斯科音乐之一——Chic[①]的《好时光》(“Good Times”)改编而成的。

更接近迪斯科传统的，要属西村的天堂车库里上演的一幕幕了。在极具远见的黑人同志DJ拉里・勒万(Larry Levan)的领导下，天堂车库成为纽约城里乐迷们最敬仰的殿堂——是舞曲的圣城麦加。在《公告牌》(*Billboard*)杂志的迪斯科大会上，天堂车库被评为1979年度和1980年度拥有最佳声响系统的最佳俱乐部，每到周末都能吸引各种性别、各种种族的狂热人群。凭借在舞蹈文化方面卓越的声望以及勒万多样的品位，天堂车库成为多种舞曲风格的发祥地。

---

① Chic：美国的迪斯科以及R&B乐团，于1976年成立，《好时光》(“Good Times”)于1979年推出之后广受欢迎。

让我们跳跃到国家的中部。一位名叫法兰奇·纳考斯(Frankie Knuckles)的黑人同志DJ在芝加哥的一个名为"仓库"的俱乐部里欣然起舞,他来自纽约,是勒万的密友。这个俱乐部位于城市西部的一个三层楼厂房里,每到周末就人头攒动。在"仓库"里,跳舞被称为"律动"(jacking),而因为俱乐部的名字,音乐被称作"浩室"(house)。刚开始,"仓库"里播放的音乐与舞者们在纽约天堂车库中能听到的并未有很大区别——费城国际舞,欧式迪斯科舞,以及疯克舞。但是,随着芝加哥的这股潮流愈演愈烈,更多异性恋者和音乐家被吸引过来,"浩室"也越来越具独特色彩。

8月 迈克尔·杰克逊的专辑《墙外》(*Off the Wall*)由前爵士乐和电影改编者昆西·琼斯[①]打造,获得了数百万张的销售成绩,成为男歌手中最卖座的专辑,这位昔日的童星也摇身变为成年艺术家。这张专辑发行之际,大部分美国人印象中的杰克逊还是摩城儿童组合"杰克逊五兄弟"(The Jackson 5)中聪明可爱的主唱。70年代初,杰克逊和他的四个哥哥演唱的一系列歌曲都荣登榜首(《ABC》,《你拯救的爱》["The Love You Save"],《我希望你回来》["I Want You Back"],《我会在那里》["I'll Be There"]),这些歌曲是摩城倾力打造"青春美国"的最后一次尝试。

虽然迈克尔此前的几首歌曲曾红极一时,但是整个青年时代,他一直在找寻自己成年后的形象定位(包括舞台上和舞台下)。《墙外》这张唱片的成功秘诀在于,昆西·琼斯这位经验老到的制作人巧妙地让迈克尔挥发成人魅力的同时,又不失当年的纯真。

---

① 昆西·琼斯(Quincy Jones,1933-):美国首位在大型音乐录制公司担任高级管理人员的非裔美国人和首位重要的非裔电影音乐创作人,同时他还是杰出的黑人音乐艺术家、唱片制作人、作词作曲家以及慈善家。

劲歌热舞中用的是迪斯科音乐(《不够不要停》[“Don't Stop 'Till You Get Enough”],《夜以继日的工作》[“Working Day and Night”]),中速歌曲性感诱人(《与你共舞》[“Rock with You”]),而抒情歌曲又是那样真挚感人(《她离开了我的生活》[“She's Out of My Life”],《情不自禁》[“I Can't Help It”])。《墙外》中的歌曲表演艺术精湛,杰克逊不仅留住了跟杰克逊五兄弟一起成长的朋友们,也为自己赢得了新生代歌迷的拥护。

杰克逊为《不够不要停》和《与你共舞》这两首歌曲拍了宣传视频,在一块华丽的蓝色幕布背景前独唱独舞——这是那个年代的惯例。这两个视频在一些综艺节目和黄金时段前后的音乐节目里播放,但是几乎没有带动唱片在全美的销售,而在英国,视频倒是大范围地播放了,因为从60年代起,“宣传片”(即视频)就一直很流行。之后,迈克尔重新回归杰克逊五兄弟,录制新的唱片。许多人纷纷揣测,《墙外》是否会是迈克尔独唱生涯的巅峰,毕竟,岁月催人老,杰克逊扮演彼得·潘[①]的日子也不会太长了。

9月 女权主义出版社出版了《我喜欢大笑时的自己……还有表情古怪颇为抢眼的自己》(*I Love Myself When I Am Laughing … and Then Again When I Am Looking Mean and Impressive*),这本书由艾丽丝·沃克(Alice Walker)编辑,名不见经传的作家兼民俗学者佐拉·尼尔·赫斯顿(Zora Neale Hurston)顿时蜚声国内。沃克把赫斯顿列为黑人文学中最重要的女性作家、作家楷模、榜样,值得所有人效仿。赫斯顿与兰斯顿·休斯

① 彼得·潘(Peter Pan):这是英国作家J. M.巴里笔下的一个角色,是一个淘气的小男孩,他拒绝长大,是永恒的童年的象征。

(Langston Hughes)同一个时代，此外他们还是好搭档。然而，取得卓越文学成就的首位黑人作家理查德·赖特(Richard Wright)对赫斯顿的作品却不屑一顾，赫斯顿的许多作品也因此多年停止出版。沃克和其他女作家对赫斯顿的关注迎来了人们对黑人女性作家的重视，许多人开始把赫斯顿的作品视为艺术典范。她的小说《他们眼望上苍》(*Their Eyes Were Watching God*)不久便将重新出版，并将进入伟大的黑人(以及女性主义)(和美国)小说之林。

9月 80年代最流行的两部情景喜剧首播——ABC电视台的《本森》(*Benson*)，由罗伯特·吉尔劳姆(Robert Guillaume)主演；NBC电视台的《小淘气》(*Different Strokes*)，由盖里·科尔曼(Gary Coleman)和托德·布里奇斯(Todd Bridges)主演。

《本森》于13号首播，这部电视剧以半庄严的姿态倒退到以聪明伶俐的黑仆为主角的电影以及早期情景喜剧时代，不过把黑仆的地位抬升到管家，这位管家为现任州长工作，在智慧上(往往还能)赛过他的主人，该剧声称要以此颠覆陈腐不堪的刻板观点。吉尔劳姆这位喜剧演员毕竟功底扎实，要是换成另一位演技不过硬的演员，这部剧集准会变成彻头彻尾的黑鬼闹剧。就这样，《本森》连续拍了七年，到了最后一季时，本森已从管家升至副州长的位置，这个结局是剧集制作人向众多黑人评论家递出的橄榄枝，出乎意料，这根橄榄枝并没被折成两段。支持者认为，《本森》这部喜剧是对黑人奴役历史的正面审视，这一群人同时也认为玛格丽特·米切尔(Margaret Mitchell)的《飘》(*Gone with the Wind*)是对黑人女性的正面刻画。

相较之下，《小淘气》略显哀伤，没有《本森》里吉尔劳姆表现出的优雅。这部电视剧首播于9月3日，讲的是一个白人家财万贯，但妻子已去世，膝下尚有两个黑人养子。托德・布里奇斯饰演一个普通的少年，该剧的焦点是盖里・科尔曼扮演的角色，许多人怀疑他是侏儒，其实他不过是性格急躁的小男孩。科尔曼龇着牙傻笑，做着类似“露西”[①]的滑稽动作，在这部剧集连续播放的八年中，他成了家喻户晓的巨星。同时，科尔曼也是美国娱乐行业中成功黑人男性那长长的名单上最新的一位（在他前面的是在《美好时光》[*Good Times*]中扮演 J. J. 的吉米・沃克[Jimmie Walker]）。

《本森》和《小淘气》（还有 1983 年的《韦伯斯特》[*Webster*]，一部讲述一对黑人夫妻抚养一个黑人小孩的剧集）以迎合好莱坞品位的模式化剧情，播映长达多年。五年后，一位来自费城的喜剧演员会颠覆产生类似情景剧的黑人情景喜剧模式，这位演员 80 年代初还在为吉露果子冻[②]拍广告。

10 月 5 日　达德利・穆尔（Dudley Moore）出演喜剧电影《10》，这部关于中年危机的影片把“玉米垅”发式[③]带进了白人世界。22 岁的波・德瑞克（Bo Derek）金发碧眼，身材诱人，她在沙滩上边奔跑边脱衣，还与神经兮兮的男主角同床共眠。德瑞克穿着泳装的海报挂满了世界各地的理发店和汽车修理店。

白人姑娘留着长长的“玉米垅”，辫梢挂着装饰用的贝壳，这着实让黑人吃了一惊。“玉米垅”从非洲发式演变过来，是美国黑人表达自己作为黑人的骄傲的象征，而现在白人姑娘纷纷去美发厅，

---

① 露西：美国情景剧《我爱露西》（*I Love Lucy*）的主人公，这部电视剧从 1951 年开播一直演到 1960 年，开创了美国肥皂剧的新时代。女主人公露西是个喜剧人物，她愚蠢、固执、头脑简单，是个糊涂蛋。

② 吉露果子冻：Jell－O，果冻甜点的商标，也是一家食品公司的名字。

③ “玉米垅”发式：梳成一排排辫子的发型。

要做成“波·德瑞克的发型”(虽然这只是短期效应)。

某种黑人文化被白人相中,随后便在整个国家传播开来,这在美国并不是什么新鲜事儿。但是在80年代,这种风潮愈演愈烈,越来越多的黑人在主流媒体中亮相,而白人也毫不掩饰地承认他们愿意借用黑人的文化特征。

11月 马里恩·巴里(Marion Barry)出任华盛顿特区的市长,这位情绪激昂的领导人60年代期间曾是南方民权运动的一位组织者,70年代时是穿着大喜吉装的激进民族主义者。巴里在这两次运动中都坚定不移地为黑人讲话,极具领袖魅力。对联邦政府的救济施舍,他不会心存感激;对白人自由主义人士,他也不会给好脸色看(至少在公共场合是这样)。华盛顿特区是首都,因而特区里的很多事情市长都没有控制力。但是,巴里在竞选活动中就表明,只要是力所能及的,他一定全力以赴。

以后,黑人精英大会的执行董事伊凡·斯克拉格斯(Yvonne Scruggs)会告诉巴里的传记作者约娜塔·罗丝·巴拉斯(Jonetta Rose Barras),巴里市长和他的团队掌控的权力和60年代当选的第一代黑人政客们极为不同,“没人给他们(巴里及其幕僚)任何东西,他们从一开始就全靠自己奋斗,因而他们的风格也更犀利而不是更温和,他们的动机更多来自博弈而非妥协。像马里恩·巴里这样的人很清楚,他们掌权的唯一路子就是站在你面前,清清楚楚地告诉你,如果你不支持他们,后果会很严重”。

前一波黑人市长,比如克里夫兰市长卡尔·史多克斯(Carl Stokes)以及纽瓦克市长肯·吉布森(Ken Gibson),他们通常努力迎合城市里那批日渐衰微但仍财势显赫的白人选民。巴里跟他们不同,他的治理方略更显强硬,与另一位深肤色的新近市长颇为相似——底特律那位脾气暴戾的市长科尔曼·杨(Coleman Young)。

在 60 年代后期的大城市暴乱中,黑人军国主义分子以制裁和暴动相威胁,试图从白人看门人手中夺得权力,汤姆·沃尔夫[①]用"茅茅看门人[②]"来形容这一现象,很快成了流行语。巴里就是沃尔夫所说的那种嗓门洪大、满嘴废话的黑人权利倡导者,而现在,作为华盛顿特区的市长,巴里自己就是看门人。

① 汤姆·沃尔夫(Tom Wolfe,1931-):美国畅销书作家、记者。他的第四本书为《时髦的激进分子和茅茅看门人》(*Radical Chic & Mau-Mauing the Flak Catchers*),由两篇关于黑人暴动与白人罪感的冲突构成,第二篇文章即"Mau-Mauing the Flak Catchers"。

② 茅茅(mau mau):原指肯尼亚吉库尤人的一个秘密组织,活跃于 20 世纪 50 年代,发誓以暴力驱除白人,后引申为美国英语中的俚语,意为"以暴力驱除白人"。

1 9 8 0

1980

联邦政府不再为黑人争取平等地位了，整整这一年到处都是这样的征兆。种族歧视在工作场所继续横行，社会中最贫穷（和肤色最深）的阶层深深感到希望的幻灭。吉米·卡特竞选总统那年的预算案中，国内项目的预算大大削减，而国防预算大幅增加，国会黑人决策委员会称之为“一场灾难”。同样灾难性的还有卡特反对联邦政府援助寻求堕胎的穷人。在卡特的执政期内，黑人年轻人的失业率盘旋在20%到30%的高位。虽然卡特确实提出过资助穷人的具体方案，比如给一项检查治疗儿童健康问题的项目增加资金2亿8800万美元，这笔数目着实可观，可是，当参议院预算委员会把这笔资金削减8800万美元时，他既没有给予道德谴责，也没有施加政治压力。

此外，黑人社区暴力事件也在增加。据司法统计局的年度报告显示，每1000名黑人中有49.7名极可能成为暴力犯罪的受害者，而白人中的这个数字只有33.4。年龄在25到34之间的黑人男性最有可能成为黑人社区谋杀案的受害对象，比例为每十万人中高达145人。

自由创业的世界奇幻无比。阿莫科石油①在一场民事诉讼中，被指控在信用卡审批过程中歧视少数族裔，被判罚款，然而 20 万美元的罚金好比九牛一毛，几乎不会遏制这个石油巨人。由于对治安维持的不满，黑人与警察冲突不断，他们感到越来越孤立。在迈阿密的自由城区，四名警察把一个黑人保险经理殴打致死后居然被判无罪，随后引发了一场自 60 年代以来最严重的种族暴乱，暴乱中 18 人(8 名白人，10 名黑人)丧生，两百多人受伤。

同时，也有好消息传来，高等法院裁定，在联邦就业计划方案中，国会可以通过强加种族配额制来应对歧视黑人的现象。这一裁定表明，联邦政府和州政府法律以及法院判决有支持用平权行动来应对长达多年的种族歧视的趋势。但是，平权行动支持者的未来并不可喜。随着新保守主义运动的抬头，平权行动举步维艰。与此同时，由于理查德·尼克松(Richard Nixon)任命的官员的加入，高等法院的人员组成已经开始朝右派倾斜，而且在 80 年代里这一变化将更加明显。

黑人在一些显著的领域里取得进展，公众忙于争夺民权运动的果实，而保守主义者大声疾呼“传统价值”(这一字眼肯定会让所有黑人都忧心忡忡，因为美国种族传统的记忆并不让他们留恋)的回归——这些都是播撒在 1980 年深处的种子。

1980 年秋天发生了两件具有历史意义的事件，后灵魂年代开始彰显其真正内涵：罗纳德·里根当选为总统，艾迪·墨菲出演的《周六夜现场》首播，这两位体现了 80 年代美国分裂特质的男人登上了历史舞台。

---

① 阿莫科石油：成立于 1889 年，由洛克菲勒财团组建，于 1998 年被英国石油公司收购。

整个国家上下，四处可见病态家庭（80 年代出现的新词汇）、破裂的家庭，还有涣散的组织，里根祖父般的气质对于他们而言意味着安定稳妥和勤俭简朴。里根要重新找回"朝阳下的美国"，不幸的是，对很多人来说，这意味着权力将重新下放到州立，政府对穷人熟视无睹。在里根的执政概念里，60 年代时的"大社会"[①]概念早被历史淘汰，应该撕个粉碎，然后像处理一条破旧裤子般弃之。老式的民权运动在里根眼里基本不足轻重，他处理公众事务的信仰根基于杰瑞·法瑞尔[②]的基督徒权利，而非马丁·路德·金的种族平等权利。在竞选活动中，全国有色人种协进会[③]（NAACP）曾邀请他致辞，但是他拒绝了，以此向敌友清楚地表明，自己的政治要务不在此处。

这场总统选举对于贫穷的有色人群而言，意味着政府对他们实施的保护将加速减少，公众将更加漠视贫困。政府会对社会痼疾弃而不顾，转而关心政府开支项目条例的实施；政府会大力扶持企业振兴，而不关注职工培训；中产阶级与工人阶级之间的巨壑鸿沟会进一步加大。上述这些再加上其他各种各样的社会效应，将成为里根及其领导的 GOP[④] 留给他们深肤色公民的遗产。让人疾首痛心的是，在这场总统选举中，两位曾经跟着金博士经历多年

---

① "大社会"：此处是双关，美国第 36 任总统约翰逊（Lyndon B. Johnson）在 1965 年草拟了一份"大社会计划"（Great Society）的大纲，进行全国革新，主要目的是消灭贫困以及种族不平等。

② 杰瑞·法瑞尔（Jerry Falwell，1933 - 2007）：美国基督教福音派牧师，右翼保守派领导，他也是首位以电视进行宣教的布道家，言论偏激，去世前几年曾倡导反同志运动。

③ 全国有色人种协进会（The National Association for the Advancement of Colored People）：由美国的白人和黑人组成的旨在促进黑人民权的全国性组织，于 1910 年正式成立。

④ GOP：Grand Old Party，指 Republican，共和党。

示威游行的民权斗争英雄人物——拉尔夫·艾伯纳西神父(Reverend Ralph Abernathy)和荷西·威廉姆斯神父(Reverend Hosea Williams)居然支持里根,认为里根总比他们佐治亚州的老乡吉米·卡特要强,因为之前卡特的共和党在社会事务上表现得太过软弱。

里根赢得51.6%的普选选票,卡特赢得41.7%,剩下的6.7%由第三党的候选人约翰·安德森(John Anderson)获得。所有具有选民资格的公民中只有54%参加此次投票,因而,里根获得的支持率只是所有选民中的27%,这样的执政基础必然会弱化美国社会结构的凝聚力。

就在前加利福尼亚州州长里根把总统宝座揽入囊中的11月里,每到周六晚上,艾迪·墨菲就能把美国白人和黑人紧紧团结在一起。墨菲会接过理查德·普莱尔(Richard Pryor)和比尔·考斯比(Bill Cosby)手中的接力棒,成为全美最著名的喜剧演员,但是跟他的前辈们不同,墨菲是后灵魂年代塑造出来的——电视、电影以及种族观点相对不那么尖锐的生活环境造就了墨菲。与他在《周末夜现场》的白人同行一样,墨菲浸泡在流行文化中长大,他的成长背景不是中西部的妓院或是城中城的贫民窟。他跟其他生活在城市郊区的孩子看着相同的卡通片和情景喜剧长大。墨菲的模仿天赋、俊朗外表以及个人魅力是与生俱来的,他与广大郊区观众生活在同样的文化氛围中,因而,他的艺术使命不是创造"跨界"的陈规模式(这个词汇我们之后会不断提到),而是在施展个人艺术才华时超越前人对他的影响。

1月8日 黑人娱乐电视台(BET)成立,这是首家针对黑人观众播放节目的有线电视网络,由华盛顿特区的黑人商人罗伯特·L.约翰逊(Robert L. Johnson)创办。该电视台在这一时期播放的大部分节目是由黑人出演的老电影、70年代的情景喜剧和许多相对较新的电视直销节目。从创立之初到80年代后期,BET的主要奋斗目标就是存活下来,因为很少有有线电视系统支持它。虽然约翰逊成立的公司相当现代,但是其经营手法和战略目光却是老一套的。他利用电视台在黑人媒体中占据的垄断地位,决意把业务范围向有线电视系统扩展,而不是把钱砸在昂贵的节目录制上。因而,BET较多播放唱片公司提供的免费音乐视频节目。80年代里,在音乐视频之外,BET几乎没有原创节目面世,它就是利用这种保守战略大展宏图,但是对于一个迫切想要属于自己形象的社区而言,它没有做出什么新的贡献。

3月 兰登书屋出版了托尼·凯德·班巴拉(Toni Cade Bambara)的小说《吃盐的人》(*The Salt Eaters*)。这部小说的故事背景设置在佐治亚州克莱邦市,讲述了发生在两名女子之间的长达两个小时的对话,其中一位曾是激进分子,前不久自杀未遂(威尔玛·亨利[Velma Henry]),另一位是当地的精神领袖(米妮·蓝森姆[Minnie Ransom])。班巴拉用印象主义非线性手法记叙故事,让读者在时光隧道里穿梭,往来于威尔玛和她的朋友还有家人的思绪中。这种打乱时间的叙述目的在于“重新聚焦”威尔玛,这位在民权斗争的一片混乱中失去自我的女子。

41岁的班巴拉试图在小说中挖掘整个一代人的集体疲惫,这一代人曾为黑人权利疯狂斗争,而此时却发现摆在面前的是未竟的事业,还有青春不在的中年生活。班巴拉此前曾出版过两部短篇小说集(1972年的《大猩猩,我的爱》[*Gorilla, My Love*]和1977年的《海鸟还活着》[*The Sea Birds Are Still Alive*]),她敏锐地触及了80年代里许多前激进主义者的感受，他们从对抗交锋的亢奋状态中沉静下来后，经历了心理落差，同时渴望从精神信仰中汲取安慰。小说《吃盐的人》的主题和风格会对其他作家和电影制作人产生影响（譬如，朱莉·戴许[Julie Dash]1991年的电影《尘土的女儿》[*Daughters of the Dust*]同样也设置在佐治亚州，而且其视觉效果正好对应班巴拉小说散文化的语言）。

3月 “杰克逊”乐队[①]发行了他们离开摩城唱片后的第三张专辑《成功》（*Triumph*），主打歌曲《扭动你的身体》（“Shake your body”）中有精彩的歌舞秀，《你能感觉到吗》（“Can You Feel It”）像圣歌一般，这两首歌曲都由迈克尔担任主唱。这张专辑中最有趣的要算迈克尔唯一的那一首独唱作品《心碎的旅馆》（“Heartbreak Hotel”）了，这首歌与他独唱专辑里的视觉影像遥相呼应，主题是一段受尽折磨的地下恋情。《成功》专辑的宣传巡演中，迈克尔和兄弟们的表演与他的个人秀相得益彰。在舞台上表演时，合唱和个人秀这两类不同的歌曲之间有着很明显的张力。这次表演中运用的许多舞台效果（烟花、照明特技，还有迈克尔的舞步）在迈克尔今后的现场表演中还会多次出现。

3月2日 为期四天的黑人政治领导者会议结束，会议聚焦了一些重要事件：一场总统论坛不得不取消，因为所有应邀出席的候选人（民主党的杰瑞·布朗[Jerry Brown]和爱德华·肯尼迪

---

① “杰克逊”乐队（The Jacksons）：60年代中期，迈克尔和四个哥哥在父亲的组织下成立了“杰克逊五兄弟”（The Jackson 5），之后他们签约了摩城唱片公司。1976年，他们离开摩城唱片后就失去了使用“杰克逊五兄弟”的名字以及标志的权利，乐队被迫改名为“杰克逊”乐队。

[Edward Kennedy]，独立党的约翰·安德森[John Anderson]）都拒绝参加，这一当头棒喝让杰西·杰克逊神父气愤不已，也说明了需要有说得上话的人为黑人问题在国家事务中争取地位；所有政客都认为，自卡特执政期内开始的联邦预算削减案毫无疑问会延续到共和党的任期内，这会危及选民的社会经济利益。大会上，底特律那位脾气火暴的市长科尔曼·杨格表示，他支持卡特总统的立场，他说，黑人社区不紧紧围绕在民主党总统的身边是一个大大的错误，这时，底下嘘声一片。与会者虽然没有被科尔曼的强词夺理所动摇，但是他们一致认为，南非实施种族隔离政策，为此黑人政客应该要求国家对南非进行经济政治制裁，这是目前黑人政界的第一要务。

5月16日 在NBA冠军争夺赛的第六场对抗费城76人队中，"魔术师"埃尔文·约翰逊（Earvin "Magic" Johnson）顶替受伤的卡里姆·阿布杜尔·贾巴尔（Kareem Abdul-Jabbar）上场打中锋。在这场以123比107的比分获胜的比赛中，"魔术师"打中锋、前锋和后卫，得到42分，抢得15个篮板，7次助攻。这位总是面带微笑的得分后卫身高6英尺9英寸，这场比赛中，他用前锋的身躯打一个通常要由矮4英寸的人来打的位置，彻底改变了比赛格局，他的新人赛季也在这场比赛中完美谢幕了。一个得分后卫身高究竟要多高，球队们不得不重新思考这个问题。此外，"魔术师"可以不看队员传球，并且运球技巧娴熟，一代高个子男人在他的启发下开始根据自己的技巧和身高试图打一场全能的比赛。而就在十年前，身高与"魔术师"相仿的篮球运动员，如凯尔特人队的高个儿比尔·拉塞尔（Bill Russell），他们通常打中锋的位置，很少运球，此外不做其他。

然而，埃尔文·约翰逊的魅力不止于此。他用灿烂随意的笑容征服了全国的球迷，还把一种被称为“作秀时间！”的快速球风带进了洛杉矶会场。赞助商一批接一批涌来（雪碧、匡威），电影明星也是湖人队比赛的常客。“魔术师”在密歇根州赢得 NCAA 冠军后，开始了他的职业篮球生涯，在头顶成功光环的照耀下，他带领湖人队夺得了冠军（之前湖人队虽然一直有卡里姆·阿布杜尔·贾巴尔在，但是一直都没有摘得过桂冠）。篮球运动华丽炫目，球场气氛振奋人心，它搭建起的跨界桥梁好比约翰逊脸上的灿烂笑容。在约翰逊的领导下，湖人队会成为 80 年代最耀眼的职业篮球队。

5月30日　全非组织（TransAfrica）是一个为非洲和加勒比地区的利益游说的黑人游说团体，它在首都举行了一场极为成功的资金募集活动。这个组织在执行主席兼创办者兰德尔·鲁宾逊（Randall Robinson，他与 ABC 电视台主持人马克斯[Max]是兄弟）的领导下，资历虽浅（这次只是它举办的第三场宴会），却已能积极调动尚在发展早期的美国反南非种族隔离的运动了。罗宾逊在这次活动中做了主要发言，他说，纳尔逊·曼德拉“正在南非的地牢里受着煎熬”，也提到 300 家美国公司在南非投资将近 20 亿美元。利比亚驻美大使 H. R. W. 布鲁尔（H. R. W. Brewer）告诉《华盛顿邮报》的记者：“非裔美国人到了要介入这事的时候了，我们知道犹太人为以色列做过很多事，这么大一个国家有三千万黑人，居然没有很强硬的对非政策，这太丢人了。”全非组织会改变这一现状。

6月1日　来自亚特兰大的百万富翁特德·特纳（Ted Turner)是个传奇人物,他一手创办了 24 小时有线新闻网,即我们熟知的 CNN①。黑人伯纳德·肖(Bernard Shaw)有着类似詹姆斯·厄尔·琼斯②那样的浑厚嗓音,他处事慎重,担任该电视台新闻主持人以及这个庞大新闻事业的重要人物。CNN 最终会影响全世界的新闻报道方式以及观众看待新闻的态度。

6月2日 由西德尼·波蒂安(Sidney Poitier)执导,理查德·普莱尔和吉恩·怀尔德(Gene Wilder)主演的影片《阿叔有难》(*Stir Crazy*)获得了超过一亿的票房,这是黑人导演的影片首次跨越一亿的票房大关。这部影片讲述了两个纽约人在经历一系列阴差阳错后被关在了西南部的一个监狱里。两位喜剧演员第二次携手合作,此前他们合作的影片《银线号大血案》(*Silver Streak*,1976)曾获得了意外的成功,轰动一时。这次,这部影片沿袭了波蒂安早前喜剧(《周六奇妙夜》[*Uptown Saturday Night*]和《重来又何妨》[*Let's Do It Again*])的风格,虽然妙趣横生,但是缺乏创作活力。不管怎样,《阿叔有难》还是成为了波蒂安电影生涯中一部里程碑似的作品,同时也证实了普莱尔是一位叫座的好莱坞演员。

6月9日 一次在家中煮制可卡因时,理查德·普莱尔不幸被重度烧伤。当时,这位伟大的喜剧演员(同时也是瘾君子)正要在位于加州哥伦比山的私宅中吸食加热后的可卡因,享受毒品带来的快感。这种吸食毒品的方法通常又叫做"提炼高纯度"可卡

① CNN 是 Cable News Network(有线新闻网)的缩写。
② 詹姆斯·厄尔·琼斯(James Earl Jones):美国著名演员,尤以其低沉的嗓音而闻名。

因，在全国各地的“嬉皮”毒品吸食者中风行一时。与鼻孔吸入可卡因相比，这种方法更进了一步，因为煮制可卡因会加强吸食过程中的快感。煮制过程把纯度低的可卡因从可卡因的氢氯化物粉状物中“提炼”出来，因而，这种方法被称作“提炼高纯度”可卡因。整个提炼过程极其繁琐，需要使用一个丁烷或是乙炔喷灯，但是会带来强烈的快感，同时也极易使人上瘾。“提炼高纯度”可卡因的方法最早出现在南美洲，1974 年左右才在加利福尼亚地区出现。

普莱尔凭借喜剧方面的才华，在其电影生涯中虽然吸足了金，却未能获得深入人心的成绩。他是美国第一位沦为“提炼高纯度”可卡因受害者的公众人物，差点在这场事故中丧生，然而讽刺的是，这场事故非但没能成为警醒公众的负面案例，倒成了宣传广告。美利坚合众国与毒品的爱情故事浪漫妖娆，也伤痛人心，而普莱尔扮演的角色极其抢镜，他那命悬一线的事故如同在昭告天下，以海洛因和天使粉为主要吸食毒品的年代正在离我们远去。那些迷恋于“提炼高纯度”可卡因所带来的快感的人开始寻找一种简便的方式。

就在普莱尔发生毒品吸食事故的当口，在荷属安的列斯群岛中的加勒比小岛和巴哈马岛国上，毒品吸食者们正用一种可卡因衍生品做实验，这种衍生品是由粉末状的可卡因和小苏打及热水混合而制成，把热水倒入碎块或大块的可卡因中形成糊状物吸食。这些毒品试验家给他们这恶毒的发明起了很多名字——如“罗克莎娜”、“低纯度块状可卡因”和“低纯度小苏打”都曾用过。后来，又有人起了个名字叫“石块”，一段时间内，这种毒品就叫做石块可卡因。石块可卡因带来的快感不同于提炼可卡因，它的快感特别短暂，只持续十秒钟左右，但是制作方法简便，而且销量很好——吸食者只要尝过一次就会上瘾。这种可卡因在吸食时会发出噼啪声，过两三年以后会抵达美国大陆。

7月25日 黑人电影制片人组织（BFF）开始在纽约城里放映一系列黑人独立制片的叙事影片以及纪录片，放映地点有教堂、医院，也有迪斯科舞厅。BFF的负责人兼电影制片人沃林顿·哈德林告诉《纽约时报》（该报纸曾就影片放映一事作过简短报道）的记者："我们希望电影制片人能够了解观众的想法，也希望观众能更好地了解电影制片，明白电影制片不是好莱坞的魔术戏法。"

8月 为了庆祝杂志创刊十周年，《黑人企业》的出版商厄尔·G.格雷夫斯（Earl G. Graves）让员工们邀请读者就一系列话题给出他们的意见。有将近5000位读者给了回信，他们的意见描绘出了美国黑人中产阶级大致的生活状况。

70%的读者表示，非裔美国人"需要一位类似小马丁·路德·金的领导人"，同时，73%的读者认为，目前美国的黑人中没有一位像样的领导人。对"谁是当今美国黑人的代言人？"这个问题，有读者说是杰西·杰克逊神父（30.3%），还有前驻联合国大使安德鲁·杨格（Andrew Young）（20.9%），值得注意的是，这两位都曾跟随过已被谋杀的金先生。另外一位支持率达到两位数百分比的是全国城市联盟的领导人弗农·乔丹（Vernon Jordan）。

传统的民权运动组织在读者中的支持率并不高（NAACP为1.8%，南方基督教领袖会议1.1%，全国城市联盟0.8%）。伊斯兰国家派的路易斯·法拉可罕导师（Minister Louis Farrakhan）得票数与全国城市联盟相同。法拉可罕很少出现在大众传媒里，在黑人媒体中亮相的机会更是少之又少，他主要通过每周无线电广播与他的民众接触交流，以及现身在全国范围内的清真寺里。对于《黑人企业》杂志的读者，法拉可罕几乎是隐形人。

然而，杂志同时也指出，“黑人社区里存在一个不可小觑的亚阶级人群，他们厌倦了政治现状，开始排斥‘两恶取其善’的综合征，他们需要看到新的面孔、新的途径、新的态度”。这些言辞表达了人们对一位黑人新领袖的强烈呼唤。

对于民权运动以来的经济状况如何，杂志的读者们心知肚明：52.3％的读者认为黑人的工作机会增加了，50.9％的人认为要是在十年前，他们不可能得到目前的这份工作，因此，不难理解为什么93.6％的人认为在接下来的一年中施行平权行动是有必要的。平权行动的最大直接受益者就是这一群人，他们阅读《黑人企业》杂志、受过大学教育，许多甚至还有硕士学位，而且他们的后代也会从中获益。

杂志读者一致同意，美国黑人感到他们应该积极参与解放南非的斗争。他们中85％的人有过这样明确的表示，虽然只有76.8％的人认为美国公司应该把公司利润用于支持那里的解放斗争，杂志解释说这表明了“对于美国公司在南非解放斗争中能产生多大影响，以及在南非种族隔离政策中能有何作为，人们还没有把握”。

读者们对学校种族融合制度仍持矛盾态度，这一点出人意料。虽然有72.9％的人支持这项制度，认为这能保证黑人儿童接受高质量教育，但是如果目的仅仅为了达到种族融合的话，57.3％的读者表示不支持该项制度。在学校甚至是各行各业达到种族平等，民权运动视之为使命，然而，距离民权运动的高潮只有区区十五年，《黑人企业》的那些受过大学教育的读者中的大多数人认为，把黑人儿童送到白人学校就读，这还远远不够。而传统的民权运动组织把种族融合视为奋斗目标，这就是为什么这些组织如今人气不高的原因之一。对于这些读者而言，学校打破种族隔离并不是至关重要的，关键是他们的孩子能否得到高质量的教育。

领导层出现相对真空、对状况正在改善的意识、对白人削减开支的担忧，以及对教育问题的矛盾心态，这些都说明了整个黑人群体处于徘徊的十字路口，他们对未来不抱乐观态度，有时内部还会出现纷争。只有在支持南非解放事业和民权运动需要继续推行这两项事务上，他们的观点意见接近一致。

《黑人企业》的记者艾赛亚·J.普尔(Isaiah J. Poole)对这项调查总结道："黑人群体跟社会中的其他群体一样，内部分成了几个小群体，各自朝着不同的方向追寻属于自己的亦真亦幻的美国梦……唯一的交叉点是，大家对现状都心存不满，有时会嘟囔着埋怨几句，而且这种情绪去留不定，极其多变。"

8月 乔治·克林顿(George Clinton)和斯莱·斯通(Sly Stone)这两位疯克舞曲偶像因为在洛杉矶高速公路上行驶的汽车中吸食提炼的可卡因而被逮捕，最终，由于发现的白色粉末量太小无法检测，不得不撤销控诉。随后，斯莱以特邀嘉宾的身份出现在了"疯克德里克"乐队(Funkadelic)的新专辑《战争宝贝的电子舞步》(*The Electric Spanking of War Babies*)中。整个80年代初，观众时不时能看到斯莱的身影，他一会儿忙着举办音乐会，一会儿又在发行销售平平的专辑，还因为吸食毒品多次被捕。然而，极具讽刺意味的是，斯莱一路磕磕碰碰不断，可是他那么多明显受到斯通家族[1](普林斯[Prince]、里克·詹姆斯[Rick James]、“议会”乐队[Parliament])影响的行为却开始受人追捧。

9月 艾迪·墨菲首次出演NBC的《周末夜现场》。自从原先这班创下收视的演员们功成身退转向电影后，这个短喜剧秀就风光不再了。身为创始人兼执行制片人的洛恩·迈克尔斯(Lorne Michaels)也另谋高就，一位名叫吉恩·杜马尼恩(Jean Doumanian)的年轻制片人接替了他的工作。许多评论员都觉得，这档节目就快走到头了。

20岁的墨菲凭借出色的表演使枯木逢春，这个综艺节目重新焕发了生机，成为常演不衰的喜剧秀。墨菲在长岛罗斯福镇的一个黑人中产阶级家庭中长大，早年曾在长岛和曼哈顿的白人喜剧社中参加表演。正是由于他年轻活泼，有着这样的成长背景，而且又与旧派黑人喜剧圈几乎没有什么瓜葛，因而对于什么样才搞笑，以及如何表现幽默感方面，他的想法与70年代的黑人喜剧明星极为不同。他不会愤懑不平，也不会过度关注政治或社会。

人们通常认为，在80年代之前，非裔美国人的创作源泉要么来自南方腹地[2](布鲁斯音乐、福音音乐以及民权运动的故乡)，要么就是大城市的贫民窟(R&B、比博普[3]音乐、民族主义、篮球至尊地位的发源地)。20世纪上半叶，大量黑人从南方迁往北方的场

① 斯通家族：斯莱与斯通家族(Sly and the Family Stone)是美国的一个摇滚、疯克以及灵魂乐乐团，来自加州旧金山市。从1966年到1983年间，这个乐团异常活跃，对于灵魂乐、疯克音乐的发展，都起了很大作用。斯通是该乐团的歌手、歌曲作家、唱片制作人以及多种器乐家。

② 南方腹地(Deep South)：美国最具南方特点和保守的一片地区，尤指南卡罗来纳、佐治亚、阿拉巴马和密西西比等州。

③ 比博普：一种爵士音乐，又称博普爵士乐。

景蔚为壮观；60年代至70年代，从水泥马路搬到工人阶级集聚的郊区，黑人家庭的搬家潮流同样奔流不止。他们离开了拥挤破败的闹市，不过也不像大多数白人齐聚的郊区那样远离市区。譬如，纽约地区的维嫩山、皇后区、纳苏郡等，就有大量工人阶级和中下层阶级的黑人家庭搬入，其中位于纳苏郡长岛、离皇后郡不远的罗斯福镇就是一个很好的例子。

墨菲跟80年代许多其他风云人物（斯派克·李[Spike Lee]、迈克尔·乔丹、迈克·泰森[Mike Tyson]、让-米歇尔·巴斯奇亚[Jean-Michel Basquiat]）一样，也是生于布鲁克林。孩童年代，莉莉安和维侬夫妇带着艾迪和他的小弟弟查利，搬离了国王郡，来到长岛，他们在那里的一幢两层楼房屋里安下了家。

早在70年代，“福镇”[①]就诞生过一位天才级人物——“J博士”朱利叶斯·欧文（Julius “Dr. J.” Erving），他可能是第一位郊区长大的深肤色巨星。到了80年代，长岛的这一圈地方又产生了许多说唱歌手（罗斯福镇的“人民公敌”乐队[Public Enemy]、怀安达赫村的“德·拉·灵魂”乐队[De La Soul]、艾米蒂村的歌手拉基姆[Rakim]，布伦特伍德村的EMPM乐队），还有墨菲。墨菲从小到大的梦想就是进入演艺界，不过在成为流行歌手还是理查德·普莱尔那样的喜剧演员之间摇摆不定。他十几岁就在长岛的喜剧社里登台说相声，之后又去了曼哈顿的一些地方，比如喜剧团。在白人圈里，墨菲凭着出色的模仿能力（他模仿过詹姆斯·布朗、小理查、比尔·考斯比）吸引住了经理人的眼球，最终，《周末夜现场》的星探也发现了他。

艾迪在《周末夜现场》中的表演，把自己擅长各式各样人物塑

---

① “福镇”（“The Velt”）：大概意指上文的罗斯福镇。

造和口音模仿的才能发挥得淋漓尽致。这个节目漫漫的历史长河中，曾出现过众多擅长模仿的明星，如丹·艾克洛伊德(Dan Ackroyd)、丹娜·卡维(Dana Carvey)、菲尔·哈特曼(Phil Hartman)，还有迈克·迈尔斯(Mike Myers)，但是，墨菲扮演过的角色名单(维尔维特·琼斯、小理查·西蒙斯[Little Richard Simmons]、小绿人冈比[Gumby]、罗宾逊先生)绝不输给任何人，一个个角色都是经过细致观察荧幕上的形象，然后精挑细选一番后表演出来的。有一档火爆的节目是在年轻观众共有的银幕经历中挖掘笑点，墨菲把一些种族政治以及个人观点添加进了素材中，他成功跨界的秘诀就在于把自己的艺术作品根植于当下的流行文化中。除了自己的肤色之外，他的生活经历几乎跟大多数生长于郊区、坐在电视机前观看《周末夜现场》的观众相差无异。

墨菲与其他擅长模仿秀的喜剧演员的不同之处在于他本人就极具喜感。他能套上夸张离奇的服装，操着逗人发笑的口音，换来观众的阵阵笑声。然而，他站在台上讲笑话的样子，既能疯疯癫癫神神叨叨，又不失摇滚巨星般的魅力。墨菲这种多才多艺的天赋极为难得，这使得他能巧妙地把单口相声传统与短喜剧的精华结合起来。他还能在模仿影片中的角色时自由发挥，这一点就跟约翰·贝鲁西(John Belushi)和丹·艾克洛伊德不同。另外，很少有演电视出身的演员在小银幕上呈现精彩绝伦的喜剧作品的同时，还能有足够能力成功征服大银幕。

面对未来，年仅20岁的墨菲自信满满，他在接受《纽约杂志》采访时说："我想我到22岁时可能不会跟理查德·普莱尔或是比尔·考斯比一样红，但是我希望在25岁前能超越他们。"

9月8日-12日 黑人电影制片人组织在纽约城市大学的市

中心校区举办了为期五天的会议，这次会议向电影节的策划人员介绍了好莱坞之外的电影创作。出席会议的成员有来自阿姆斯特丹和巴黎的代表人员，因而在之后的两年内，黑人独立影片能在欧洲播放，一些电影制片人（查尔斯·伯内特[Charles Burnett]、查尔斯·莱恩[Charles Lane]和米歇尔·帕金森[Michelle Parkinson]）还应邀出席柏林电影节。

在会议的第一天，一位纽约大学电影系的一年级学生热情迫切地找到了 BFF 的创始人之一兼电影制片人沃林顿·哈德林。当时会议报名时间已过，可是这位年轻的导演还是恳求哈德林，希望能让自己参加。哈德林被他的热情所感动，同意让"斯派克"谢尔腾·李（Shelton "Spike" Lee）参加。

BFF 成立了一个黑人电影配送服务中心，为那些对 BFF 成员的电影感兴趣想租用他们电影的人们提供服务，这是为了让广大民众能接触到好莱坞之外的电影的首次尝试。

10月 在纽约 SoHo 区和下东城寒风刺骨的街头，一群身负艺术使命感的艺术家决定要拍一部把朋克、新浪潮、嘻哈文化以及对城外富裕阶层的鄙视态度融入艺术世界观的影片。由于技术上的种种失误，这部电影要到 20 年后才能问世。《城市 1981》（*Downtown '81*）中，我们可以看到"金发女郎"乐队（Blondie）的主唱狄波拉·哈利（Deborah Harry）、阿托·林赛（Arto Lindsay）、"神奇五人组"的弗雷迪（Fab Five Freddy）、李·奎诺尼斯（Lee Quinones）、"小克里奥尔和椰子"合唱团（Kid Creole & the Coconuts）及其他一些艺术名人的身影。

在摄影师埃多·伯特格里奥（Edo Bertoglio）的指导下，影片制作小组选取了 19 岁来自布鲁克林、人称萨摩（Samo）的黑人涂鸦艺术家担任主演，这一点颇有远见。萨摩就是让-米歇尔·巴斯奇亚(Jean-Michel Basquiat)，他在城市的街头徘徊，邂逅形形色色的人，结识女孩，在墙壁上涂鸦。阁楼里，爵士乐在演奏，画家在画画；阴湿的俱乐部里，朋克歌手高歌，爵士乐迷们形成自己的艺术欣赏品味，这些都构成了巴斯奇亚街头游荡的背景。这个青年艺术家的肖像颇为引人入胜。

10月8日　普林斯的第三张专辑《肮脏的思想》(*Dirty Mind*)及其大胆出格的主打曲《城外》("Uptown")清楚地表明，他不是一些人嘴里说的"细声细气的史蒂夫·汪达二世(Stevie Wonder wanna-be)"。《城外》是一首歌颂寻欢作乐以及性爱的多民族颂歌，在电台广为播放。歌颂口淫的疯克歌曲《脑袋》("Head")、唱片里急骤的狂欢淫乐片断以及一首让人不安的有关乱伦的谐谑小曲《姐妹》("Sister")，这些都让制作人头疼不已，但是对寻求黑人流行音乐新元素的人来说却很激动人心。普林斯撕扯开蒙住性爱话题的面巾，也把单人乐团的音域扩大开来，他用键盘再现现场小号演奏的音色，引得其他许多音乐人纷纷效仿。普林斯还用火辣的现场表演来宣传专辑的音乐，穿着黑色比基尼短裤、黑色齐膝靴子、灰色雨衣，脖子口围一条红色大手帕。他那多种族的乐队在视觉效果上相当吸引人，在乐队的鼎力支持下，他公开宣称，一个新时代已经到来，毫无疑问，他本人就是在这个新时代里劈波斩浪的一位。

到了深秋，普林斯在纽约的底线俱乐部(Bottom Line)演出，他的表演风格就像亨德里克斯(Hendrix)和斯莱的混合体。巴勃罗·古斯曼(Pablo Guzman)在《乡村之音》上撰文写道："他不仅玩摇滚乐，而且玩得很有个人风格，睿智聪慧，音乐独具魅力，不管当下流行什么潮流,他都位于浪尖儿。”这场表演后,摇滚乐评论家都摇身变为摇滚乐狂热迷,音乐界(虽然并不包括摇滚乐电台)对普林斯一致好评。后来,普林斯亲自写了一篇充满嘲笑挖苦意味的文章《纽约所有评论家都爱死你了》(“All the Critics Love U in New York”),算是对蒙受大众青睐的回应。

11月 全国上下,学校男子篮球赛季如火如荼地展开了。在北卡罗来纳州威尔明顿,一场威利斯顿中学与它的劲敌特区弗哥中学之间的激烈对抗赛中,特区队一位5英尺9英寸的九年级学生在中场从对方手里抢过球,然后第一次成功灌篮,这让他自己也吃了一惊。“事先并没有想过,”赛后他接受《体育杂志》记者保罗·兰德维斯基(Paul Ladewski)采访时回忆道。“我直到把球灌进了篮里才反应过来,太让人吃惊了,平时练习时我也练过,不过都没有成功。我想可能是比赛时我太陶醉了吧。”迈克尔·杰弗里·乔丹(Michael Jeffrey Jordan)说。

12月1日 民主党旧金山议会议员威利·布朗(Willie Brown)击败两位白人对手,成功获得加利福尼亚州议会的席位。布朗个子矮小,不过身手敏捷,而且满腹雄心壮志。50年代后期,他靠兼职做夜间看门人读完了大学和法学院,于1964年在80%都是白人的社区里获得了一个议会议席。一名黑人政客能取得如此大的成就,这在当时简直闻所未闻。

虽然与时任州议会众议院议长的“老爸”杰西·安努(Jesse “Big Daddy”Unruh)有过口角,布朗还是成为了民主党的核心人物。整整十年,这位自称是“加利福尼亚的阿亚图拉”(Ayatollah of California)击败对手,躲过贪污的指控。同时,他还是杰西·杰克逊的彩虹联盟(Rainbow Coalition)的全国会长,以及民主党强有力的资金筹集人。布朗属于民权运动的那一代人,他是在年轻气盛时的理想主义和80年代实用政治间找到平衡的一位。

1 9 8 1

1981

当地老百姓称他为“索命者”，仿佛他是床头恐怖故事里某位令人毛骨悚然的神秘人物。在全国大部分地方，人们称他为亚特兰大弑童者，是杀人魔头，据说从 1979 年夏天至 1981 年 6 月 21 日被逮捕期间，他谋杀了 28 人，年龄从 7 岁至 27 岁，所有受害者均为黑人。他的母亲菲尔和父亲荷马给他取名为韦恩·B. 威廉姆斯（Wayne B. Williams）；23 岁时他长大成人了，面带倦容，肤色偏浅，一心想在演艺圈谋份行当。

威廉姆斯如果算不上全国第一，至少也是最著名的连环凶杀案祸首，虽然他只被指控谋杀了 27 岁的纳撒尼尔·卡特（Nathaniel Cater）和 21 岁的杰米·雷（Jimmy Ray），两名死者的尸体漂浮在恰达河齐河的水面上时被人们发现。为了抓获凶手，成立了由 110 名人员组成的特别行动组，其调查员呈递了一份书面证词，称威廉姆斯可能与大部分其他谋杀案有关，但是同时又说，这两项谋杀案是最不利于他的指控。1982 年 2 月 27 日，威廉姆斯被判谋杀罪名成立。

除了这几桩谋杀案对亚特兰大有巨大影响之外，80 年代很少有事件会对一个城市产生这么大的影响了。从 70 年代初开始，亚特兰大就号称是“新南方”的首都、“一个繁华得忘记了恨意的城市”。过去两年的大部分时间里，亚特兰大实行晚上7点到早上6点的全城宵禁，接连发生的谋杀案以及四下蔓延的种种传闻实在让父母孩童们惊恐不安。

有关“杀人案的罪魁祸首是3K党，或是白人集权主义者”的传闻弄得整个亚特兰大人心惶惶，更是加深了黑人群体中本来就根深蒂固的仇视白人情结。对一些人来说，这些凶杀案是南方中心城市里抵抗黑人晋升和权力上升的恐怖运动。一些人纷纷揣测，亚特兰大的首位黑人市长梅那德·杰克逊(Maynard Jackson)以及他的后继者安迪·杨格(Andy Young)能否抵制住这股运动，避免种族暴乱，因为这样的事件很有可能会牵扯出种族阴谋活动。

威廉姆斯最终被逮捕后，种种疑虑四下散布开了。许多人认为他不过是替罪羔羊，真正的凶手仍逍遥法外。卡蜜尔·贝尔(Camille Bell)是九岁孩童尤瑟夫·贝尔(Yusef Bell)的母亲，也是“制止弑童委员会”的创始人，她称威廉姆斯的审判是“袋鼠法庭[①]”。在长达九周的审讯过程中，公诉人从十件案件中找寻证据，试图从中证明一个相仿的犯罪模式，从而把威廉姆斯与十二名受害者联系起来，而这主要通过把从受害者身上找到的细小纤维和小狗的毛发，与从威廉姆斯家中采集的物品进行匹配。一些案件中，有看见威廉姆斯与受害者在一起的目击证人。

詹姆斯·鲍德温(James Baldwin)特地赶来亚特兰大，为《花花公子》(*Playboy*)写文报道这桩案件，他把随后写成的文章改写成了书，即《不为人知的证据》(*Evidence of Things Not Seen*)。他在书中写道：“被告的辩护律师被团团围困，更要命的是，他们还起

---

① 袋鼠法庭：私设的公堂或是非正规的法庭，也指不合法律规程和正常规范的审判。

了内讧，这样的辩护难免是要落入为他们精心设计的圈套中的。他们的法律义务是要为客户辩护，推翻双谋杀的指控。然而，公诉人对这桩双谋杀指控根本提不起兴趣，而且，他们是不是在审理案子还不好说。威廉姆斯是被当做屠杀群众的罪犯在审理，这样的指控本没有合法性，又何来法律辩护呢。”

威廉姆斯的定罪让大部分由黑人组成的亚特兰大政治阶层能赶紧息事宁人，整个城市把注意力转向了地铁系统的完善、大型空中客运终端的升级，以及世纪末举办奥运会的筹备工作上。然而，大部分受害者家庭永远也没法完全相信，威廉姆斯是所有案件的凶手，而且威廉姆斯本人也从没承认过任何一桩指控。朝气蓬勃的亚特兰大，这个国内黑人政治机器运行最通畅的城市之一，它还来不及回首这些案件的种种疑团，就马不停蹄地朝前方奔去了。

在亚特兰大之外，最惹人注目的全国性事件就是联邦政府不再是民权运动的公诉人及拥护者了，他们脱手责任的速度极为迅速。这一年里，里根总统解除了阿瑟·费林明(Arthur Flemming)作为美国民权运动委员会的主席之职，任命黑人保守人士小克拉伦斯·彭德尔顿(Clarence Pendleton Jr.)接替他的工作。彭德尔顿是80年代中出现的众多黑人保守人士中的一员，他们会在有关种族的全国性对话中起越来越重要的作用，他们会成为媒体的宠儿、身负重任的权力中介。然而，他们中很少有人能通过选举任职。

与政府的保守主义倾向相一致的是，在里根任职的头一年里，许多影响着少数族裔的联邦指令也废止不用了。美国劳工部宣布，对承包商竞标联邦项目有影响的平权行动中的相关规定可以放松执行。美国司法部宣布不会再要求雇主严格执行平权行动相关规定，或是要根据配额进行招工，同时还宣布，学校种族融合不再作为一项抵制公立学校种族隔离的政策了，称学校种族融合制度“效率低下，而且极为不公正”。

1月　贝弗利·约翰逊（Beverly Johnson）荣登本月《时尚》（*Vogue*）杂志的封面。约翰逊是时尚界著名的黑人模特，她成功克服了肤色障碍，于1974年成为《时尚》的第一位黑人封面女郎。这位苗条的俏佳人曾于1975年登上过《魅力》（*Glamour*）杂志的封面，1976年登上过《大都市》（*Cosmopolitan*）的封面。

2月　麦克斯·罗宾逊（Max Robinson）是ABC电视台《今夜世界新闻》（*World News Tonight*）节目的三位主持人之一，他在新英格兰史密斯学院的一次演讲中语出惊人制造了大新闻。罗宾逊抱怨说，里根入职和伊朗人质的释放引起了全国上下“爱国主义的狂欢”，他控诉说，黑人记者被有意排斥在这些新闻之外。此外，罗宾逊还批评美国媒体通过“破碎的玻璃片”看待世界，透露ABC的高层要求他“像个白人老顽固”那样讲话，不准把个人文化带进新闻报道。他注意到自己的此番言论肯定会被批判，他这是在拿职业生涯冒险时，为自己争辩道，“所有美国黑人都置身于卑鄙险恶的种族主义圈套，我要跳离这个陷阱”，与种族主义观点辩驳。

不出意料，在此番嚣张无礼、反咬主人一口的致辞之后，罗宾逊的职业生涯就一落再落。到1984年时，他已经离开了电视台。让人伤感的是，麦克斯·罗宾逊下一次的全国新闻比他的这次发言还要出乎人们的意料。

3月28日　闹市区的新潮流/朋克音乐与城外嘻哈音乐之间

的爱情罗曼司诞生了“金发女郎”乐队的《痴迷》(“Rapture”),这是第一首登上榜首的融合了说唱风格的流行单曲,该唱片也成了销量达50万张的黄金唱片。虽然严格地讲,狄波拉·哈利的吐词很不专业,这首歌的音乐还是吸引了许多听众。歌曲的视频赞颂了嘻哈文化,里面还有“神奇五人组”的弗雷迪(Fab Five Freddy)和让·米歇尔·巴斯奇亚的短片。

3月30日 印第安纳以63:50的比分战胜北卡罗来纳,赢得了NCAA冠军,这是美国体育赛事上最奇怪的一对劲旅之间的一场较量。这个赛季中,印第安纳队教练鲍比·奈特(Bobby Knight)军事化的执教风格正好符合芝加哥运动健将伊赛亚·托马斯(Isiah Thomas)的脾性。奈特身上带着老派学校篮球队的烙印,执教严格,喜欢大声嚷嚷,他正式的大学教练生涯开始于西点军校,在执教痴迷于篮球的印第安纳队期间,一手打造了一支强大的篮球劲旅。胡希尔[①]队球迷亲热地喊他为“将军”,他训练步兵式的精准执教风格以及一板一眼的世俗威信为他赢得了这一绰号。而托马斯是一位长着娃娃脸的控球后卫,来自芝加哥的街头贫民窟,他熟练的运球以及浑身散发着的内城区嬉戏的淘气品性,为十大高校之一的篮球队吹进了一股清风。

70年代里,篮球场上总是会爆发激烈的争论,到底是技巧绚丽的“黑人”球赛好看呢,还是循规蹈矩的“白人”球赛值得欣赏。到了80年代,两者的区别变得越来越模糊了,这是由于白人教练执教时越来越灵活,而新一代的黑人球员也慢慢收敛打球的风格。托马斯

① 胡希尔(hoosier):印第安纳州的居民的别称为胡希尔人,所以印第安纳州又称作胡希尔州。

为胡希尔队打球时刻意保持低调，但是等到这个赛季结束他离开学校加入底特律活塞队后，这个笑面杀手随即又变得大胆张扬。

3月30日　《新闻周刊》(*Newsweek*)刊登了一则有关托尼·莫里森(Toni Morrison)的封面报道，此时正值她的小说《柏油孩子》(*Tar Baby*)出版，报道称她为“当今最伟大的黑人作家”。整个 70 年代，莫里森的固定工作是在兰登书屋当编辑，此外，她还出版了一系列小说(《最蓝的眼睛》[*The Bluest Eye*]、《秀拉》[*Sula*]、《所罗门之歌》[*Song of Solomon*])，让评论家、受过大学教育的各种肤色的女性和其他读者群为之倾倒。莫里森的成名标志着主流社会开始意识到，黑人女性作家们受到女权主义的影响，以及哈勒姆文艺复兴作家佐拉·尼尔·赫斯顿精神的感染，她们表现出了对白人种族主义和黑人男性沙文主义的不满，写出了许多义正词严、激荡人心的作品。

4月　大卫·布莱德利(David Bradley)的《昌奈斯维尔事件》(*The Chaneysville Incident*)一书出版，获得评论界的一致好评，后来还赢得国际笔会/福克纳最佳小说奖。这本书是布莱德利的第二部小说，故事发生的时间虽然只从 1979 年 3 月 3 日延续到 12 日，但是实际却跨越了 250 年，小说主人公约翰·华盛顿(John Washington)是费城的一名历史学家，他亲身游历于东海岸以及他生长的宾夕法尼亚山脉之间，思绪也跟着飘荡。虽然故事的背景设置在当下，整部小说却深深维系在过去，31 岁的作者在“谁是华盛顿”与“我是谁”之间寻找平衡。《昌奈斯维尔事件》一书跟 80 年代出版的大部分黑人作品一样，都在思考：随着种族隔离慢慢淡去、新的机遇摆在面前时，过去的种种给我们留下了什么？状况应该大大好转了，对于许多人来说，的确是这样。然而，崭新的后灵魂年代带来自由的同时，也带来了焦虑不安。

4月 洛杉矶黑人电影制作人朱莉·戴许(Julie Dash)拍摄了一部电影短片《幻觉》(*Illusions*)，讲述了二战期间一位黑人妇女假扮成白人出现在好莱坞电影公司里的故事。这部黑白片由罗内蒂·麦基(Lonette McKee)领衔主演，用电影技巧和象征手法表现了在种族色彩浓重的男权文化里，黑人女性能有强大的颠覆力。一位黑人歌手为白人女演员唇音合成的感人故事也被巧妙地编织进了电影，这个黑人角色是以安妮塔·艾力斯(Anita Ellis)为原型，安妮塔曾在多部影片中为好莱坞女演员丽塔·海华斯(Rita Hayworth)配音。

4月14日 汤姆·布拉德利(Tom Bradley)获得了64%的选票，以压倒性的胜利再次击败他的劲敌，即前市长山姆·尤蒂(Sam Yorty)，第二次连任洛杉矶市长。这是洛杉矶历史上第一位无需决定性竞选直接二次连任的市长。在最近的一次全州民意调查中，布拉德利的支持率最高。有谣言称他要竞选州长，布拉德利的回应是："我要再多享受几天这次的成功。"

5月22日 理查德·普莱尔在提炼可卡因时引起火灾，继这场事故后推出的由他主演的第一部影片是环球影业的《重获新生》(*Bustin' Loose*)，巧合的是，这部喜剧中正好有段情节是讲一个儿童纵火犯，观众观看时都吃吃地笑。影片由黑人导演奥兹·司各特(Oz Scott)执导，70年代最著名的黑人女演员西瑟莉·泰森(Cicely Tyson)(《珍瑰曼小姐自传》[*The Autobiography of Miss*

Jane Pittman]、《名叫摩西的女人》[*A Woman Called Moses*])出演女主角。《重获新生》上映之际，环球影业的制片主任汤姆·芒特(Thom Mount)在接受访问时告诉《黑人企业》的记者："黑人电影基本不能盈利，能吸金的男演员只有一个，就是理查德·普莱尔，女演员也只有一个，戴安娜·罗斯(Diana Ross)。而普莱尔是我们的签约演员。"言外之意就是，如果普莱尔不出演的话，拍黑人影片干吗呢?

6月 19岁的小号手温顿·马萨利斯(Wynton Marsalis)离开阿特·布雷基(Art Blakey)的"爵士信差"乐团(Jazz Messengers)，加入迈尔士·戴维斯(Miles Davis)于60年代早期成立的节奏乐器组(钢琴手赫比·汉考[Herbie Hancock]、贝司手朗恩·卡特[Ron Carter]和鼓手托尼·威廉姆斯[Tony Williams])，乐团前往日本巡演。这位出生于新奥尔良的年轻音乐家18岁那年还在茱莉亚音乐学院学习，当时他获得休假的批准，与赫赫有名的鼓手布雷基到四处演出，从此以后，马萨利斯在爵士乐界便引起了不小的轰动。乐团从日本归来后，马萨利斯和戴维斯乐团里的老兵们着手录制唱片《赫比·汉考——四分音符》(*Herbie Hancock: Quarter*)，这张双碟装专辑让马萨利斯一举成名。

马萨利斯以爵士乐与古典乐艺术家的双重身份与CBS签下合同，这种情况还是第一次。而且，在还没有固定的演出乐团前，他就录制了第一张以自己名字命名的专辑。这张专辑录制时，他把一群音乐家叫到一起，鼓手杰夫·沃茨(Jeff Watts)、钢琴手肯尼·柯克兰(Kenny Kirkland)，还有他的哥哥次中音萨克斯手布兰福德(Branford)。在其他一些不同类型的低音乐器弹奏者的鼎力相助下，这个被称作VSOP Ⅱ的组合给新一代的乐迷们带来了传统爵士乐中非一般的听觉享受。

这位小号手温文尔雅，勤奋刻苦，很快吸引了一些资深爵士乐作家的注意，包括阿尔伯特·莫瑞（Albert Murray）（经典著作《狠狠踩一下布鲁斯》[*Stomping the Blues*]的作者）以及斯坦利·克劳齐（Stanley Crouch）（《乡村之音》的撰稿作家兼唱片封套说明文字的撰写人），这两位作家对马萨利斯大力支持，成了他的良师益友。

此时的温顿出现在照片上时都是西装革履，他是继50年代GQ[①]的迈尔士之后最儒雅的小号手。他戴着一副金丝框眼镜，神情忧郁，浑身上下散发着美国南方的魅力，很快成了爵士乐界数十年中一直渴望出现的媒体新宠。而（长他一岁的）哥哥布兰福德温厚可亲，也跟他一样机智风趣。就这样，马萨利斯兄弟携手泰伦斯·布兰查德（Terence Blanchard）和唐纳德·哈里森（Donald Harrison）等其他"年轻的狮子"[②]，他们用原声音乐[③]吸引住了那些听惯了电子合成乐的乐迷。

6月 凯斯琳·科林斯（Kathleen Collins）开始拍摄电影《渐失优势》（*Losing Ground*），这是第一部由黑人女性执导的电影长片。影片放映长达86分钟，记录了大学里一位黑人女教授的生活，与科林斯本人的生活极为相似。《渐失优势》的拍摄手法具有

---

① GQ本来是指《绅士周刊》（*Gentlemen's Quarterly*）这本杂志，这是一本描述男士穿衣打扮的杂志。后来慢慢进入日常用语，指打扮考究、有品位的男人。

② "年轻的狮子"：诞生于80年代初期的一个新名词，是乐评人对于刚冒出头的一群年轻乐手或歌手的昵称。当时，自由爵士与融合爵士走到瓶颈，老一辈的乐手又逐渐凋零，一批受过音乐学院训练的年轻乐手逐渐进入公众视野，他们充满活力的演奏风格成功打入了主流社会。

③ 原声音乐：指那些不借助电子乐器产生的音乐。

艺术自觉的后现代感，向观众展示了电影的制作过程，构成了科林斯叙事策略的一部分。虽然这种后现代技巧削弱了影片的魅力，但是，在如此险恶的环境中还能用摄像机呈现黑人的生活，让人眼前一亮，科林斯实在功不可没。

6月5日 疾病管制局（CDC）的专刊《发病率与死亡率周报》（*The Morbidity and Mortality Weekly Report*，简称 MMWR）刊登了迈克尔·S. 哥特利普（Michael S. Gottlieb）医生和韦恩·山德拉（Wayne Shandera）医生的一篇专题文章，讲的是五名同性恋男子死于一种被诊断为卡氏肺囊虫肺炎（PCP）的疾病。

7月3日 《纽约时报》（*The New York Times*）刊登了一篇题为“41 名同性恋者身上发现罕见癌症”（“Rare Cancer Seen in 41 Homosexuals”）的文章。

7月18日 电影《无尽的爱》（*Endless Love*）的主题曲由戴安娜·罗斯和莱昂纳尔·里奇（Lionel Ritchie）演唱，占据了流行乐榜首。这部快餐式电影中情意绵绵的主歌曲是里奇多年来一系列创作中的一首，从 70 年代中期开始，当时他还是“海军司令”乐队（the Commodores）的成员时，就演唱自己创作的歌曲，有《活力》（“Zoom”）和《这是你的生活》（“This Is Your Life”），随着时间慢慢过去，他的歌曲里 R&B 元素越来越少，更加接近流行风格，譬如充满乡村气息的歌曲《简单》（“Easy”）和钢琴伴奏的《仍然》（“Still”）。

罗斯是摩城长期的签约歌手，也是逐渐过气的流行天后，她与贝利·戈迪手下的许多新旧歌手都有过合作。里奇明年就会单飞，他是摩城传统下培养打造出的最后一位流行巨星。在摩城一些资深音乐人的指导下，里奇的歌曲创作才能以及唱功都得到了全面训练。制作人詹姆斯·卡麦克（James Carmichael）对他的帮助尤其大，在他单飞以后，卡麦克还一直担任他的制作人和作曲人。

里奇有一些快速及中速歌曲非常流行，但是他最拿手的是慢节奏的抒情歌曲，这些歌名简短的歌曲几乎占据了流行音乐电台。他唱功浑厚，气质多愁善感，开创了属于自己的"摩城之声[①]"，把灵魂乐诠释成当代社会年轻人的精神食粮。里奇最受欢迎的歌曲成为了80年代文化中不可或缺的一部分，而且讽刺的是，他这些唱片还助长了嘻哈文化中的反叛情绪。然而，虽然里奇的艺术成就不容否认，但是他的音乐甜美圆润，正是以后说唱歌手们嗤之以鼻的那种风格，稚气未脱的这群孩子誓要变革黑人音乐，重新塑造黑人形象。

7月29日 来自明尼阿波利斯的"时光"乐队（The Time）推出了以他们的名字命名的首张专辑，里面的歌曲通俗，尤其适合跳舞。虽然他们的风格很明显带有普林斯的影子，但是乐队的歌手莫里斯·戴（Morris Day）是个老成但却滑稽十足的家伙，他极力否认普林斯有任何参与。专辑的制作者是个名叫杰米·史达尔（Jamie Starr）的人。

一直要等到以后才能真相大白，原来史达尔就是普林斯，这张专辑里的大部分音乐都是他创作并弹奏的。杰米·史达尔只是普

① 摩城之声：指灵魂音乐里明显受到流行音乐影响的一种风格。摩城唱片公司及其子公司是这种风格的强有力倡导者。

林斯经常闹着玩使用的几个身份之一（还有亚历山大·内弗迈德[Alexander Nevermind]，克里斯托夫[Christopher]）。他用杰米·史达尔的身份创作了“凡尼蒂6”乐队（Vanity 6）的首张专辑（他本来还给这个乐队起名叫“凡嘉纳”[Vagina][①]的），这是一个充满性诱惑、由不同肤色女孩组成的女子合唱三人组，她们比较流行的歌曲有《坏女孩》（“Nasty Girl”），这首歌曲不自觉地流露出淫荡之气。

8月1日　“音乐电视台”有线频道（即MTV）首播之日播放了“巴格斯”乐队（The Buggles）的《录像带杀死广播歌星》（“Video Killed the Radio Star”），没料到的是，这个“录像带”多少言中了即将发生的事。广播仍旧是大众收听音乐的主要方式（不管怎样，你不能一边开车--边看视频吧），然而视频终将永久性地变革音乐宣传及歌迷听音乐的方式。

MTV首播之前，美国从未有过一个简捷方便的大众渠道来播放艺术家们为音乐表演特地录制的短片，但是放映这些短片的电视秀在欧洲已经存在多年了，这也部分说明了为什么早期MTV的播放单中随处可见像巴格斯这样的英国乐队。要等到一年多以后，大型的美国唱片公司才会花费资金打造一系列音乐视频，以满足国内市场的需要。

最初轮班的一批播音员即大家熟知的音乐频道主持人（VJ）中，有一位名叫J. J. 杰克逊（J. J. Jackson），他原先是流行音乐电台的DJ，主持风格是大众化口味（听起来不像黑人）。MTV背后

---

① 凡尼蒂和凡嘉纳的发音颇为相似，前者是“虚荣、名利”的意思，后者是“女性私处”的意思。

的策划负责人罗伯特·皮特曼(Robert Pittman)表示,MTV 要重现摇滚乐广播的模式。这对于黑人艺术家来说是个不利的信号,因为 80 年代美国的摇滚乐广播实行声音的种族隔离,即便对于音乐风格符合他们标准的人也是如此。MTV 对播放黑人艺术家的作品显得不情不愿,歌迷以及黑人音乐制作人会不断地挑战他们的做法。

9 月 国家橄榄球联盟(NFL)的新秀选拔中,北卡罗来纳大学的线卫劳伦斯·泰勒(Lawrence Taylor)是第二位被选中的球员,他开始了在纽约巨人队的职业生涯。记者招待会上,巨人队把泰勒介绍给"大苹果"[①]的市民认识,泰勒表示:"我就喜欢在后场等着逮四分卫。"记者们都笑了,但是就在这个秋天,这位身高 6 英尺 3 英寸、体重 240 磅、脸上还微微挂着让人不悦的怒容的男人会向大家证明,他可不是在开玩笑。

泰勒在"三前四后防守线"(3 名第一线线卫,4 名后卫)里充当外侧后卫,用他的速度、技巧和蛮力变革了后卫这个位置。有时候在传球掩护时他就跟在后面,有时候他候在攻防线上等待带球队员,他最具有威力的时候应该是用带形跑动攻击四分卫时,这时通常会把球撞飞。几年后,泰勒的名声变得很臭,因为有一次在 ABC 周一橄榄球之夜对抗华盛顿队的比赛中,他对红人队[②]的四分卫乔·西斯曼(Joe Theisman)展开突然攻击,撞击之力过于猛烈,导致这位四分卫的腿上一块骨头断裂。泰勒在场上的暴力之举令人咋舌,他连续十年入选"职业碗",而巨人队也因此赢得

---

① 大苹果(Big Apple):纽约城的别称。

② 红人队:指华盛顿红人队(Redskins)。

1986 年和 1990 年的“超级碗”①。

遗憾的是，比赛场上的泰勒英姿飒爽，场下的泰勒也如魔鬼一般。有一次，他说起自己的生活时叹道：“星期天完全是个不同的世界，就像是个幻想世界一样，我宁愿生活在其中。星期天过完后我不得不回到现实世界中，然后就烦恼不断了。”和 80 年代纽约其他几个著名球员一样，泰勒沦落为快克可卡因的牺牲品。1986 年和 1988 年这两年里，他参加了戒毒治疗。1993 年退休后，他因为从警察假扮的毒贩那里购买毒品而两次被逮捕。

身为世界上最繁华的城市中一颗闪耀的巨星，泰勒是敢作敢为、进取创新的王者。然而，在诱惑与瘾癖的世界里，这位英雄只是一个再平凡不过的弱者。在某种程度上，瘾癖绝对算是一种毫不徇私的个人本能，它对手下所有的败将——富人也好，穷人也罢，名声赫赫也好，默默无闻也罢——一视同仁。

9 月 12 日　NBC 周六早间卡通系列节目里，名叫“蓝精灵”的可爱的蓝色小家伙首次跟观众见面，它来自比利时。虽然这档节目针对的是儿童观众群，但是蓝精灵的魅力跨越了年龄及种族的障碍，刮起一阵都市旋风，年轻人的消费市场上流行起了从蓝精灵身上获得灵感而编排的嘻哈舞蹈，还出现了许多 12 英寸的单曲唱片。嘻哈音乐和舞曲唱片公司更是大肆假借蓝精灵之风，他们用“蓝精灵”这个单词的不同拼写方式来规避版权侵害的诉讼。贫民窟贩卖 T 恤的小商贩们也大赚了一笔，他们兜售假冒伪劣的蓝精灵产品，“黑色”的蓝精灵戴着金链子，球鞋鞋带松散

① “超级碗”(Super Bowl)是 NFL 的年度冠军赛，一般在每年 1 月最后一个星期天或是 2 月第一个星期天举行；而“职业碗”(Pro Bowl)则是 NFL 的全明星赛，一般在“超级碗”总决赛之后进行。

着，随身携带BP机，还有各种各样的霹雳舞男孩[①]的服饰打扮。在电脑取样合成成为嘻哈音乐里的惯常做法之前，黑人年轻人就是这样随意变动挪用蓝精灵，这是他们早期取乐主流文化的一种方式。在接下来的几年中，他们又"相中"了巴特·辛普森[②]《星球大战》(*Star Wars*)、奢侈服装设计师、佛教僧侣等，继续玩笑戏谑主流文化。

9月25日 影片《黑人儿子》(*Carbon Copy*)里，丹泽尔·华盛顿(Denzel Washington)首次亮相大银幕，这部喜剧片由好莱坞最为活跃的黑人导演迈克尔·舒尔茨(Michael Schultz)执导。乔治·西格尔(George Segal)出演一位白人，丹泽尔则扮演他失散多年的儿子，这个喜剧(唯一一个他不擅长的戏剧类型)角色根本不适合他，可是不管怎么样，丹泽尔成功跻身好莱坞。接下来的一年里，他出演了NBC电视剧《波城杏话》(*St. Elsewhere*)里的菲利普·钱德勒(Philip Chandler)医生，这个固定角色他演了多年，也因此而成名。

对于舒尔茨而言，这部电影是他职业生涯中的最新力作，虽然刚踏进电影界的那会儿，他未来的导演成就看来会比这辉煌得多。那是1967年，当时"全黑伙伴"公司(NEC)还刚刚成立。1969年，舒尔茨在公司拍摄的作品为他赢得了一份百老汇戏剧的导演工作，戏剧名为"老虎打领带吗?"(*Does a Tiger Wear a Necktie*?)。1972年，这位肤色略浅、语气柔和的导演监制了PBS改编的长达90分钟的洛林·汉斯伯里(Lorraine hansberry)自传——《做个年

① 霹雳舞男孩(b-boy)：指那些专在音乐中停格的部分中跳舞的人。

② 巴特·辛普森(Bart Simpson)：美国的动画情景喜剧《辛普森一家》(*The Simpsons*)中调皮的小男孩。

轻有为的黑人》(*To Be Young, Gifted and Black*),演员阵容颇为强大(露比·迪[Ruby Dee]、罗伊·谢德[Roy Scheider]、小艾尔·弗里曼[Al Freeman Jr.])。同年,他在亚特兰大拍摄了一部跨种族爱情片——《共度时光》(*Together for Days*),但是这部影片只在很小范围内发行。搬到洛杉矶后,舒尔茨开始拍摄电视剧(《洛克福德档案》[*The Rockford Files*]、《贝瑞塔》[*Baretta*]和《侠盗双雄》[*Starsky & Hutch*]),他为ABC电视台拍了一部不错的电视剧《黑人老头的仪式》(*Ceremonies in Dark Old Men*),这部剧集改编自他最初在NEC执导的、由罗尼·埃尔德三世(Lon-nieElderⅢ)创作的戏剧。

拍摄了几年电视剧后,舒尔茨终于有机会于1975年导演了他的巨作《龙虎少年队》(*Cooley High*)。这部影片的剧本由艾瑞克·蒙特(Eric Monte)执笔,他是《美好时光》(*Good Times*)的创作者之一。许多受过舞台训练的年轻黑人演员,如格林·特曼(Glynn Turman)和劳伦斯·希尔顿-雅各布(Lawrence Hilton-Ja-cobs),都呈献了温暖人心的表演,大量精华的摩城音乐也出现在了影片中,60年代中期,黑人聚居的芝加哥城里温暖与险恶交织的气氛在这部影片里被瞬间定格了。

影片《龙虎少年队》于"黑人演黑人看"[1]时代的后期问世,是黑人缅怀60年代的首部大型影片。猛然回首,历史的车轮已经驶进了后灵魂年代,这部影片对灵魂年代里黑人社区的直白诠释在这群人中引起了很大的共鸣。影片虽然在某种程度上与乔治·卢卡斯(George Lucas)的《美国风情画》(*American Graffiti*)(1973)

---

① 黑人演黑人看(blaxploitation):美国70年代流行起来的一种电影风格,利用对黑人的兴趣作为号召,选用黑人演员拍摄电影。

有许多可比之处，但是其独有的优雅魅力与生机活力使其很快成为电影史上最受欢迎的黑人影片。

11月10日 “全黑伙伴”公司在纽约的四号剧场首演了查尔斯·富勒（Charles Fuller）的《一个士兵的戏》（*A Soldier's Play*），NEC是一家大型黑人剧场机构，由演员罗伯特·胡克斯（Robert Hooks）、剧作家兼导演道格拉斯·特纳·沃德（Douglas Turner Ward）及剧场经理杰拉德·克朗（Gerald Krone）于1967年联手创办，旨在推进黑人及其文化事业。由于黑人演艺人才的沃土相对还未开垦，公司凭借强有力的文笔，活跃在80年代的舞台上。

著名剧作家如罗尼·埃尔德（《黑人老头的仪式》）、约瑟夫·沃克（Joseph Walker）（《尼日尔河》[*The River Niger*]）、莱斯利·李（Leslie Lee）（《夏日微风》[*The First Breeze of Summer*]）和山姆·奥特·威廉姆斯（Sam Art Williams）（《家园》[*Home*]）供职于NEC期间都曾获得过国家级荣誉表彰，还有两代艺界巨星也是如此（格林·特曼、格洛利亚·福斯特[Gloria Foster]、菲莉西亚·罗夏德[Phylicia Rashad]、谢尔曼·汉姆斯利[Sherman Helmsley]、路易·葛斯[Louis Gossett]和亚道夫·西塞[Adolph Caesar]）。最终，这些才华熠熠的艺术家都搬去了洛杉矶，那里拍电影拍戏的机会更多，拍情景喜剧更是家常便饭。

查尔斯·富勒是NEC培养的最后一位杰出剧作家，他来自费城。整个70年代，他写了好几部反响不错的戏剧在NEC上映，包括批评界广为赞扬的《佐曼与告示牌》（*Zooman and the Sign*），由多才多艺的年轻演员吉安卡罗·埃斯波西托（Giancarlo Esposito）主演。

《一个士兵的戏》如果不算是 NEC 出产的最伟大的单部戏剧，也算是获得最多荣誉的戏剧，曾赢得纽约戏剧评论界奖，并且在 1982 年获得普利策奖，还一度受到好莱坞的青睐（1984 年，这部戏剧被改编成电影《一个士兵的故事》[*A Soldier's Story*]）。富勒的这部戏剧结构编排精美又神秘，一开场，受人爱戴的带兵教练沃特斯中士（Sergeant Waters）被人杀害，他带领的分队全由黑人组成，明天即将从南方基地训练营前往二战战场作战。审理这个案件的侦探名叫戴文波特（Davenport），是一位来自华盛顿的受过大学教育、有良好教养的上尉，他最初怀疑的地方也是显而易见的疑点：这场谋杀案是一位白人种族主义军官干的。

但是随着调查的深入，种族内部的愤恨及阶级歧视渐渐浮出水面。富勒采用"侦探小说"的叙事结构，探讨黑人社区内部的种族主义如何郁积溃烂，展现黑人内部的纷争恶斗。黑人艺术不仅是攻击种族主义的武器、娱乐的工具，更是表达黑人群体内部存在着的阶级和肤色冲突的渠道——该戏剧关注的这个主题在 80 年代反复出现，贯穿着整个年代。

富勒精湛的艺术在一班演艺能手的烘托下更显耀眼。亚道夫·西塞（Adolph Caesar）出演这场扑朔迷离的谋杀案中的受害者沃特斯中士，西塞之前主要是配音演员，他在这部戏中的绝佳表现很快令他升至演艺界的中心地位。然而不幸的是，在抵达电影电视事业的高峰之前，他便早早地辞世了。

另外两位演员的表演更加深入人心：聪明热情的士兵梅尔文·彼得森（Melvin Peterson）由丹泽尔·华盛顿扮演，他的表演可圈可点；士兵路易斯·亨逊（Louis Henson）由山姆·杰克逊（Sam Jackson）扮演，这个角色虽然小，却有着独特的个性。在这部戏中，这两位演员都是首次挑大梁，虽然这种机会以后会接踵而至。

富勒、华盛顿和杰克逊是 NEC 乃至整个黑人戏剧界的几代人中最杰出的人物。然而,《一个士兵的戏》这部戏剧将成为大众文化中黑人戏剧界最后几颗耀眼的艺术之星之一,这未免令人伤感。随着时间的流逝,艺界新秀们开始瞄准时代的新机遇,而要是时间能倒退一代,这些人本该在小剧场中数十年磨一剑的。到 80 年代末,录制说唱专辑会取代黑人戏剧,成为人们首选的成名之路。

12 月 里根总统计划大幅削减联邦预算中对亚特兰大疾病管制局的支出,以降低政府的"耗费"。

12 月 20 日 舞台剧《追梦女郎》(*Dreamgirls*)百老汇首演,一时间,有关迈克尔·贝内特(Michael Bennett)的导演技能及汤姆·伊恩(Tom Eyen)原书的评论满天飞,这个故事的角色以贝利·戈迪和"至高无上"演唱组(Supremes)的成员戴安娜·罗斯和佛罗·巴拉德(Flo Ballard)为原型,情节虚构了 1967 年年中巴拉德从女子组合中离奇出局,巧妙地再现了摩城唱片公司的神秘传奇。

《追梦女郎》的主题是受到 80 年代一个流行思维的启发:在追寻流行文化或是"跨界"成就(目光从黑人观众身上转移到白人观众上)的同时,黑人艺术家牺牲了他们与"灵魂"的维系。詹妮弗·霍利德(Jennifer Holliday)体格粗壮、嗓门洪大,她扮演的角色被虚构的"至高无上"组合——梦想组合剔除,灵魂年代的悲剧在此表露无遗。霍利德表演的《我要告诉你,我不会离开》("And I'm Telling You I'm Not Going")精彩绝伦,多次被观众的掌声打断,这首歌是她痛失爱人(以戈迪为原型的角色)以及在黑人流行音乐中迷失心灵的暗喻。

厚重的灵魂音乐被弃而不用，而浮华的音乐风格倒受诸多追捧，《追梦女郎》里对此的反讽反映在贝内特的导演上，他的风格像是斯潘德克斯长裤[①]一样弹性十足、收缩自如，他的舞台布景可以说是风格战胜了实质。舞台从前移到后，前景与后景不断切换，就像是经过剪辑的电影一样。这种风格非常吸引人眼球，具有颠覆性，观众关注故事本身的同时也开始注意到导演风格。贝内特的舞台操控能力，再加上霍利德、雪莉·李·拉尔夫（Sheryl Lee Ralph）、奥巴·巴伯顿德（Obba Babatunde）和洛雷塔·戴维尼（Loretta Devine）等新星的出演，使《追梦女郎》成为了百老汇历史上一部重要的戏剧。

这部舞台剧同时还流露出黑人女歌手的同性恋观点，这是同性恋文化中很重要的一部分。多年来，霍利德的歌曲《我要告诉你》一直是男扮女装表演秀的常青节目，但是，这首歌曲表演最大的致命弱点就是其音乐，因为这音乐实质上是对60年代灵魂音乐的苍白模仿。

---

① 斯潘德克斯长裤（spandex pants）：斯潘德克斯是一种弹性纤维，即大众熟知的“氨纶”。

1 9 8 2

1982

两位大相径庭的黑人政客交接，这是对里根执政的华盛顿政府政策导向的绝佳写照。布鲁克林第 12 区的国会女议员雪莉·齐泽姆连任七届，在位长达 14 年后宣布退休。齐泽姆慷慨激昂，极富同情心，她于 60 年代末期上任，当时，一些地方的城市政客正奋力从白人手中夺回权力，而这些地方曾经是由少数族裔的官员掌控，这种权力争夺已然演变成了一股潮流，齐泽姆就是其中一员。

齐泽姆所代表的皇冠高地社区由黑人、波多黎各人、正统犹太人以及新近搬来的加勒比移民组成，这个社区火药味浓烈，一不小心就能引发争斗。然而，齐泽姆虽然身材矮小，但是性格坚毅，有着一副令人印象深刻的好嗓音，她应付这些选民绰绰有余，她是所有女性的榜样，民主党领袖和女权主义者都支持她。

齐泽姆本人是西印度群岛移民的后裔，童年时在巴巴多斯度过了八年，11 岁时回到美国。从公立中学毕业后，她前往布鲁克林学院求学，获得社会学的本科学历之后去了哥伦比亚大学，又获得初等教育的硕士学位。她与纽约许多移民的后代一样谋得了公职，在一家幼儿园当老师，同时还是一家日托中心的负责人，还负责纽约社会服务部的一些事务。

1964年，齐泽姆参加竞选并成功赢得了州议会的一个席位。国会议会中有一个席位是为了保证获得大部分黑人投票群体而专设的，1968年那年，在角逐这个席位的过程中，齐泽姆轻松战胜了民权运动组织CORE的前主席詹姆斯·法默(James Farmer)。作为第一位跻身众议院的黑人女性，齐泽姆很快成为了家喻户晓的公众人物，她利用自己的高出镜率，增加自己在教育、劳工和城市事务委员会中的影响力。

1972年，齐泽姆宣布她要参加民主党的总统候选人竞选，这一下子提升了她的公众形象。和以后杰西·杰克逊的竞选一样，她的目标是要引起公众对一些问题的关注，而这些问题正是她担心白人政客会尽量回避的问题。然而，齐泽姆的竞选活动缺乏资金支持，以至于在任何一场初选中她都没有获得超过7%的选票，她到迈阿密参加民主党大会时，手上仅有152张代表选票。有些人认为，要是黑人男性政客能心甘情愿支持这位黑人女性的话，她的境遇会好很多。

在接下来的十年中，齐泽姆坚定不移地捍卫自由主义，她在本地区的支持率高得惊人。但是，随着右翼势力越来越强势，齐泽姆很有挫败感，经常觉得自己犹如荒野独嚎，孤掌难鸣。最终的结果是，美国黑人失去了一位强有力的利益捍卫者。

就当这呼吁传统民权斗争的声音谢幕的同时，一位新来的黑人保守主义人士——克拉伦斯·托马斯出现在了聚光灯下，里根总统任命他为平等就业机会委员会(EEOC)的主席。年方34，佐治亚州沙凡那人氏，他一路顶着种族隔离政策，顶着嘲笑他生有黑皮肤厚嘴唇的黑人文化，逆流而上。他是沙凡那市圣约翰维雅内中学里首位黑人学生，于60年代后期中学毕业后北上，就读于马萨诸塞州的圣十字学院，读书期间，他听了马尔克姆·艾克斯呼吁黑人放弃分裂、自我富足的演讲，这深深影响了他。

在耶鲁法学院求学期间，托马斯学习成绩优异，但是白人同学和老师常常视他为“平权运动的宝贝”，多亏有了配额他才进了耶鲁，为此他常常恼怒不已。也是在耶鲁期间，他慢慢形成了这样的观点，即平权运动对黑人中产阶级是好处多多，但是广大贫苦的黑人大众分不得一点羹。毕业后，他在密苏里州州首席检察官、共和党人士（未来的参议员）约翰·丹福斯（John Danforth）的办公室里找到了一份工作，丹福斯成了他的人生导师及支持者。三年以后，也即 1979 年，托马斯跟随新官上任的参议员去了华盛顿，并加入了共和党。

托马斯很快把自己塑造成了一位很有原则的平权运动反对者，一位长着巧舌、满口保守观点的保守主义代言人。正是因为他的黑皮肤，以及与来自国家中部核心地区、人气很高的参议员的亲密关系，他成了共和党内部一笔不菲的财产。他接受 EEOC 的这份工作，成为里根政府里位居第二的黑人，并被委以抑制私营领域中歧视政策这一重任的高级联邦官员，同时他手下还有 3 100 名员工，分布在 48 个地方办公室以及华盛顿特区工作。站在权力的制高点，托马斯不用为政府政策奔走呼吁——他就是政策的制定者。（在 EEOC 华盛顿特区的总部里，有一位年轻的工作人员，她体貌端庄，聪颖随和，名叫安妮塔·希尔[Anita Hill]，她在当时还不惹人瞩目，但是到了 90 年代却是一位重要人物。）

虽然身为国会议员和黑人利益代言人的齐泽姆功勋赫赫，但是，托马斯的政治生涯似乎更有可能对美国民众的生活产生长远、深刻的影响。然而，这一切在 1982 年看来简直不可思议。

1月4日 安德鲁·杨格成为亚特兰大市市长，他的前任梅那德·杰克逊曾是该市首位黑人市长。杨格曾担任卡特总统政府的美国驻联合国大使，民权运动高潮期间曾是金博士的得力助手，他也是力倡民权运动从冲突斗争转变成选举政治的众多元老之一。

亚特兰大是马丁·路德·金的家乡根据地，也是南方基督教领袖会议所在地，这个城市见证了一些民权运动激进分子竞选参政（朱利安·邦德[Julian Bond]、荷西·威廉姆斯[Hosea Williams]和约翰·威廉姆斯[John Williams]）。作为民权运动时期的领袖人物，他们在后灵魂年代里还是努力搏斗，唯恐被时代的潮流淹没。首位黑人市长杰克逊执政期间对这个城市的控制几近专断，采取黑人民族主义的强硬态度，杨格跟他不同，他对白人的态度更为缓和，依靠自己在联合国工作的资历为城市吸引投资，把亚特兰大打造成"一个国际都市"。

1月14日 布莱恩特·冈贝尔（Bryant Gumbel）从体育节目记者摇身变为NBC王牌节目——早间新闻《今日》（*Today*）节目的主持人之一。电视业界从未出现过像他一样的黑人主播，他并不幽默，不亲切，也不会讨好人，他也不是"感谢我的种族我的人民"这样一板一眼的黑鬼。恰恰相反，这位祖籍芝加哥的主持人身材粗壮，肤色略微偏淡，他用词犀利，机警聪颖，书香气重，而且稳重自信。

冈贝尔从事体育报道多年，70年代初期担任《黑人体育》杂志（*Black Sports*）的编辑工作，这本杂志虽然办得不错，但是却极为短命。之后，冈贝尔担任NBC国家足球联赛预选赛的节目主持工作。1980年，他开始在《今日》栏目中做体育报道，没过多久，NBC的高层便给了他一份更大的工作。许多人认为，混迹于体育世界的黑人怎么能采访政治家和新闻人物呢。对此抱怀疑态度的人大大低估了这位口齿伶俐、风格干练的主持人。他应付菲德尔·卡斯特罗(Fidel Castro)跟应付体育教练一样专业自如。

冈贝尔没有打出种族这张牌——他对黑人嘉宾一般比对白人嘉宾还要难缠——显然,他与共事的同事之间关系颇为紧张,堪比他与推销新书的作家的关系。这位才思敏捷的电视主持人完完全全是生活在后灵魂年代的人,因为他的聪明才智及咄咄逼人并没有让他成为众人仿效的模范人物,他只是一个拥有独特个性的人,而深肤色碰巧是他与生俱来的一个身体特征而已。

2月　普渡大学社会学家马丁·帕钦(Martin Patchen)出版了他的一项研究,题为"校园内黑人与白人的接触——其社会及学术效应"(*Black-White Contact in Schools: Its Social and Academic Effects*)。他对这项研究如此总结道:"现有证据表明,校园内种族间的接触对学生的种族观念和行为并不会有持续的正面影响,对少数族裔学生的学业成绩亦是如此。"

2月24日　在洛杉矶的颁奖仪式上,昆西·琼斯的专辑《都市人》(*The Dude*)一举夺得五项格莱美大奖,包括年度最佳制作人奖。这张专辑是他继担任迈克尔·杰克逊的专辑《墙外》的制作工作以来的首张扛鼎大作,荣获这么多奖项进一步抬升了琼斯制作流行音乐的声望。

琼斯职业生涯的大部分时候是跟比博普和大型乐队音乐联系在一起的。他一开始时担任小号手,很快就成了才华横溢的作曲人。1961年,水晶唱片公司聘请他担任A&R(艺人经纪部门)的主管;1964年,他成为大型唱片公司中首位黑人副总裁。在水晶唱片公司期间，他首度开发了自己的流行音乐潜能，为青年歌手莱斯利·戈尔（Leslie Gore）编写制作了多首走红歌曲（《我的派对》["It's My Party"]、《我不属于你》["You Don't Own Me"]）。1965年，他与法兰克·辛纳屈（Frank Sinatra）和考特贝茜乐团（the Count Basie Orchestra）合作，这次合作具有非凡的意义。整个60年代，琼斯奋力想闯入好莱坞电影俱乐部，他的首部影片是西德尼·吕美特（Sidney Lumet）执导的《典当商》（*The Pawnbroker*）。在这十年中，他一如既往地在电影业奋斗，成为了少数几位留名电影史的黑人幕后工作者之一。

70年代，琼斯开始了与A&M唱片公司长达多年的合作。合作期间，他为众多知名黑人歌手及新人打造了混有疯克和爵士乐味道的专辑（《温柔的疯狂》[*Mellow Madness*]、《身体热度》[*Body Heat*]），他的名字经常可以在R&B广播中听到。《都市人》是琼斯在A&M期间制作的最后一张唱片，之后他就跳槽去了华纳兄弟，并在新东家旗下建立了自己的公司——奎斯特唱片公司（Qwest）。在《都市人》中一显歌喉的两位歌手——帕蒂·奥斯丁（Patti Austin）（《来吧，宝贝》["Baby, Come to Me"]）和詹姆斯·英格朗（James Ingram）（《一百种方法》["One Hundred Ways"]）加入了他的唱片公司。

为华纳兄弟效力使琼斯得以跨越单纯的唱片制作，转而投入电影制作。成为炙手可热的流行文化名人的琼斯，此刻正四下留意着，随时准备买下某本合适的书的版权。

3月4日　疾病管制局公布了艾滋病感染的四大高发人群，也即著名的四H人群——同性恋者、血友病患者、海洛因吸食者和海地人。海地人也名列榜单，这是由于早期错误的报告认为，这种疾病源自加勒比上的这个小岛，然后经由游客传播至美国。这个高发人群列表一直使用到 1985 年 4 月，在此期间，人们对艾滋病越来越恐慌，因而，许多海地人被单位开除，他们在社会上也受到排挤。与此同时，在早期报道的病例中，美国本土出生的黑人占了 23%，虽然他们占总人口中的比重仅为 12%，不幸的是，这一点很少有人注意到。

美国媒体早期对艾滋病的报道主要把病根归于性生活不检点的同性恋者和海地人，过不了多久，他们就会把非洲人和美国黑人拉进来。医学杂志和报纸上宣称病毒发端于非洲，可这些报道并没有事实根据。1988 年，苏珊·桑塔格(Susan Sontag)在《艾滋病及其隐喻》("AIDS and Its Metaphors")这篇文章中写道："……人们认为，艾滋病最早在'黑暗大陆'爆发，随后传播到海地，然后进入美国和欧洲，这真是套用了老掉牙的瘟疫史啊。他们还说，艾滋病是一种热带疾病——又是一种来自所谓第三世界的传染病……有关艾滋病发源地的种种猜测里，满是种族主义者的陈词滥调，看来非洲人没说错。(把非洲魔鬼化成艾滋病的摇篮，这会助长欧亚地区人们对非洲的歧视，这一点非洲人也没说错。)他们指责非洲的生活方式原始简陋，这完全是在捕风捉影，还凭空捏造出动物传染的种种可能性(这是绿猴身上的一种疾病？非洲猪瘟？)，这无疑又在套用动物兽性、性放纵还有歧视黑人的老掉牙话语了。"

80 年代不同于之前的时代，其中一个明显区别便是非洲人也能利用媒体工具了。面对白人的指手画脚，一种关于艾滋病起源的反调言论在扎伊尔和哈勒姆地区的黑人中开始流传。这一言论是基于白人国家对黑人长期的种族歧视和虐待，尤其是在科技发达但却人心淡漠的美国。"许多医生，"桑塔格写道，"学者，记者，政府官员和知识分子都相信，病毒是美国人传播到非洲去的，他们本来想打一场细菌战，谁料场面失去控制，病菌又传回美国，肇事者们自己可吃了苦头了。”

艾滋病起源的阴谋论很快通过报纸、广播谈话节目以及口舌相传传播了开来。如同说艾滋病是中非地区绿猴身上的病菌一样，阴谋论也无从证实。但是，两方都据理力争，他们站在种族分界线的两侧，各说各的理。整整十年，这相互推诿的游戏分散了人们的注意力，也冷落了数百万需要医疗救助的病人。

3月12日　在他的第二部音乐会电影《理查德·普莱尔现场音乐会》(*Richard Pryor Live on the Sunset Strip*)中，喜剧演员普莱尔通过艺术手法表达了个人悲剧性的传奇，又一次展现了他非凡的天赋。这部音乐会电影中，普莱尔时而粗鲁，时而温柔，时而又真诚得不留情面，他老练熟达，局面皆在掌控中，紧紧地抓住了观众的注意力，而这在他的叙事影片中极为少见。他极为娴熟地上演了一长段醉心于提炼可卡因的场景，包括叼着吸毒烟斗讲话以及对吉姆·布朗(Jim Brown)惟妙惟肖的模仿。

普莱尔还饶有兴趣地说起自己到非洲的旅行，那次旅行后，他发誓再也不用“黑鬼”这个词了，而他以前讲单口相声时，用词粗俗淫秽，这个词出现的频率甚高。他的这一举动立即得到黑人形象捍卫者们的支持，比如《乌檀》杂志。普莱尔在接受该杂志的一次采访时表示，这个词“对黑人的心智伤害极大……不是什么好词儿，不能教给我们的孩子们。听到这个词让人不舒服，白人这么喊我们时，我们觉得很难过，虽然我们还假装很坚强”。一些人认为，在这个词从黑人口语中消失的过程中，普莱尔的这番话能起到极为关键的作用。

此外，普莱尔还出演了一部成绩斐然但令他颇为困窘的影片——《超级玩具》(*The Toy*)里,他扮演的那个角色心甘情愿地让一位富人买回家,供他那骄纵惯了的儿子取乐用。也许,普莱尔觉得这部影片可以视作奴隶制度一个讽刺的注脚吧,对资本主义社会里黑人生存角色的揭露。不管他的初衷为何,这部影片虽然票房不错,然而,他的黑人以及白人影迷们看在眼里,心里却不是滋味。

3月18日 泰迪·潘德葛雷斯(Teddy Pendergrass)在费城的一次交通事故中身体瘫痪。这场悲剧后,这位性感男星从脖子往下的身体部位几乎不能动弹。作为黑人音乐中最后仅存的几位声线粗犷的男次高音中的一位,他的艺术生涯就此宣告结束。潘德葛雷斯曾是鼓手,之后担任"哈罗德·梅尔文和蓝调"组合(Harold Melvin & The Blue Notes)的主唱歌手,在威尔逊·皮克特(Wilson Pickett)、大卫·鲁芬(David Ruffin)等硬汉灵魂歌手高扬的嗓音传统中占有一席之地。他身材高大,蓄着胡子,他举办的"女士专场"音乐会挤满了尖叫不止的女歌迷,颇为轰动。在制作人兼创作人肯尼·伽姆伯(Kenny Gamble)和里奥·哈弗(Leon Huff)的倾力打造下,潘德葛雷斯推出了多首动感十足的歌曲,广受欢迎,如《把灯关了》("Turn Off the Lights")、《爱上 T. K. O. 》("Love T. K. O. ")和《我不再爱你》("I Don't Love You Anymore")。继潘德葛雷斯之后,假声男高音充斥着 80 年代的黑人音乐界,他们声音中没有潘德葛雷斯的阳刚之美。

3月29日 61 612 名观众挤在新奥尔良的超级圆顶体育场内,NCAA 冠军争夺赛正在进行。最终,北卡罗来纳大学塔希尔队以 63:62 的比分险胜乔治敦大学球兰队。塔希尔队的大学一年级新生迈克尔·乔丹一个腾跳 15 英尺的跳射，打进了决定比赛胜负的一球。对于很多业余球迷而言，这是他们第一次看到 23 号在球场上尽显英姿。

4月　城里城外的酒吧：黑人酒吧、白人酒吧和同性恋酒吧里，整个 80 年代最具有影响力的舞曲唱片在不停地播放。“皮奇男孩”组合（Peech Boys）的《不要让我等待》（“Don't Make Me Wait”）由天堂车库 DJ 拉里·勒万参与创作，这张数字唱片并不花哨，却极具性感魅力，里面阴森森的性感诱惑恰好刻画了天堂车库里的夜晚气氛。伯纳德·福勒（Bernard Fowler）用福音音乐风格的男声渲染出氛围，以后，其他创作人和 DJ 会受此启发，编造出舞曲音乐的一种变体，叫做“车库”。

勒万的品位不仅吸引住了天堂车库的常客，“好莱坞”弗兰奇·克罗克（Frankie “Hollywood” Crocker）也是勒万的忠实歌迷。克罗克是纽约首屈一指的音乐电台——WBLS 电台的节目总监，他制作的节目风格流畅，他本人对音乐有着独到新颖的见解。他经常光顾天堂车库，勒万帮他混合挑选用于电台节目的片断时，他就在一旁看着。有流言称，勒万周六晚上播放的音乐唱片，周一早上就出现在了 WBLS 的节目单上。

克罗克利用黑人特质、同性恋文化和舞曲音乐中的精华，成功地把 WBLS 这家黑人掌控的电台从传统的黑人音乐电台转型成他所说的“都市当代音乐”（urban contemporary）。克罗克用这个词来诠释纽约城包罗万象的精彩，他不希望把自己锁进音乐盒子里。基于这样的想法，风行于这个年代的许多黑人歌手（米勒·杰克逊[Millie Jackson]、“巴凯斯”组合[The Bar-Kays]和“孔·疯克·夏恩”组合[Con Funk Shun]）都没有出现在 WBLS 的节目列表上，而朋克乐队“碰撞”(the Clash)和欧洲迪斯科高手塞隆(Cerrone)倒是有可能出现。虽然克罗克在音乐的选择方面没有走出纽约，但他的节目策划理念却早就游离于这个城市之外了。

“都市当代音乐”这个词很快就红遍了全国上下。人们出于音乐方面的考虑(扩充节目单上的传统黑人音乐形式)使用它，出于生意方面的考虑(吸引那些不乐意与全是黑人的群体为伍的广告商)也使用它。有一群观众，他们对黑人文化兴趣十足，但他们不一定全是黑人，“都市”这个词就可以讨巧地界定这群观众，因而这个词全国上下四处可见。不久，企业里也出现了都市部门，销售各种各样的产品，有唱片，有汽车，也有化妆品。

“黑人”一词让许多白人顾客感到不自在，而“都市”这个词就能模糊地传达出意思，而不用清楚道明。在某种程度上，“都市”取代了“灵魂”，它在指代时既能意指黑人，也不会公然地戳穿种族意味，而且还能一举包括大城市里的白人和拉丁裔消费者。整个80年代，人们对“黑人”一词特指非洲移民后裔越来越不耐烦了，因为所有人都觉得这个字眼太极端，而且这种像极了灵魂年代的焦躁，在80年代种族融合的大潮流中，自然不会受欢迎。眼下，从内城区的天堂车库，到各地的郊区，在群舞得大汗淋漓的人群中，“都市”显然是受宠的词儿。

4月 一家小型黑人独立唱片公司“汤米男孩”发行了“阿非卡·邦巴塔和灵魂的声音力量”(Afrika Bambaataa & The Soul Sonic Force)的《寻找完美的节奏》(*Looking for the Perfect Beat*)。这张唱片由亚瑟·贝克(Arthur Baker)和约翰·罗比(John Robie)这个来自波士顿的创作团队一手打造，唱片里的音乐用电子音响合成器制作，给人古怪离奇的感觉，这是由于受到德国电子音乐开拓者“发电站乐队”(Kraftwerk)的启发。都市听众一下子就爱上了这张唱片，由此说明嘻哈爱好者对于音乐的节奏并不挑剔。事实上，《寻找完美的节奏》是“电子摇滚”这一舞曲类型的发展过程中具有重要意义的一张唱片。

嘻哈音乐的DJ们喜欢用不同音乐里的桥段和碎拍，阿非卡·邦巴塔正是这一潮流的开创者之一。邦巴塔成立了一个名叫“祖鲁王国”(The Zulu Nation)的团体，由一群街头帮派的成员和音乐发烧友组成。他们在布朗克斯东区的街头和社区中心聚会上最早使用了这一手法，而在《寻找完美的节奏》这张唱片中，邦巴塔重新利用了他一手开创的音乐形式。然而，跟嘻哈音乐的许多早期开拓先锋的境遇不同，邦巴塔立即就得到了大众的认可，成为嘻哈文化发展中的重要人物，而且还获得了丰厚的物质报酬。

“汤米男孩”也参与分享了丰硕的战果，这是一家主要制作说唱音乐的独立唱片公司。公司董事长汤米·西尔弗曼(Tommy Silverman)告诉《公告牌》杂志的记者：“之前，我们出过高能量迪斯科唱片，但是那个市场在国内基本没有什么发展空间了，而纽约的城外音乐，那种节奏很强的唱片，倒是有很大的成长空间，我觉得目前还没有充分开发。”

5月　艾丽丝·沃克(Alice Walker)的小说《紫色》(*The Color Purple*)出版，一时间好评如潮，并且很快成为畅销书，最终还赢得了普利策文学奖。多年来，沃克在黑人文学界的地位一直不可撼动，她创作小说(《格兰奇·科普兰的第三次生命》[*The Third Lives of Grange Copeland*]、《梅丽迪恩》[*Meridian*])的同时，还出版了诗集(《好女人永不屈服》[*You Can't Keep a Good Woman Down*])。

40年代，沃克出生于佐治亚州伊屯顿县的一户佃农家庭，在八个孩子中排行老幺。8岁那年，她一个哥哥不小心用BB枪误伤了她的右眼，从此，沃克的右眼失明了，不过，这也没能阻碍她对阅读的热情。高中毕业时，沃克是致毕业辞的学生代表，她获得奖学金，前往亚特兰大的女子学院贝尔曼学院读书。两年后，她转学到纽约的萨拉劳伦斯学院，大三那年，她作为交换学生去了乌干达。1965年，沃克大学毕业。

接下来的十年里，沃克大部分时间都呆在密西西比州的陶格鲁学院，在那里她结了婚，生了个女儿，也开始了向世界级作家迈进的旅程。她把自己鲜活的生活素材用到了诗歌和散文创作中。虽然包括《紫色》在内的大部分小说的背景都是美国南方，沃克在纽约和非洲的生活经历拓宽了她的视野，使她能够跳离这一地区局限。她不仅仅是个南方作家。《紫色》中最为人称道的，是沃克把南方黑人的故事放在国际化的背景下考量。

《紫色》中，主人公塞丽(Celie)是个未受过教育的贫苦黑人妇女，她不断地给上帝写信，后来她妹妹内蒂(Nettie)去非洲做传教士工作，她又给内蒂写信。故事开头，14岁的塞丽被她父亲强奸，而这只不过是她将受到的多重考验里的第一个。她的两个孩子被人强行夺走，她自己也被胡乱嫁给了一个脾气暴躁、满肚子不满的农民阿尔伯特先生(Mr. Albert)。阿尔伯特迷恋着夏格·艾弗瑞(Shug Avery)，一个个性独立、自信张扬的布鲁斯歌手。艾弗瑞是双性恋，她对塞丽的爱改变了塞丽的生活。

美国南方的黑人男性如何凌驾于女性之上，小说里对此有直白的描述，这让许多黑人男性颇为恼火，他们认为沃克的小说让种族主义者们玩弄于指掌之间，认为小说之所以能取得商业成功，都是因为它契合了白人心中对黑人固有的成见。然而，他们忽略了沃克的文学才能，沃克笔下的人物生动形象，他们的境遇并不仅仅局限于美国黑人，而是全人类的普遍遭遇。《紫色》这部小说的成功，不仅在于它是控诉美国黑人男性所作所为的一纸诉状，它更是反映世界范围内贫穷女性遭受暴虐欺凌的一则寓言。

《紫色》造成如此轰动的反响，还有一个原因是许多黑人男性作家觉得出版界冷落了他们。整个80年代，这种愤怒的议论经常出现在文学论坛和脱口秀节目中，小说家以实玛利·李德(Ishmael Reed)正是这个群体的代言人。

5月28日　《洛奇3》(*Rocky* Ⅲ)中，阿波罗·奎迪(Apollo Creed)从“意大利种马”[①]的死对头摇身变为他的教练，帮助他打败残忍成性的克拉伯·朗(Clubber Lang)。T先生扮演的朗身上带有街头混混的不羁，他随身的配饰——粗粗的黄金项链，还有莫霍克发型，不久便会成为他的招牌。T先生在成为演员之前从事的工作是保镖，影片中，他用粗暴的方式指出，他和奎迪(卡尔·韦瑟斯[Carl Weathers]饰演)不一样，奎迪比他有教养，他们不是同一代人，还来自不同的阶层。剧作人史泰龙(Stallone)在创造这些人物形象时就预见了一场黑人文化斗争，未来20年里，这场斗争会在黑人流行文化上留下深深的烙印。

6月　纽约大学的学生斯派克·李(Spike Lee)凭借《乔的贝兹蒂理发店——我们砍头》(*Joe's Bed-Stuy Barbershop: We Cut Heads*)赢得了学生的学院奖，这部影片讲述的是一个理发师和一

① 意大利种马(Italian Stallion)：男主人公洛奇·巴尔博亚(Rocky Balboa)的绰号。

个放高利贷的人之间微妙不安的关系。影片最吸引人的地方莫过于其特有的布鲁克林风情、含蓄其中的黑人文化、风趣逗人的幽默感、独特的人物名字以及模棱两可的故事结局，这些元素以后还会在这位年轻导演的作品中反复出现。

6月18日 在长达五天的时间里，北卡罗来纳州参议员杰西·海尔姆斯（Jesse Helms）使出种种阻挠手段，然而，国会最终还是通过了投票，决定延长《1965年选举法案》。美国公民自由联盟（ACLU）发布的一项报告显示，虽然有《选举法案》存在，但是南方各州还在想方设法地剥夺黑人的投票权利。

7月 糖山唱片公司发行了“闪耀大师与狂怒五人组”（Grandmaster Flash & the Furious Five）的专辑《信息》（*The Message*）。《音源》杂志（*The Source*）对这张唱片的评价还算在情在理：“当代说唱音乐虽然起源于贫民窟，但是这种夸夸其谈的饶舌里却很少提到滋养它生长的那片贫困土壤。不过，‘闪耀大师与狂怒五人组’的这张新唱片改变了这一切。组合的领头MC即大师梅勒梅尔（Melle Mel）以及特邀说唱歌手杜克·布蒂（Duke Bootee）嘴里吐出的全是一些对周遭世界带有种族色彩的评论，然而，他们的歌曲创造了一种全新的音乐类型，在以后多年里会对音乐界产生重大影响。”

《信息》这张唱片的制作朴实无华，叠歌部分容易记忆（“不要推我，因为我已身处悬崖/我要努力保持理智”），生动地刻画了城市生活逐渐把人们逼向偏执的悬崖。摇滚乐评论家一向对说唱音乐“聚会般嘈杂的”曲调不感冒，可也不得不对这张唱片刮目相看。《滚石》杂志（*Rolling Stone*）从来不是嘻哈文化的死忠支持者，它也给了这张唱片五星的评价。《信息》的音乐视频制作相当粗糙，只是到哈勒姆取了外景。然而，由于歌曲本身魅力太大，视频质量虽然不值得称道，却在全国以及世界其他地方的音乐视频节目里不断播放，这不能不说是说唱音乐唱片之最。

7月9日　疾病管制局的专刊《发病率与死亡率周报》上刊登了一则特别报道，题目为“美国国内的海地人身上发现随机感染与卡波西肉瘤”（“Opportunistic Infections and Kaposi's Sarcoma among Haitians in the United States”）。

7月27日　疾病管制局正式命名这种快速传播的新型疾病为“获得性免疫缺陷综合症”，即艾滋病。

10月27日　普林斯的双碟唱片《1999》发行，他本人也自1980年以来首次松口答应接受一系列采访，虽然安排的十个采访中，最终只有一个如期进行了。在接受《洛杉矶时报》(*Los Angeles Times*)记者罗伯特·希尔本(Robert Hilburn)的访问后，普林斯取消了其他所有的预约采访(包括我的采访)。在仅有的这一次采访中，普林斯出面澄清了一些谣传：“首先，我的真名就是普林斯，这并不是我凭空捏造的。我爸爸的艺名是普林斯·罗杰斯(Prince Rogers)，我的名字是他起的：普林斯·罗杰斯·尼尔森(Prince Rogers Nelson)；第二，我不是同性恋；第三，我也不是杰米·史达尔。”当被问及他所走的音乐路线时，普林斯告诉希尔本：“关键是要忠于自我，但是我也很喜欢冒险，而如今的流行音乐中太缺乏冒险精神了，毫无刺激感和神秘感。再也不会跟以前一样，大家偷偷摸摸地去听艾尔维斯·普莱斯利(Elvis Presley)或是吉米·亨德里克斯(Jimi Hendrix)被禁的音乐会了。我并不是说我比其他人优秀,我只是觉得很多人的音乐并不是在诉说真相。"

11月2日 汤姆·布拉德利(Tom Bradley)以93 345票之差,约合加利福尼亚州1.2%的选票,没能成为美国历史上第一位通过竞选上任的黑人州长。在竞选开始前的两周,最终获胜者乔治·杜克麦吉恩(George Deukmejian)的竞选活动负责人威廉姆斯·罗伯茨(Williams Roberts)就曾表示,选民中有一群中坚核心力量,大概占3%,约100 000人,他预计不管这群人在民意调查中表现如何,他们是不会投票给一个黑人的。

全国民主党委员会的罗安·布朗(Ron Brown)感叹道:"真是太沮丧了,加州有60%的人支持民主党,像布拉德利这样的人物也没法拿下加州的话,其他黑人又能奈何?"

11月2日 中期选举①中,共和党内部提名了几位黑人新保守人士作为国会候选人,结果却是无人获选。事实上,全国上下的黑人出于对里根政府的不满,纷纷投票给了民主党。全国黑人共和党委员会的执行理事罗纳德·麦克达菲(Ronald McDuffie)如此评论这次选举:"我们输了,输在起步太晚,黑人已经投票给了民主党。不过我们会一直努力,希望黑人共和党能在1984年的选举中赢得国会。"

11月4日 由于长期眼部受伤导致视网膜脱落,"舒格·

---

① 中期选举:根据美国宪法,总统选举每四年举行一次,国会选举每两年举行一次,其中一次国会选举与总统大选同时举行,另一次在两届总统选举之间举行,称作"中期选举"。

雷”·伦纳德(“Sugar Ray”Leonard)不得不退出拳击赛场。这位英俊帅气、颇有大将风范的次中量级拳击手于1976年获得奥运会金牌以来,总共把3000万美金揽入囊中,他的退役不能不让人感觉遗憾,因为自穆罕默德·阿里(Muhammad Ali)的巅峰时光以来,很少能有选手给拳击台带来无限魅力了。

伦纳德是个技巧精湛、善用战术的高手,只要是成功所需,他能任意选择挥拳、重击或是扭打。他的外号取自拳圣“舒格·雷”·罗宾逊(Sugar Ray Robinson)。成为媒体宠儿的伦纳德接拍了许多商业广告,许多实惠和额外收入纷至沓来,而大部分非重量级拳击手一般是没有这种机会的。

1979年11月,伦纳德击败威尔弗雷德·本尼特兹(Wilfred Benitez),赢得了WBC次中量级拳王争霸战冠军,那场比赛残酷血腥,但观赏性却极高。伦纳德先前对抗轻量级拳手罗伯托·杜兰(Roberto Duran)的那两场比赛也令人印象深刻。第一场中,全体裁判一致通过,杜兰毫无悬念地击败了伦纳德。第二场时,杜兰在第八回合时退场,嘴里说着“不打了”(no más[①]),这个词从此进入了拳击史词条。1981年,伦纳德上升了一个重量级,成为超次中量级拳击手,并且打败了冠军阿尤布·卡卢莱(Ayub Kalule)。接下来,在一场号称这个时代最伟大的拳击赛之一的比赛中,伦纳德与WBA的冠军托马斯·赫恩斯(Thomas Hearns)展开厮斗。在三位裁判的记分牌上,赫恩斯一直一路领先,最终,伦纳德对对手展开了一系列致命的猛打,在第14回合把赫恩斯击倒在地。

之后,由于眼部的损伤,伦纳德参加了另外两场比赛后就宣布退役。他这时留下的记录是32胜1负,其中23次击倒获胜,颇为

---

① no más:西班牙文,相当于英语的“no more”。

引人注目。退役后，伦纳德计划跟妻子和两个儿子在家享受天伦之乐。

11月27日 《公告牌》杂志的排行榜上，马文·盖伊（Marvin Gaye）的单曲《性的结合》（“Sexual Healing”）成为感恩节假期里高居榜首的黑人单曲，这是灵魂歌王的一次重磅回击。70年代后期，由于吸毒、婚姻问题和与摩城唱片摩擦不断等负面新闻，盖伊的作品大受影响。

在欧洲自我放逐了一段时间，盖伊重新整理自己的生活，开始寻找新的合作伙伴，他以哥伦比亚唱片公司发行的《午夜爱情》（*Midnight Love*）唱片重新回归乐坛。在《性的结合》这首歌里，盖伊在音乐里加入了电子键盘这种柔软感性的音色，这是他浪漫歌曲的表演生涯中最为性感的一次尝试。经历了人生中的大起大落，此时的盖伊用全新的音乐给人耳目一新的感觉，他摩拳擦掌，下定决心要创造出伟大的音乐。

12月10日 疾病管制局的杂志《发病率与死亡率周报》上刊登了一篇报道——《可能由输血引发的获得性免疫缺陷综合症（艾滋病）在加州出现》（“Possible Transfusion-Associated Acquired Immune Deficiency Syndrome [AIDS]—California”）。

12月17日 疾病管制局的杂志《发病率与死亡率周报》上刊登了一篇报道——《婴儿中发现理由不明的免疫缺陷及随机感染》（“Unexplained Immunodeficiency and Opportunistic Infections in Infants”）。

12 月 25 日 继《墙外》之后，迈克尔·杰克逊正好赶上了圣诞季推出新专辑《颤栗》(*Thriller*)，这张唱片一发行就登上了《公告牌》杂志的排行榜，而且占据排行榜长达 37 周。虽然没有《墙外》里那种深厚的素材，但是《颤栗》仅在全美范围内就卖出了 2000 万张，全球范围内的最终销量更是高达 4000 万张，其中有七首歌曲走红一时。刚推出时，第一首歌曲《比莉·琼》("Billie Jean")就已经有望荣居榜首了。

昆西·琼斯用最流行的元素打造包装这位黑人艺术家，这是《颤栗》获得成功的关键因素之一。歌曲《避开吧》("Beat It")带有摇滚风格，其中有一段吉他手艾迪·凡·海伦(Eddie Van Halen)的独奏；同名主打歌带有娘娘腔的味道，由文森特·普莱斯(Vincent Price)念独白，渲染了恐怖兮兮的氛围；由此，杰克逊和琼斯的艺术主张彰然可见，他们都不希望固封在种族的狭小圈子或是传统音乐形式里。另外，专辑里很明显地流露出对杰克逊自己写的歌(《比莉·琼》、《想要挑动事端》["Wanna Be Startin' Something"])的偏执及袒护之情，因而这张专辑与其说是流行文化的产物(它的确是的)，不如说是杰克逊的个人宣言。杰克逊巧妙地把内心恐惧的个人情感融入到流行唱片中，而拍摄的视频音乐更是让唱片销售打破历史纪录，这些都是他艺术宣言的集中体现。

12 月 28 日 迈阿密又爆发了动乱。在上城区，一名黑人被拉美裔的警官杀死。在持续三天的动乱中，又有两人遇难，27 人受伤，很多住宅和商店遭到毁坏。

1 9 8 3

1983

美国两个大城市的市政厅里，民主党总统候选人的初选活动分别在进行，一幕幕80年代黑人掌权的精彩好戏上演了。哈罗德·华盛顿在芝加哥，W.威尔逊·古德(W. Wilson Goode)在费城，他们成功获得了市长之职，取得历史上空前的胜利。这两个城市有着诸多共性：黑人人数与日俱增，白人工人阶级势力不断削弱，白人中有一批自由选举人，他们会对竞选结果产生决定性的影响，这些人思想开明，他们的投票让黑人候选人登上了市长之位。然而，这两位黑人市长都没有在市政上取得耀人的政绩，却在种种心理暗战中迷失了自我，这不禁让人扼腕。华盛顿和古德不约而同地发现，谋得权位比执行计划、做出决策要容易得多。

芝加哥这个城市对来自北方的黑人移民有很强的认同感，其黑人商业社区蓬勃兴盛，经过一场势均力敌的竞选活动后，华盛顿成为了该市的一把手。在二月份进行的初选中，这位国会议员打败了现任市长简·拜恩(Jane Byrne)和理查德·M.戴利(Richard M. Daley)，后者的父亲理查德·J.戴利(Richard J. Daley)曾担任芝加哥市长之职长达四届之久。华盛顿获得36%的选票，而拜恩和戴利分别为34%和30%，这微弱的优势主要来自黑人中79%的选票。华盛顿这次竞选的影响究竟有多大，只需看这两个数字：

1979年初选中，由于候选人里没有黑人，民主党支持人士中只有34%参加了投票；而这一年，黑人中64%的民主党人士出来奋力扭转杠杆，支持华盛顿。

在四月份进行的普选中，华盛顿的对手是个名不见经传的白人共和党人士，名叫伯纳德·爱普顿(Bernard Epton)。然而，在这个民主党占绝大多数的城市里，居然有86%的白人选民参加投票，他们中大部分人的意图就是要阻止华盛顿获得市长之位。他们在爱普顿身上倾注了"白人获胜的希望"，而少数族裔也不甘示弱，98%的黑人和74%的拉丁裔选民投票给了华盛顿。

这场选举活动中，种族两极对立相当严重，预示了华盛顿市长的第一任期必将充满争议。从1965年起，华盛顿曾通过各种不同的选举而担任多种职务，在当地政界颇有威望。如果他是白人，必将成为"风之都"又一个铁腕政客。然而，当地民主党里许多人对华盛顿并不支持，他们转而闹起了种族歧视，置党内团结于不顾。在市参议员兼库克郡民主党主席爱德华·弗多莱克(Edward Vrdolyak)的领导下，25名至30名白人市议会议员形成了一个核心团体，每周都不怀好意地在大事小事上找新政府的麻烦，从市议会主席的任命、职工的解聘，到市政厅里空房间的使用，事无巨细，一一挑刺。

年底，市议会通过了替代市长预算案的另一方案，这样一来，华盛顿不得不降低他手下一些员工的工资，而他的劲敌们手里也有了更多的资金。这项法案之争进一步加剧了芝加哥的种族冲突，这个城市从来不标榜自己为"大熔炉"，种族身份在这里一向至关重要。可是，让人倍感不安的是，这些冲突争斗的种族因素竟然如此明目张胆地裸露在大庭广众之下。80年代中期的芝加哥，种族斗争中两方交锋的分界线赫然醒目，一如其坎坷的种族历史上的任一时期。然而，唯一的区别是，这次种族交锋中荷枪实弹的，不仅是白人。

“风之都”里火药味浓烈，而“兄弟之爱之都[1]”却差不多能名副其实。经过一场竞争激烈、种族两极分化但最终却相安无事的竞选活动后，45 岁的 W. 威尔逊・古德以 55%的选票，轻松打败前任市长(兼警察局局长)法兰克・里佐(Frank Rizzo)，成功入主费城市政厅。里佐原本是民主党成员，后来转投共和党，想借里根高人气的东风，他之所以没能如愿，是因为古德在之前四年中担任“兄弟之爱之都”的市长办公室主任时，就已经在商业圈和黑人群体里积攒下了很高的支持率。费城有一些公认的顽疾亟待诊治(里佐臭名昭著的种族主义警力政策引发了多年的动荡不安；地区经济疲软不振，失业率居高不下)，而古德积极正面的个人形象，加上其深思熟虑、低调沉稳的作风，让人们在他身上看到了希望。古德与华盛顿不同，他接过这份工作时，带着这个城市里大多数公民的美好祝愿。

1月7日 疾病管制局的杂志《发病率与死亡率周报》上登载了一篇报道——《患有获得性免疫缺陷综合症(艾滋病)的男性患者的女性性伴侣身上查得免疫缺陷——纽约报道》(“Immunodeficiency Among Female Sexual Partners of Males with Acquired Immune Deficiency Syndrome [AIDS]—New York”)。

4月11日 小路易斯・格赛特(Louis Gossett Jr.)因在《军

① 兄弟之爱之都：费城的名称 Philadelphia 为希腊语，意思即为“兄弟之爱”。

官与绅士》(*An Officer and a Gentleman*)中扮演一位要求严苛的带兵教官而获得奥斯卡最佳男配角奖。格赛特的表演惟妙惟肖、深入人心,这位刻板严肃的黑人督教(不管他是士兵还是警察)很快成了一个经典的荧屏形象。格赛特与波蒂安一样,同为黑人戏剧界出身,然而不同的是,他身上部分与波蒂安相似的气质不久之后便弃他而去了。

4月15日　《闪电舞》(*Flashdance*)是第一部展示MTV中蒙太奇剪辑手法给序列舞带来的效果的电影长片。电影讲述了发生在匹兹堡一个焊工兼舞蹈演员身上的荒唐故事,女星詹妮弗·比尔斯(Jennifer Beales)混血儿的容貌为这部影片带来了一丝模糊朦胧的气氛,在不同肤色的人群中同时具有票房号召力。比尔斯(实际上是特技舞蹈演员)在一家芭蕾舞公司试演时跳起了霹雳舞,影片随即达到高潮。另外,影片中有一小段是真正的霹雳舞演员的客串演出,他们是来自纽约的稳固摇滚舞团(Rock Steady Crew)。街头艺术亮相主流文化里年轻观众热爱的电影,这引起了全球范围内人们对霹雳舞的跳法及其历史渊源的兴趣。

4月　阿里斯塔唱片公司总裁克里夫·戴维斯(Clive Davis)宣布与一位前模特签下唱片合约。这位身材纤细的新泽西人的母亲茜茜·休斯顿(Cissy Houston)曾为艾瑞莎·弗兰克林和艾尔维斯·普莱斯利做伴唱歌手,是流行歌手狄昂·华薇克(Dionne Warwick)的外甥女。这位出身名门的女歌手之前曾与一些著名歌手录制过对唱的歌曲,包括泰迪·潘德葛雷斯。她的朋友们亲切地喊她为“尼比”,而出现在《公告牌》杂志上时,她叫惠特尼·休斯顿(Whitney Houston)。

4月 耶鲁学者小亨利·路易斯·盖茨(Henry Louis Gates Jr.)鉴定了哈利尔特·E.威尔逊(Harriet E. Wilson)1859年的手稿《我们的小黑;又名,一个住在北面一幢两层白色小楼里那个拥有自由之身的黑人的生活实录:看吧,奴隶制的阴影扫射到了那里》(*Our Nig; or, Sketches from the Life of a Free Black, in a Two Story White House, North: Showing That Slavery's Shadows Fall Even There*),并出版了这部美国历史上由黑人女性作家创作的首部小说。这部新挖掘出的文学作品一经发表,就犹如往本已让大众兴趣盎然的美国女性作家群中添柴加薪,雄心勃勃的盖茨也因此在学术界之外一跃成名。来自西弗吉尼亚皮埃蒙特的盖茨虽说是受过专业训练的职业学者,但是他身上散发着80年代独特的品质——就算在思想交流领域也能开创出繁荣的新事业。与这个年代许多崭露头角的人们一样,盖茨是个实干者,可他也不乏建设雄图大略的直觉。

5月7日 艾迪·墨菲一出道就在《周六夜现场》中模仿扮演史蒂夫·汪达(Stevie Wonder),这一次他戏逢对手了,史蒂夫·汪达本人作为特邀音乐嘉宾来到了节目组,好几集中都出现了他的身影。墨菲的表演状态相当好,他与摩城的这位巨星在歌唱大赛中竞技,他一人分饰两角,既演魔法在身的美容师迪恩(Dion),又演汪达。

5月16日 由黑人经营的唱片公司摩城唱片为60年代的乐坛注入了不少生动鲜活的音乐,公司以NBC黄金时间段专题片《摩城25年:过去、现在和未来》(*Motown 25: Yesterday, Today and Forever*)庆祝它的辉煌文化历程,这部专题片在帕萨迪纳的市民大礼堂里录制。摩城旗下出场的歌手阵容颇为壮观——拥有成熟魅力的马文·盖伊(Marvin Gaye),稚气未脱的史蒂夫·汪达,还有"诱惑"组合(The Temptations)和"四尖子"组合(The Four Tops)展开精彩的同台竞技。

如果说这些歌手是在缅怀灵魂音乐过去的辉煌,那么迈克尔·杰克逊则是当下流行音乐的杰出代表。他与他的兄弟们表演了杰克逊五兄弟的几首走红歌曲,然后独自演唱了当晚唯一一首来自摩城之外的歌曲——专辑《颤栗》中的第一首单曲《比莉·琼》。他还学起了城市街头的舞者,迈着"太空步",优雅地从舞台的一头走到另一头。他的舞步振奋了整个美国,造成了轰动一时的文化效应,堪比20年前披头士乐队在《埃德·沙利文现场表演秀》(*The Ed Sullivan Show*)中的亮相。

杰克逊是摩城唱片打造的最后几位巨星之一,他借助这有力的跳板声名大噪,唱片大卖,这正是摩城创始人贝利·戈迪最想看到的。杰克逊身上继承了60年代争取种族平等的精神,而且能够把这种精神在新时代新领域中发扬光大,这在当初简直无法想象。杰克逊是能够自由游走于灵魂年代和后灵魂年代之间的少数几位艺术家之一。虽然他的表演技巧还是源自黑人戏院①,但是他聪慧过人,能根据需要借用新的风格(比如说太空步)。在两个年代不同风格之间游走自如,这不仅需要极好的平衡能力,也要具备适应能力。而今天晚上,杰克逊这两点都做得很好。

6月　普莱尔的风格粗放,墨菲朝气蓬勃,而比尔·考斯比就

① 黑人戏院(Chitlin' Circuit):直译是"猪肠戏院",猪肠是美国黑人常吃的一道菜。黑人戏院是指19世纪末到20世纪60年代美国东南部专供非裔美国艺人演出的场所。

是顶着这两位挑战者所带来的压力继续前行。这位喜剧演员作为特邀主持嘉宾参加约翰尼·卡森(Johnny Carson)的节目,此外他还接拍了许多电视广告,参加报酬丰厚的演唱会,俨然是上镜率极高的公众人物。他作风老派,循规蹈矩,本月上映的音乐会电影《比尔·考斯比其人》(*Bill Cosby, Himself*)中没有下流露骨的语言,丝毫不会惹起争议,也许这也能说明为什么他的影片没有像普莱尔的单口相声喜剧或是墨菲在HBO拍的专题片那样获得如此多的关注。

然而,不容否认的是,考斯比的这部影片依旧是一位拥有个人魅力的黑人男子的珍贵资料。我曾经在一篇发表在《乡村之音》上的文章中写道:"考斯比自愿挑起一个颇有担待的老板角色,他对小的们的恶行觉得反感会厉声喝止。很少有喜剧演员会演这种强势作风的角色,因为感觉这样的形象会在喜剧演员与观众中产生隔阂。"考斯比的强势权威给人一种值得信赖的感觉,在里根这位"冒牌父亲"执政期间,这种品质会无往不利。

6月 哈佛的大学生雷吉·哈德林(Reggie Hudlin)执导了一部风趣幽默、节奏快速的学生短片,讲述一个男孩瞒着他的父亲偷偷溜出去参加派对的故事。大部分黑人独立制片人制作的影片都具有政治性,主题严肃,包括哈德林的哥哥沃林顿的作品也是如此,相较之下,《家庭派对》(*House Party*)轻松风趣,它虽以黑人文化为基调,却展示了美国所有青少年身边可能发生的故事。

6月 斯派克·李(Spike Lee)自费为"闪耀大师与狂怒五人组"的专辑《白线》(*White Lines*)拍摄音乐视频,由他在布鲁克林的邻居——年轻演员拉里·菲什伯恩(Larry Fishburne)(曾演过

《现代启示录》[*Apocalypse Now*]、《棉花俱乐部》[*Cotton Club*])担任主演。他想借这个制作粗糙的作品闯入音乐视频行业,但是糖山唱片没有给他提供所需的资金,让他完成这个视频的制作。不过,即便如此,唱片公司还是在事先得到斯派克的同意下,把这件作品送到当地一些音乐视频节目播放。斯派克虽然在这件事上小受挫折,但是他没有气馁,还是继续他的剧本创作。

6月6日　理查德·普莱尔宣布英迪哥制作公司(Indigo Productions)成立,这是一家在哥伦比亚影业公司资助下成立的黑人电影公司。该公司获得哥伦比亚公司提供的4000万美金资助,从事黑人电影的制作,而且在无需获得哥伦比亚公司的允许下,就能独立发行电影。这桩交易史无前例,依靠的是普莱尔过往的商业号召力,另外,哥伦比亚公司也意识到,黑人观众中藏有巨大的商业潜力。外表看起来严肃理智的普莱尔宣布,他已经聘请了前足球明星兼演员杰姆·布朗(Jim Brown)担任公司的总裁。大家都寄希望于英迪哥,盼着它能成为黑人电影届的摩城唱片。

6月26日　迈尔斯·戴维斯和温顿·马萨利斯——这两位分别是昔日和未来的爵士乐小号手同台献艺。在VSOP Ⅱ五重奏的音乐下,艾弗里·费雪音乐厅(Avery Fisher Hall)的夜晚拉开了序幕,由戴维斯60年代中期的节奏乐器组(钢琴手赫比·汉考、贝司手朗恩·卡特和鼓手托尼·威廉姆斯)为萨克斯手布兰福德和小号手温顿·马萨利斯伴奏。批评家罗伯特·帕尔默(Robert Palmer)对温顿赞不绝口,称他“运用小号娴熟自如、富有个性的深邃思想耐人寻味”。

然而,《纽约时报》的记者却不为乐队的演出所动,称这个组合

“两年出道，推出过三张专辑以前”[①]，还没有形成自己的风格。他还称，戴维斯的表演“充满了激情，洋溢着个性，尤其是在歌曲组结尾处。但是，伴奏却是一片杂乱，繁冗无序，而且太受拘束，不够放开”。

7月11日 理查德·普莱尔和艾迪·墨菲一起登上了《人物》杂志(*People*)的封面，应杂志邀请，两人在洛杉矶共度了三天，一群记者和摄影师贴身尾随。22岁的墨菲之前一直在为电影《颠倒乾坤》(*Trading Places*)助威，这部影片获得了9000万美元的票房总量；而42岁的普莱尔是全国最优秀的单口相声喜剧演员，他刚刚参演了《超人Ⅲ》(*Superman* Ⅲ)，薪酬为400万美元(相当于21世纪的2000万美元)。

当录音机在转动时，这两人说话行动都有所顾虑；抑或是《人物》杂志的编者们撰写报道文章时有所保留吧。他们一起去了“喜剧商店”，普莱尔先上台表演，接着是墨菲，这是喜剧史上一个伟大的时刻，遗憾的是，杂志的文章居然对此只字未提，只在结尾处提到，这两位喜剧演员在一起谈论要合作一部电影，虽然出于谨慎起见，两人没有继续往下多谈。

9月4日 奥普拉·温弗瑞(Oprah Winfrey)是巴尔的摩一位颇有名气的早间脱口秀主持人，29岁的她参加了ABC电视台旗下的《早安，芝加哥》(*A. M. Chicago*)节目的主持人试镜，赢得电视台管理层的众口交赞，随即签下了四年的合约，年薪为200 000

---

① 《纽约时报》的记者不重视这个乐队，文章中表达错误，可能想表达的意思是“2年以前出道，推出过3张专辑”。

美元。

9月16日　白人家庭把黑人小孩抚养成人，这样的情节在情景剧中屡演不衰。《韦布斯特》(*Webster*)在NBC首演，机灵可爱的埃曼纽·路易斯(Emmanuel Lewis)担任主角。这部情景剧演了3年，给观众留下的印象并不深刻。路易斯的名气主要来源于1983年和1984年期间，当时他跟着迈克尔·杰克逊出席了一系列颁奖活动。

另一位电视新星是《洛基3》(*Rocky* Ⅲ)中的反角T先生(原名劳伦斯·图力乌德[Lawrence Tureaud])。这位来自芝加哥的前保镖身材粗犷魁梧，蓄着自称是起源于非洲孟丁卡部落的发型，身上佩戴的金饰足以让一家当铺倾家荡产。他出演了一部反响不佳的喜剧电影——《计程汽车》(*D. C. Cab*)，接演了NBC动作系列片《天龙特攻队》(*The A-Team*)中的B. A. 巴拉克斯(B. A. Baracus)一角。T先生以其粗野的言语行为和莫霍克发型，成了活生生的功夫影星，俨然是21世纪里捧出来的偶像"巨石"(the Rock)在80年代里的前辈。

10月　白人电影制作人查理·阿席恩(Charlie Ahearn)执导了嘻哈文化中影响最为深远的一部电影《狂野风格》(*Wild Style*)，与他合作的有"神奇五人组"的弗雷迪·布拉斯维特(Fab Five Freddy Brathwaite)。这部纪录片风格的影片里出现了许多外城的明星，如忙蜂(Busy Bee)、闪耀大师和"双重烦恼"组合(Double Trouble)。影片在一些俱乐部和公园里拍摄，这些地方在70年代中期曾经见证了说唱、霹雳舞、涂鸦艺术和DJ的诞生与成长。影片还介绍了一些内城的专业行家，如艺术馆馆长派蒂·

艾斯特(Patti Astor),她是慧眼识别出嘻哈文化具备纯正艺术特色的最早几位白人之一。

“神奇五人组”的弗雷迪出生于布鲁克林,他集画家、说唱歌手和说故事能手于一身。另外,他还是布隆克斯和哈勒姆地区的嘻哈艺术家与东村俱乐部里嘻哈文化的支持者和画廊老板之间不可或缺的纽带。他擅长多门语言(标准英语、嘻哈俚语和艺术理论),是位至关重要的人物。

10月15日 艾迪·墨菲的电视剧《神经错乱》(*Delirious*)在华盛顿特区的宪法大厅里录制,随后在 HBO 电视台播出。墨菲在剧中给观众呈现了他对流行文化的种种戏谑,其中有一段暗含着在乞求肛交的 T 先生的形象。这部剧集充分展现了墨菲逼真的模仿技能和与生俱来的人格魅力,虽然剧中很多素材仍夹杂着未脱的稚气。编排最完美最感人的一幕是一个家庭户外餐会,墨菲在里面模仿了自己的父亲维侬。

墨菲用普林斯一首歌的名字来命名自己的作品,这是再恰当不过的了,因为他俩都是这个年代黑人年轻艺人的杰出代表。(迈克尔·杰克逊不会流连于夜店。)而且更值得一提的是,他们两人的崇拜对象不是传统的 R&B 歌星,而都把摇滚歌星艾尔维斯·普莱斯利和大卫·鲍伊(David Bowie)视作自己的偶像。墨菲穿着红色紧身皮装,鬈曲的头发梳得油光闪亮,他的身上反映了同时也塑造着黑人年轻人的文化。

然而,电视剧里许多有关(嘲弄)同性性爱的地方让同性恋者们大为恼怒。全国男女同性恋工作组织的负责人弗吉尼亚·阿普佐(Virginia Apuzzo)称:“我们接到了很多电话投诉,事态严重,我们会密切关注。”HBO 也收到了关于墨菲嬉皮笑脸说着亵渎的言语的投诉，台长迈克尔·福克斯(Michael Fuchs)告诉《纽约时报》的记者："我可不希望再来12个这种节目，没有人会唯恐天下不乱的。"

福克斯承认他期待着能与墨菲再次合作，另外又说："下次我们会事先多商量多探讨的。"HBO电视台的台长居然也会因为煽动性的电视节目而抱怨"唯恐天下不乱"，这就跟《神经错乱》这部电视一样滑稽可笑。

10月25日　里根总统派遣美军部队袭击加勒比岛国格林纳达，"保护"在那里的800多名美国医科学生。12天前，前副首相伯纳德·科德(Bernard Coard)掌控的格林纳达军队发动暴力政变，夺取了该岛国的统治权。科德本人是强硬的马克思主义者，是古巴领导人菲德尔·卡斯特罗(Fidel Castro)的忠实拥护人。里根政府对中美洲和加勒比地区的马克思主义政府侧目已久，正好借这次军事政变铲除一个。(跟这次美国军事行动密切相关的是10月23日发生的穆斯林自杀式炸弹袭击，这次袭击摧毁了贝鲁特的一个海军军营，241名海军士兵丧生。因此，政府需要在本土附近的地区显示下武力，以平衡这次灾难带来的苦痛。)

最初的军事袭击中大约有1 200名士兵参战，他们受到了来自格林纳达军队的顽强抵抗。随后，美军人数很快增至7 000人，完全压过了当地军队。截至12月份，美军部队退出格林纳达，一个亲美政府由此诞生了。

11月2日　总统罗纳德·里根签署法案，宣布1月份的第三个星期一为纪念小马丁·路德·金的节日。

12 月 杰西·杰克逊神父(Reverend Jesse Jackson)宣布他将竞选民主党总统候选人的提名。政界权威人士一开始认为他只不过是昙花一现的反对派,但随后发生的一切让他们大跌眼镜(其中一些人也很郁闷)——杰克逊将获得大量自由选民的支持,通常是那些对政党和国家的普选已经失望透顶的选民。

最终的结果是,杰克逊赢得了两场初选(哥伦比亚特区和路易斯安那州),选票累计达三百多万张(相当于所有参加民主党初选的选民中的 18%)。他有多个竞选点,他本人也多次在公众场合亮相,这抬升了他在党内的影响力,许多不温不火、以前对政事提不起兴趣的黑人选民受之鼓舞也加入了队列。杰克逊的目标是要把民主党推回到其自由主义的根源上,而党内许多通过选举任职的年轻白人官员认为这是不对的。他们争辩道,民主党的未来应该是走中立派路线,这与杰克逊极力推崇的"大社会"型的社会方案相去甚远。

新一代白人民主党成员和黑人在政治目标上一直摩擦不断,而杰克逊的参选一下子把这冲突推到了舞台的镁光灯下。哈罗德·华盛顿和威尔逊·古德分别在芝加哥和费城取得了耀人的成就,加上现在杰克逊也参加政治竞选,民主党与黑人选民史无前例地紧紧联系在了一起。然而,对于白人民主党成员而言,这却是把双刃剑。虽然群众支持的根基得到了巩固,但他们也遭到了共和党的非议,称他们对"特殊利益群体"谄媚相迎,而且还会有人恶意攻击,把民主党候选人与有关黑人的一些带有种族偏见的传闻(譬如说,黑人靠欺诈骗取福利)硬扯在一起。另外,在黑人保守人士这一头,他们越来越相信民主党太不把黑人对他们的支持当回事了。黑人选民与白人民主党人士之间这种爱恨交织的复杂情感进一步助长了整个 80 年代社会上风行的"分割—合并"的保守战略。

自60年代起，成立一个独立的黑人政党的想法就挥散不去，然而，杰克逊和其他当选的黑人政客从没有鼓动过这一构思。杰克逊阵营里的所有人都一心一意支持联盟，支持在民主党内部掌权，而非铤而走险地采取极端行动攫取政治权力。他们在很久之前就脱去大喜吉装，换上了西服。穿上布鲁克兄弟①的衣服后一般是脱不下来的。

随着越来越多的黑人在民主党里身居要职，即便是再乐观不过的人也发觉，赢得选举并不意味着能带来社会的根本变化。事实上，黑人政治越融于主流，黑人领袖们只会越忠诚于充其量只是为社会渐变而战的体制。就是在这种缺乏反对之声的环境中，游离于这个体制之外的说唱歌手们、街头艺术家们，还有其他种种最不可能的力量，才浮现在社会上，开始扮演政治角色。

12月9日 布莱恩·戴·帕尔马(Brian De Palma)执导的电影《疤面煞星》(*Scarface*)由年轻有为的导演奥利弗·斯通(Oliver Stone)撰写剧本，阿尔·帕奇诺(Al Pacino)出演主人公托尼·摩塔纳(Tony Montana)——一个心肠恶毒、雄心勃勃的古巴难民，他想通过在迈阿密从事可卡因交易达成心中的美国梦，个中滋味苦涩交加。《教父》(*Godfather*)这部电影气势恢弘，把黑手党美化成一个拥有悲剧命运的全国组织；而《疤面煞星》却不一样，它刻画的是80年代毒品交易中痴迷于复仇的种种暴力事件。帕奇诺虽然操着很重的西班牙口音，但是他诠释的托尼是个说一不二的硬汉，是毒犯圈里颇有威望的泰斗人物(许多说唱歌曲里都会提到他

---

① 布鲁克兄弟(Brook Brothers)：美国最悠久的服装品牌之一，创立于1818年，是最能代表美国男性的服装品牌。

的名字)。影片中,在可卡因刺激后的亢奋状态下,托尼掏出了他的"小朋友"(子弹飞溅的自动式手枪),这一幕在流行文化中留下了重重的一笔,看过这一幕的人中,有些人想去贩毒,有些人嘴里唱着贩毒,还有许多人想拍贩毒的电影,再为其配上流行音乐的原声唱片。

12月17日 理查德·普莱尔召开记者招待会,宣布解雇杰米·布朗,并解散英迪哥制作公司。他作此决定的理由仍不明。好莱坞有人猜测,说是哥伦比亚影业公司不乐意与布朗打交道,因为布朗其人多年来一直积极倡导黑人极权运动。不管原因为何,普莱尔用他第三部音乐会电影《此地,此时》(*Here, Now*)的酬金偿还了哥伦比亚4000万美金的投资。《此地,此时》也是英迪哥公司唯一出品的影片,虽然公司经手过许多之后有幸拍成电影的剧本(包括查理·帕克[Charlie Parker]的传记《鸟》[*Bird*],以后会由克林特·伊斯特伍德[Clint Eastwood]改拍成电影),许多青年才俊也是公司旗下的员工(如制片人乔治·杰克逊[George Jackson]、演员兼导演罗伯特·汤森[Robert Townsend])。不管怎样,对于那些想在美国影坛的幕后工作领域中占有一席之地的黑人来说,英迪哥的突然陨落对他们是个沉重的打击。尽管墨菲和普莱尔得到了公众的认可,好莱坞对黑人主题电影的上座率还是持有明显的怀疑态度。

1 9 8 4

1984

任何时代里都会有这么一到两年特别显眼，它们见证了这个时代里流逝的岁月和活在其中的人们。这些年份里通常事件百出——其中一些很快就被认定为重大历史事件，还有一些要以后的人们回顾时才会发现其意义深远——当我们随意提到一个年份，比方说1919年、1945年或是1968年时，脑海中就会有刻骨铭心的记忆一呼而出，伴之以强烈切肤的情感。1984年当属其中之一，它与乔治·奥威尔（George OrWell）著于20世纪中叶的幻想小说遥相呼应，小说中的故事发生在遥远的未来世界，故事中暴虐专制的政府利用大众传媒麻醉人民大众。

对吧，媒体的确能够麻痹大众，这一点奥威尔说对了，虽然现实情况是大公司利用广告而真正统治着人民。但是，这位英国作家没能料到的是，大批黑人在电视、广播、报纸和杂志中扎堆出现。

1984年，名留20世纪流行文化史的一些关键人物达到了他们艺术、文化或是财富的巅峰。几乎没人能料到，他们中一些人的事业开始走下坡路，个中原因也深深根植于同一片肥沃富饶的土地。历史往事在发生时往往让人不知所措，比如说一位黑人体育巨星在加拿大埃德蒙顿市初尝成功的甜头？对于嘻哈文化能否从地下文化发展成主流文化，当时很少有人看好。

当然，1984 年对于美国来说异常重要，不仅仅是因为唱片销售或是电视收视率。黑人文化一直处于边缘地带，“二等公民们”以独特的方式在这边缘地带里表达着他们的价值观和生活期许，这大大改变了整个国家。当下，一股新型毒品潮流正在席卷美国，这一毒品热比 60 年代的海洛因风潮或是 70 年代后期的天使粉热更加凶猛危险。然而，就当魔鬼肆虐横行时，一些积极正面的事情也发生在人们的身边。一场反种族隔离的运动引发全国上下开展示威游行，抗议南非政府的种族主义立场，呼吁美国政府采取经济和文化制裁推翻南非政府，这赋予了沉寂多年的黑人政治行动以新的活力。

与大量的国内事件不同，这一次反种族隔离运动彰显的是黑人人性的善良，而之前国内民权斗争的兴起则是受到不公正待遇的触发。在南非大使馆门口被逮捕几乎成了荣誉的勋章，南非的黑人领袖们（身陷囹圄的纳尔逊·曼德拉[Nelson Mandela]、能言善辩的主教德斯蒙德·图图[Desmond Tutu]，还有不幸遇害的史蒂芬·比科[Stephen Biko]）被尊奉成世界偶像，受到人们的尊崇膜拜，这与新近当选的一批道德倾向混乱不清的黑人官僚形成了鲜明的对比。

美国这次爆发的反种族隔离运动同时也是黑人身份认同的一个侧影，这种视非洲为中心的价值认同浑身上下散发着活力。黑人理念的这批拥护者们现身于学术圈里、社区激进运动分子之间，还有教育界内部，他们对年轻人中日益加剧的物质主义倾向大为震惊。1984 年，霹雳男孩文化的阴暗一面以及黑人文化界的光亮一面双双进入人们的视线。奥威尔大抵没有说错；然而，这一年的种族状况远比他想象的更错综复杂。

1月 NBA全明星周末赛事中出现灌篮比赛，这是NBA从它70年代的劲敌——美国篮球协会（American Basketball Association-ABA）那里借用来的一项传统。就在丹佛市麦克尼克球场里即将举行全明星比赛之际，闪耀的球星阵容登场了，他们奔着金钱与荣誉而来，包括："J博士"朱利叶斯·欧文（Julius "Dr. J." Erving）（ABA最后一位冠军）、"灌篮博士"达瑞尔·格里菲斯（Darrell "Dr. Dunkenstein" Griffith）、"狂野直升机"埃德加·琼斯（Edgar "the Wild Helicopter" Jones）、"滑翔机"克莱德·德莱克斯勒（Clyde "the Glide" Drexler）、"人类电影精华"多米尼克·威尔金斯（Dominique "Human Highlight Film" Wilkins）、"库帕鲁"迈克尔·库帕（Michael "Coop-a-Loop" Cooper）、拉里·南斯（Larry "Fancy" Nance）、"噢！噢！"奥兰多·沃尔里奇（Orlando "Oh! Oh!" Woolridge），还有没有外号的拉尔夫·桑普森（Ralph Sampson），单凭其7英尺4英寸的个头，即便没有外号人们也能记住他。最终，冠军的桂冠由南斯摘得，而NBA比赛也大获全胜，此后，灌篮比赛的光耀不仅闪烁在每一场全明星周末赛中，而且还"提升"了灌篮在公众意识中的地位。

灌篮成了80年代篮球赛的代名词，一如挡切战术是70年代更贴近地表的篮球运动的写照。对于篮球的传统保守派人士而言，灌篮在比赛中的地位日益突出，这恰恰是技巧得到冷落忽视的佐证，他们觉得目前的比赛正弥漫着这种气氛。另外，灌篮总是让人联想到篮球运动的"街头"风格，是ABA把它引入职业的殿堂，这是他们为什么厌恶灌篮的另一个原因。许多教练和体育记者认为，灌篮是人们不尊重篮球运动基本原则的表现。

然而，NBA扶摇直上，靠的就是这独具魅力和男性气概的灌篮。优雅大度、手掌巨大（但不再是个大个子黑人了）、性感十足的

J博士把这项腾空高飞的运动融入到传统队列中，他和波士顿的拉里·伯德（Larry Bird）、洛杉矶的“魔术师”约翰逊（Magic Johnson）一道，重新塑造了篮球联盟形象，一改70年代末整个篮球界群龙无首的混乱状态。费城的欧文和另外两位年纪更轻的队员则把街头的审美艺术融会到篮球传统中。1980到1988年间的NBA冠军分别由欧文、约翰逊和伯德他们各自的球队揽入囊中。

1月3日　在美国外交事务上，杰西·杰克逊神父（Reverend Jesse Jackson）挺身而出，帮助海军飞行员罗伯特·古德曼（Robert Goodman）从叙利亚的一家监狱中获释，这位飞行员之前在大马士革上空飞行时被击落。这一事件发生后，杰克逊以英勇爱国的姿态出现在公众面前，这招致了共和党的忿恨，他们对杰克逊的怒火要超过对叙利亚的厌恶。在公众视线之外，杰克逊的支持者路易斯·法拉可罕（Louis Farrakhan）正默默地缓解杰克逊与叙利亚这一伊斯兰国家之间的纷争。

1月4日。奥普拉·温弗瑞（Oprah Winfrey）作为《早安，芝加哥》的主持人之一出现在观众面前。与这档半小时的节目打对台的是脱口秀名嘴菲尔·唐纳休（Phil Donahue）。12个星期后，温弗瑞结束了这位号称“风之城脱口秀主持第一人”长达16年的霸主地位。当地观众支持率调查显示，温弗瑞获得265 000名观众的支持，而支持唐纳休的观众仅有147 230位。这场擂台比赛在电视业界引起了不小的波澜。

2月　朗-D. M. C. 在“形象”这家小型唱片公司推出了他们的首张同名专辑，这张专辑中收录了多首去年推出的12英寸单曲，包括赫赫有名的《就是如此》（“It's Like That”），其中B面有一首是《衰仔 MC》(“Sucker MCs”)。最受欢迎的歌曲是《摇滚音乐盒》(“Rock Box”),这是一首混合了工整的押韵和摇滚吉他的歌曲,MTV 电视台极不情愿地一遍又一遍循环播放它的黑白音乐视频(视频是在新浪潮俱乐部“舞厅”①中拍摄的)。80 年代中期,MTV 电视台几乎很少触碰嘻哈音乐,能如此频繁地播放朗- D. M. C. 的说唱音乐也只是因其带有摇滚风味。

第一个播放像“形象”这样的独立唱片公司制作的低预算说唱音乐视频的节目是《视频音乐盒》(Video Music Box),这是纽约本地的公共电台——WNYC 电台的一档电视节目,于今年开播。这档节目在每天下午学校放学后以及周六的早上播放,由拉尔夫·迈克丹尼尔斯(Ralph McDaniels)主持,有时候也会由他的搭档莱昂纳尔·马丁(Lionel Martin)即“视频娃”(Vid Kid)主持。该节目是最早播放说唱音乐视频的节目,很快便成为有史以来公共电视台收视率最高的节目。

节目大红大紫的一个关键原因是因为它在纽约-新泽西地区的黑人俱乐部中录制,节目的一个特色就是“实时连线”,参加聚会的人们可以通过节目把祝福送给朋友和爱人。不管是当地视频秀中的实时连线,还是嘻哈电台节目里,或者是唱片里的实时连线,这种互动方式成为了嘻哈媒体的一道风景线,嘻哈文化中社区团体意识部分就是通过这种方式加强的。迈克丹尼尔斯和马丁成立了古典概念公司,作为《视频音乐盒》节目的一个分支。这是一家制作音乐视频的公司,根据观众的需要制作他们喜欢的视频。在这个年代里,制作一个说唱音乐视频的平均预算是 20 000 美元,

---

① “舞厅”俱乐部(Danceteria):是位于纽约的一家很有名的俱乐部,从 1980 年到 1986 年期间营业。据说是纽约新浪潮音乐的中心之一。

一个高预算说唱音乐视频的制作费也仅为 60 000 美元，而当时一名流行歌手的预算费用起码是六位数字。

2月3日　乌比·戈德堡(Whoopi Goldberg)以《幽灵秀》(*The Spook Show*)一片在纽约城首次亮相。这部单人舞台秀广受好评，从此，喜剧演员乌比开始了与白人自由主义人士之间的浪漫韵事，这贯穿了她整个演艺生涯。乌比无需特意迎合黑人观众就能成为一名巨星，这一点多少与艾迪·墨菲有几分相似。当然，他们之间的区别显而易见。墨菲的成名依靠的是以青年为主体的观众群，而乌比之前并没有获得任何肤色的大批观众的青睐，只是白人导演迈克·尼科尔斯(Mike Nichols)(之后是史蒂芬·斯皮尔伯格[Steven Spielberg])对她颇为赏识。这一区别能从 80 年代两人各自的票房总量上清楚地看出。

2月13日　《华盛顿邮报》的黑人记者米尔顿·科尔曼(Milton Coleman)在一篇报道中披露，杰西·杰克逊在一次私人谈话中把纽约称为“海米镇”，把犹太人叫做“海米”①。杰克逊的此番言论来自一次非正式的谈话，谈话开头时他就说：“我们用黑人语言说。”科尔曼口头上答应着，回头却把记录交给了《邮报》的编辑。言论登报后，谴责声如潮，首先是犹太人和杰克逊在民主党内的对手沃尔特·蒙代尔(Walter Mondale)、盖里·哈特(Gary Hart)指责杰克逊，之后是非裔美国人指责科尔曼。

---

① 海米(Hymie)：对犹太人的一种蔑称，源自犹太人常用名之一的 Hyman。

2月26日 对《华盛顿邮报》上的报道，杰克逊先是矢口否认。13天后，他出面为自己的言论道歉，但是人们对他（进而推论到整个黑人群体）是否私底下持有反犹主张早已议论纷纷，他的道歉似乎效果甚微。这一事件大大打击了杰克逊在激进的白人选民之间的号召力。黑人与犹太人在民权运动期间曾是同一战线的战友，但是由于在以色列对待巴勒斯坦人的行为以及平权行动是否能矫正社会制度中存在的种族歧视这两大问题上各执己见，因而如今两方互为猜忌，而经过杰克逊的这一风波，双方心中互藏的猜疑便暴露于光天化日之下了。

2月28日 迈克尔·杰克逊一举夺得八项格莱美奖，包括《避开吧》（"Beat It"）赢得年度最佳唱片奖，昆西·琼斯因《颤栗》（*Thriller*）而获得年度最佳制作人奖。在少年模特布鲁克·谢尔兹（Brooke Shields）和电视剧《韦布斯特》（*Webster*）的主角埃曼纽·路易斯（Emmanuel Lewis）的陪同下，杰克逊上台领奖。当天晚上，赫比·汉考和"伟大的混音师"DST的《摇摆》（"Rockit"）赢得了一项格莱美奖，因为这张唱片，一代年轻人搞坏了自己家里音响设备的唱针。凭借第二张爵士乐专辑《想到一个人》（*Think of One*）以及首张古典专辑，温顿·马萨利斯获得了格莱美奖。他的首张古典专辑诠释了海顿、胡梅尔和莫扎特[①]的小号协奏曲。格莱美历史上，还从未有过一名歌手能在同一年里既获得爵士乐奖，又获得古典乐奖。

3月 自1978年担任伊斯兰国家派的领导人以来，路易斯·

① 三位均是西方著名的古典音乐家。

法拉可罕(Louis Farrakhan)就有意避免公开参与政治选举(虽然他在当地政界绝对有幕后影响力),他的芝加哥老乡杰西·杰克逊此番参加总统选举,他自然激动万分,对他倾囊支持。在此之前,白人(以及大部分黑人)才不在乎他支持谁哩。

就在一次每周例行广播讲话中,法拉可罕改变了这一切。这位宗教导师针对《华盛顿邮报》中的那篇报道说道:“我们要以米尔顿·科尔曼为耻辱,我们会惩罚叛徒。终有一天,我们会让你尝尝死亡的滋味。”此话一出,法拉可罕的其他言论随即浮现在了公众媒体上,包括他曾说过纳粹独裁者阿道夫·希特勒是个“伟人”,犹太教是个“散发着恶臭的宗教”。

法拉可罕在主流媒体上如此这般频频亮相产生了多重的连锁效应,而且让人大为震惊。杰克逊的反对者以及渐进政治的敌对者们以此造事,把民权运动的这位领导者推到了被告席上。结果可想而知,1984 年这一整年的大部分时候,杰克逊在讲话措辞方面如履薄冰。“我跟这些政治言论没有任何瓜葛,”他于 5 月 2 号在得克萨斯举行的民主党辩论中说,“但是跟他本人关系不错,区别就在这里。”

杰克逊犹如被激烈争斗的矛盾束缚住了手脚。要想在主流社会攀升,他需要白人自由人士的支持,而犹太人的支持就是其中一部分。显然,他没法应和法拉可罕粗暴恶劣的言论。然而,他也不想黑人群体把他看成一个背叛同胞的人,仅仅因为白人希望他这么做,想把他变成傀儡似的人物他就背叛同胞。因此,他想迎合奉承双方,然而结果是,他没有让任何一方满意。

随着法拉可罕的出镜率不断上升,白人们把是否会有黑人政客站出来公开支持法拉可罕作为石蕊试验。譬如说,每一位需要自由人士出资资助参选的黑人民主党议员都会发现,任何有关法拉可罕的言论都会危机四伏。曾经隐形于公众生活之外的伊斯兰国家派领导人转身成了媒体的宠儿。每一个新闻节目、所有的每周新闻回顾，还有许多影响力日益扩大的谈话广播节目都把矛头指向了法拉可罕其人、其言。

路易斯·法拉可罕于1934年出生于布朗克斯区，他的童年在波士顿度过，梦想是成为一名演唱卡利普索①的表演家。路易斯年轻的时候自我标榜为"万人迷"、"卡利普索精灵"，曾出过几张唱片，最有名（或者说最有先见之明）的是《白人的天堂即黑人的地狱》（"A White Man's Heaven Is a Black Man's Hell"）。他30岁之前加入了伊利贾·穆罕默德（Elijah Muhammad）的伊斯兰国家派，改名为路易斯十世。年轻时的他深深震撼于马尔可姆·艾克斯气势恢弘的演讲风格，还曾仔细研究过他的演讲。马尔可姆在公众集会上公开演讲的纪录片中，多次出现了他的身影，他正乐滋滋地欣赏自己的偶像的倾情演讲呢。

然而，马尔可姆1963年突然脱离伊斯兰国家派时，法拉可罕毫不迟疑地痛斥他为叛徒。很多年来，评论家们一直觉得，法拉可罕过激的言语直接或间接地导致了马尔可姆在哈勒姆的一个舞厅中被暗杀，虽然他本人极力否认自己有任何参与。

伊利贾·穆罕默德1975年去世后，他的儿子华莱士·迪恩（Wallace Deen）决定把教派转向传统的伊斯兰教。法拉可罕和其他成千上万名成员群起而叛之，他们抢过伊斯兰国家派这个名号，继续坚持宗教创立原初的信仰，即种族隔离和黑人优越主义。虽然其势力已不如60年代，伊斯兰国家派还是继续在黑人社区中开

---

① 卡利普索（Calypso）：即兴讽刺歌，在西印度流行的一种歌曲，歌词在演唱时即兴而作，常以时下有趣的事件为主题。

展各项工作(在监狱组织工作、创立小型公司、出版报纸),以创造良好的氛围,同时打击白人至上主义。支持杰克逊竞选的这次机会敞开了黑人穆斯林紧闭的世界。

因此,就在白人们对法拉可罕感到厌恶的同时,黑人们发觉,大家细细端详的,其实更多的是法拉可罕本人而非他挑衅的言语,对此他们感到痛心。甚至虔诚的基督教徒都觉得,对法拉可罕的攻击批判有点过火了,而且明显带有种族偏见。更让人痛心的是,一些黑人领袖在白人的煽风点火下也加入批判法拉可罕的大军。能冷静理性地审视法拉可罕和伊斯兰国家派的黑人们发现,他们深深感动于国家派的基本教义,愿与白人对抗的勇气,其保守的教条尤其是关于学校教育、男女关系、劳动有偿以及保守着装的教条(他们对此抱有敬仰的态度,虽然并不一定要去模仿实施)。令人尊敬的路易斯·法拉可罕导师看起来绝不像是魔力超凡的恶魔。然而,对法拉可罕的负面评价并没有让他孤立无援,讽刺的是,他和他的信徒们一下子跟大众亲近了许多。黑人们对这位领袖心生敬意,佩服他誓不妥协的勇气。

美国黑人群体中一直存在着对拥有个人魅力、大胆蔑视一切的黑人领袖的怀旧情结。杰克逊满足了人们部分的渴望,显然法拉可罕也做到了。另一位人物开始跳出人们的意识,重新进入公众的视线,一位从没当过,也不可能会成为国家英雄的人物。马尔可姆·艾克斯通过录制的演讲、海报、书籍,尤其是他与亚历克斯·哈利(Alex Haley)合作撰写的自传,正对黑人思想产生日益巨大的影响。而如今,他已长眠于地下19年了。

3月 60年代黑人摇滚乐少女蒂娜·特纳(Tina Turner)华丽丽地重回乐坛,她以新专辑《爱与它何干?》("What's Love Got to Do with It?")登上流行天后的宝座,这张回归之作将会赢得格莱美本年度最佳唱片奖。特纳曾是乐队主唱艾克·特纳(Ike Turner)的妻子、缪斯女神以及合作伙伴,在新一代歌迷的眼里,她可敬可亲,是性感女性魅力的象征。出身于老式 R&B 黑人戏院的特纳被重新包装成一位流行/摇滚乐女神,她的发型时尚,视频音乐制作精美。经过重新包装,特纳(还有她那修长纤细的双腿)成了乐坛的宠儿——她是白人眼中成熟性感的黑人女性的化身。

3月 名为"涂鸦摇滚"(*Graffiti Rock*)的嘻哈文化电视节目的试映片在纽约 WPIX 电视台播出。节目由城市派对推广员迈克尔·赫尔曼(Michael Holeman)主持,嘻哈文化各种各样的元素都有所体现,节目的结尾处甚至有一场朗- D. M. C. 的"酷摩迪"(Kool Moe Dee)和"背叛三人组"乐队(The Treacherous Three)的搞怪 K(Special K)之间的 MC 说唱对决,场面热烈火爆。

3月31日 与肯塔基对决的这场 NCAA 半决赛意义重大,离后半场结束还有 9.1 秒时,乔治敦大学球兰队迫使肯塔基大学野猫队投出最后一球。肯塔基队里有几位肤色偏浅的黑人球员(肯尼·沃克[Kenny Walker]、山姆·博伊[Sam Bowie]),球兰队因而愤愤地称其为阻止他们向冠军进军的"准白人球队"。球兰队的约翰·汤姆逊[John Thompson]是一位独断专行的黑人教练,中锋帕特里克·尤因(Patrick Ewing)的气势凶悍,加上整个球队的防守攻势犀利,整个赛季中,他们都是种族主义者们嘲笑的对象。尤因块头大,体态笨拙,汤姆逊一直尽量让他远离镜头,可是整个赛季中他都是人们讥笑的对象,东部学校里有球迷举着标牌,上面写着诸如"尤因不识大字!"这样的字样。事实上,球兰队球风的最佳诠释者不是尤因，而是一位名叫迈克尔·格拉汉姆[Michael Graham]的光头大前锋，他是最先把霹雳男孩的粗鄙之风带入顶级篮球赛事的球员之一。

最终，乔治敦大学球兰队打败了休斯敦大学"美洲狮"，赢得了NCAA冠军，约翰·汤姆逊也成为带领大学篮球队夺得冠军的首位黑人教练。这场胜利证实了汤姆逊场上场下严厉的篮球哲学是行之有效的，而不怀好意的体育记者向来喜欢称它为"球兰队的偏执"。身高6英尺9英寸的汤姆逊曾是凯尔特人队比尔·拉塞尔(Bill Russell)的替补中锋，他深知，让球员们少接触媒体就是保护他们的最好方式。

这个赛季中，乔治敦大学球兰队成了美国黑人的球队，他们的球服上印着一头戴有棒球帽、穿着都市职业装的斗牛犬。一个大学篮球队的球服能承载这么多象征意味，这在历史上还是第一次，但绝不是最后一次。

帕特里克·尤因出生于牙买加，而休斯敦大学队的哈基姆·奥拉朱旺(Hakeem Olajuwon)出生于尼日利亚，两人之间的对抗赋予了这场冠军争夺赛特殊的意义。在这两位身手敏捷、出生异域的年轻中锋之后，掀起了一股海外球员加盟这项美国顶级赛事的潮流，而这两人正是引领这股潮流的先锋。这场冠军争夺赛拉开了两人精彩对决的序幕，他们的对决会一直延续到NBA比赛中。

4月1日 马文·盖伊被其父亲枪杀，死在位于洛杉矶的住宅中。盖伊的父亲曾是牧师，他异装癖的嗜好众人皆知，一直以来都是惹事不断的麻烦人物。这次枪杀亲子的谋杀事件为这段受尽折磨的父子关系画上了一个句号。

毫无疑问，盖伊是脱胎于60年代灵魂乐流行期间的一位伟大艺术家。70年代里，他从摩城的一位当红歌手转变为具有艺术自知的艺术家，能够制作相当于一个专辑长度的作品，像《怎么了》（“What's Goin' On”）。

然而，真正名留史册的，是他对于性爱的坦诚，以及他的歌曲风格。1973年，凭着一首《我心属你》（“Let's Get It On”），盖伊把性爱话题带进了黑人流行音乐；随后，《来这里，我的宝贝》（“Here, My Dear”）一曲以及发行于1983年的回归力作《性的结合》（“Sexual Healing”）继续着性爱话题的探讨。从普林斯到弗莱迪·杰克逊（Freddie Jackson），再到21世纪的歌星如R.凯利（R. Kelly），几代男歌手都受到了盖伊的歌曲主题以及温柔抚慰的中速歌曲的影响。他那独具感性特色的嗓音深深地留在了人们的脑海中，而当年与他一较高下的灵魂乐歌手那嘶哑的歌声早已被遗落在了记忆深处。

5月 就在今年的史丹利杯决赛之前，国家曲棍球联合会（NHL）中能最终赢得冠军赛的队伍里从来没有出现过黑人选手的身影。今年，埃德蒙顿油人队击败了纽约孤岛队，结束了后者蝉联NHL4年冠军的辉煌战绩，油人队的首席守门员便是一位有着米色肤色的年轻人，他名叫格兰特·法尔（Grant Fuhr），来自阿尔伯特省。

法尔不是NHL的第一位黑人选手。1958年，威利·欧瑞（Willie O'Ree）首次打破种族界限，加盟波士顿棕熊队。70年代后期，华盛顿首都队有两名黑人——托尼·迈克格尼（Tony McKegney）和比尔·赖利（Bill Riley）。法尔的特殊之处在于他是埃德蒙顿队的种子选手，这个球队近年来可谓群星闪耀（有韦恩·格雷茨基[Wayne Gretzky]、马克·梅塞尔[Mark Messier]、保罗·科菲[Paul Coffey]等球员)。油人队获得1984年、1985年、1987年、1988年和1990年的史丹利杯时，都是由法尔担当得力的守门员，他的成就激励了一代年轻人，正是因为这代年轻人的努力，21世纪的曲棍球比赛才染上了厚重深沉的肤色。

5月11日　让-米歇尔·巴斯奇亚(Jean - Michel Basquiat)的作品展在SoHo区的玛丽·布恩画廊展出。“巴斯奇亚曾在纽约办过五场独展，展览之地远至欧洲、日本，近至加利福尼亚州、布朗克斯区。他的成名之路可以算是视觉艺术界里最接近‘一夜成名’的了。”《纽约时报》的记者薇薇安·雷诺(Vivien Raynor)如是写道。“他的成就并非毫无时尚的元素，因为从技术角度来讲，他是以涂鸦画家的身份出道的，当时化名为‘萨摩’(Samo)。但是，他与通常的涂鸦画家还是有区别的。上个十年里，那帮乱涂乱画的家伙从地铁站里的表现狂变成画廊的常客，”而巴斯奇亚的特点是“他的作品毫无疑问都是艺术”。雷诺的这篇评论在结尾处尤为小心翼翼：“现在的巴斯奇亚是前途大为看好的画家，只要他能抵制住种种诱惑，不屈身成为艺术界的摆设的话，就能成为一名很棒的画家。”

5月14日　迈克尔·杰克逊出现在白宫，里根总统特地表彰他把歌曲《避开吧》(“Beat It”)献给禁止酒后驾车的宣传活动。迈克尔身穿蓝色的军装，手戴他的招牌手套，出席了在玫瑰园中举行的这一盛会。有些人把迈克尔此番现身白宫看做是里根总统的默许；想当年，理查德·尼克松总统接见小萨米·戴维斯(Sammy Davis Jr.)和艾尔维斯·普莱斯利时，场面颇为尴尬。

6 月 一场 27 个城市的“新秀巡演”下来，说唱歌手和霹雳舞者共计赚得 350 万美元，着实令人咋舌。参加这次巡演的华丽阵容中有朗- D. M. C. 、柯蒂斯・布洛(Kurtis Blow)、“霍迪尼”组合(Whodini)、“胖男孩”组合(The Fat Boys)、“新核心”组合(Newcleus)以及霹雳舞团队“强大力量”组合(The Magnificent Force)、“城郊快车”组合(Uptown Express)和“动感霹雳舞”组合(The Dynamic Breakers)。这场巡演由斯沃琪手表赞助，朗、“霍迪尼”和“胖男孩”组合共计卖出 500 000 张门票，观众不仅欣赏到了音乐，还得以领略嘻哈文化的独特风格。譬如，D. M. C. 在舞台上喝麦芽酒“欧德英国 800”①，受他们的影响，一整代歌迷完全浸泡在“40 号”酒中(40 盎司酒瓶的啤酒②)。整个 80 年代，麦芽酒一直是嘻哈人士首选的酒精饮料。

霍迪尼的专辑《逃逸》(*Escape*)卖出了逾百万的白金销量，这一专辑很好地体现了说唱唱片的制作正在不断革新。《逃逸》是黑人音乐电台极为推崇的那种带有 R&B 风味的嘻哈音乐，专辑在伦敦录制，由朗- D. M. C. 之前合作过的制作人拉里・史密斯(Larry Smith)操刀。这张由詹福唱片公司推出的唱片中有两首走红歌曲——《朋友》(“Friends”)和《疯子晚上出来活动》(“Freaks Come Out at Night”)，即便是不喜欢说唱音乐的成人也很喜欢这两首歌曲。霍迪尼的声线与柯蒂斯・布洛(史密斯曾经也给他的早期唱片写过几首歌曲)相仿，属于适合电台播放、注重单曲的嘻哈音乐，跟注重节律的主流嘻哈音乐形成对比。随着 80 年代的逐渐流逝，两者的区别愈加明显。批评家和唱片收藏者更青睐主流

---

① 欧德英国 800：Olde English 800，一种麦芽酒的品牌名。

② 市面上销售的麦芽酒通常装在 40 盎司的酒瓶里，而一般的啤酒的酒瓶为 12 盎司。

的嘻哈音乐，而像霍迪尼这种适合电台播放的音乐组合则在不断突围，力图跻身城市的音乐电台。

歌坛颇有名望的 R&B 巨星加盟说唱音乐，这为说唱音乐在黑人中吸引了不少成人歌迷。其中一位 R&B 巨星便是查卡·汗(Chaka Khan)，她翻唱的普林斯的歌曲《我能理解你》("I Feel for You")中，加入了不少梅勒梅尔(Melle Mel)的说唱。她的这则预告短片改编自诺玛·卡玛丽(Norma Kamali)的时尚 T 台秀视频(诺玛在其中的台词非常时尚前卫，带有嘻哈风味)，里面还有沙巴-杜(Shabba-Doo)和邦加洛·施林普(Boogaloo Shrimp)在跳霹雳舞，整张专辑史无前例地把 R&B、时尚元素和说唱风格融于一体。

嘻哈音乐演变史上的另一重大事件，则是洛杉矶 KDAY 电台于今年成为首个说唱音乐专属的电台。一直以来，洛杉矶的整个电台市场被割据得七零八落，KDAY 的此番举动为本来信号就偏弱的短波 AM 电台争得了些许收听率，其听众以年轻人居多，并具有种族多样性。KDAY 在成立之初比较偏爱东海岸的嘻哈音乐，随着时间的流逝，它开始大力支持地方特色音乐，为听众呈现了一幅地方特色的说唱音乐图景。此外，KDAY 还聘请了许多在南加州嘻哈音乐发展中立下汗马功劳的功臣，其中有一位名叫安德烈·杨格(Andre Young)的年轻 DJ 兼混音师，他便是德雷博士(Dr. Dre)。

6月 洛杉矶奥运会是黑人运动员和黑人风格展示的舞台。这届运动会上，卡尔·刘易斯(Carl Lewis)一举夺得四块金牌，巩固了他作为历史上最伟大的运动员之一的地位。此外，由于刘易斯的影响，高平头(头顶的头发浓密，呈黑色圆锥形，而两侧头发稀少)这一发型成为了时尚潮流。多位田径老将也纷纷夺得金牌,充分展示了美国本土运动员的实力,其中包括参加 100 米短跑的埃弗琳·阿什福德(Evelyn Ashford)、参加三级跳的艾尔·乔伊娜(Al Joyner)和参加 400 米跨栏跑的埃德温·摩西(Edwin Moses)。

在这届奥运会的闭幕式上,100 名霹雳舞演员给观众带来了节目。此时的霹雳舞好比是嘻哈文化玩赏的奇石——大家都喜欢,但是几乎很少有人认为它是一种艺术形式。同年夏天,在加州的圣伯纳蒂诺市,市议会对霹雳舞下了禁令,原因是它影响了在当地购物广场购物的人们,虽然根据警方报道,霹雳舞的流行有助于降低当地青少年的帮派暴力事件。

然而,仅仅靠霹雳舞还不足以驯服"天使之城"。在纯可卡因毒品贩卖的推波助澜下,帮派暴力事件的参与人数和影响范围都在不断扩大,等到以后细细思索其原因时,人们发现,洛杉矶警察局为了保护奥运会的顺利开展进行的警力部署失当也当属原因之一。普莱尔之后的吸食提炼可卡因现象在城市中随处可见(1982 年,洛杉矶医院急救室中接收的毒品吸食者比上年增加了 90%,这是全国范围内过度吸食可卡因人数中最大幅度的增长)。

这年夏天,南洛杉矶、长滩市、康普顿市的纯可卡因交易大幅增长,出现了几十个"石块可卡因小屋"。从 5 月到 6 月,一些原本负责日常巡逻的警官被调去维持奥运会的治安,这给了那个年代最大的两个暴力帮派——血帮和瘸子帮足够的时间扩大势力。禁毒署(DEA)警官威廉姆·库恩斯(Michael Coonce)告诉《美国新闻与世界报道》的记者:"我们十分重视奥运会的安保,保护城市的安全,避免恐怖主义的袭击,我想日常的执法也不得不暂时退居二线。"

虽然我们很难证实这番言论是否有根有据，但是没有异议的是，当夏日的热气散去时，帮派之间正疯狂地争夺毒品交易场所。对那些以前只能通过《洛杉矶时报》都市版了解城市的黑人和拉丁裔居民生活状况的人来说，暴力事件在地盘之争的煽风点火下，时时发生在他们身边。当地的帮派大哥们都被毒品交易喂得口袋鼓鼓，他们把手下派到全国各地开拓新地盘。从这个夏天开始，以洛杉矶为背景的电影中常常会提到帮派文化。当然，说唱音乐唱片也概莫能外。

6月8日　资深电视剧黑人导演斯坦·莱瑟(Stan Lathan)和歌手兼社会运动家、制作人哈利·贝拉方提(Harry Belafonte)联手把《街头舞士》(*Beat Street*)推上了荧幕，这部影片讲述了一群了不起的舞蹈家和嘻哈明星的故事。影片开展了大力的宣传攻势，身为演员兼舞蹈家的罗伯特·泰勒(Robert Taylor)在《新闻周刊》的封面上也小显了一下身手。这部电影的原声碟是一张精美的嘻哈音乐精选集，里面有阿非卡·邦巴塔(Afrika Bambaataa)、道格·E.弗莱西(Doug E. Fresh)和"背叛三人组"的歌曲，他们代表的是正统学院派艺术。

影片《霹雳舞》(Breakin')不像《街头舞士》一般写实，是由剥削影片①制片人梅纳哈姆·戈兰(Menaham Golan)和约拉姆·格罗巴斯(Yoram Globus)共同创作。影片中扮演邦加洛·施林普的迈克尔·钱伯斯(Michael "Boogaloo Shrimp" Chambers)和沙巴-杜的阿道夫·奎诺恩斯(Adolfo "Shabba-Doo" Quinones)曾经在

① 剥削影片(exploitation film)：指那些成本低廉、制作粗糙，专门炮制色情、暴力、毒品等低俗题材的电影。最早起源于30年代的美国，六七十年代期间非常流行。

《我能理解你》的音乐视频中出现过，在这部影片中，两人都有精彩的机械舞和锁舞的表演。但是影片的故事情节讲了一位跳古典舞的白人想要跳霹雳舞，这对嘻哈文化是一种侮辱。

6月18日 杰西·杰克逊的总统竞选一直演到了联合国，他把里根政府对南非的政策称为“野蛮行为”，因为政府政策鼓励美国公司剥削南非种族隔离制度下的黑人劳工。杰克逊称，“福特、通用汽车、克莱斯勒、IBM、埃克森、控制数据公司等等”必须撤离南非。他在联合国特别委员会上发言时，一百多个代表全体起立、热烈鼓掌，嘴里还高喊“快跑，杰西，快跑”。

6月19日 芝加哥公牛队在NBA选秀大会上以第三顺位选中迈克尔·乔丹。之前，乔丹放弃了他在北卡罗来纳大学最后一年的学业。公牛队总经理罗德·索恩(Rod Thorn)很欣赏乔丹，心里希望乔丹要是有7英尺就太棒了，因为在乔丹之前被选中的另两位球员都是中锋，分别是休斯敦大学的哈基姆·奥拉朱旺(Hakeem Olajuwon)和肯塔基大学的山姆·博伊(Sam Bowie)。在乔丹之前，虽然“魔术师”约翰逊和拉里·伯德(Larry Bird)已获得过令人瞩目的成功，但是人们往往还是认为，通往冠军宝座的球队必得要有一位在球场上叱咤风云的中锋来护驾。最终，乔丹会改变大家的这一观点。目前，乔丹的年薪为600 000美元。

费城76人队最后选中了查尔斯·巴克利(Charles Barkley)，一位来自奥本大学的体高宽臂的大前锋。这个精力充沛的年轻人自信满满，场上场下的风格犀利不饶人，与优雅的朱利叶斯·欧文(Julius Erving)形成了强烈的对比。接下来的两年中，费城队从J博士的球队慢慢转变成了巴克利的球队，体现了体育运动的代代传承,以及审美风格的转变。小格弗·华盛顿(Grover Washington Jr.)曾为欧文吹起平和的中音萨克斯风,而为狂放的巴克利著下音乐篇章的,则要靠说唱歌手们。

6月22日　疾病管制局公布,到目前为止报道的艾滋病病例共有4 918起,其中2 221例身亡。

6月25日　《紫雨》(*Purple Rain*)首映,普林斯从一位音乐奇才、性别和种族摇摆不定的偶像人物摇身变做一位流行文化的超级巨星。这部音乐电影的背景放在了具有异域风情的明尼阿波利斯市,影片与音乐交相辉映(《当鸽子哭泣时》["When Doves Cry"]、《把我带走》["Take Me with U"]以及同名歌曲),获得了一致好评。然而让大家颇为诧异的是,"时光"乐队的莫里斯·戴(Morris Day)和杰罗姆·本顿(Jerome Benton)几乎把这部电影变成了他们的舞台,两人成了80年代的阿伯特和科斯塔罗喜剧二人组①(Abbott and Costello Team)。

《紫雨》把当代流行音乐与电影的联姻推到了一个新的高度,在此之后,许多雄心勃勃的音乐家都没有超越它,包括普林斯本人,他后来又拍摄了三部此类影片。华纳兄弟电影公司也从《紫雨》中受到启发,在其唱片部门的极力催促下,公司资助了一批与音乐相关的影片的拍摄,这些电影的原声音乐可以跨市场销售。

普林斯的星光大道走得极其顺利。他每推出一张专辑总能获得比上一张更大的销量,在更大的场馆演出,同时电台播放得也更

---

① 阿伯特和科斯塔罗喜剧二人组:美国20世纪40年代一个著名的喜剧二人组,两人在舞台上、广播里、电影电视中的表演使他们的知名度持续了十年。

多。《紫雨》一片使他大红大紫，可以与麦当娜、布鲁斯·斯普林斯汀(Bruce Springsteen)和迈克尔·杰克逊平起平坐。然而，这位年仅26岁的音乐家面对如此多的观众并不十分自然。他虽然身兼多种才赋(同时代的其他艺人中，没有一人能像他那样涉及音乐制作的方方面面)，但内心却反对偶像崇拜。有这么多歌迷影迷围绕在他身边，这并不让他开心。《紫雨》之后，生性爱好冒险的普林斯，也许骨子里是个自大狂，他很多不得体的言行正在慢慢侵蚀观众对他的喜爱。

同辈们(迈克尔·杰克逊、麦当娜和布鲁斯·斯普林斯汀)对职业生涯中的每一举动似乎都会深思熟虑，而普林斯则不同，他好像全凭直觉做事。他不会为唱片选择那种想当然的单曲。他一门心思想执导繁琐复杂的项目。他与那些不是歌手的人签下唱片合同。所有这些都没有事先好好盘算过，所有这些都是随心所欲自由散漫，而在那个年代，那种细细思量、精心设计的大手笔之作才是正道。

在这一年的"普林斯大事记"中，有一件事鲜为人提及，那便是"时光"乐队之前的两位成员——贝斯手特里·路易斯(Terry Lewis)和键盘手"詹姆"杰米·哈里斯(Jimmy "Jam" Harris)没有出现在《紫雨》中，他们在影片开拍前就被普林斯"开除"了，因为他们俩有一次演出后回来晚了。这是普林斯的损失，对他俩来说却是事业的新起点。两人的制作人生涯会取得重大的成就，建立起属于他们的明尼阿波利斯帝国。

7月 奥普拉·温弗瑞(Oprah Winfrey)主持的《早安，芝加哥》延长到一个小时。约恩·安德森(Jon Anderson)在《芝加哥卫报》(*Chicago Tribune*)上撰文写道："虽然在芝加哥待的时间不长，但是不管在台上还是台下，她的出现总是引人注目。街上有陌生人跟她打招呼，在餐馆吃饭时有人认出她，有一次她打不到计程车上班快迟到时，是一位芝加哥警察开车送她去上班的。”

7月6日　在历经了一连串众说纷纭的揣测和幕后控制权争夺战之后，“杰克逊乐队壮丽之旅”终于在堪萨斯城的箭头体育场拉开帷幕。《新闻周刊》写道：“好几个月以来，关于这场演出的情况一直是以问号结束。什么时候开始？在哪里演出？到底会不会有演出？”两位非音乐人士的宣传人员——打拳击的堂・金（Don King）和踢足球的查克・苏利文（Chuck Sullivan）设置了一套繁琐的系统，让歌迷们以单张30美元的价格购买四张套票。演唱会开始的前一天，迈克尔在新闻发布会上公布了一套相对灵活的购票系统，以期修复之前与观众造成的隔阂。

这场演唱会虽然利润可观，但是多少有点让人败兴而归。对于那些看过杰克逊乐队上一次演出的观众来说，这一次在舞台布景和结构编排上都出奇的相似。乐队表演了《颤栗》中好几首流行歌曲，其中杰梅因（Jermaine）是特地为了本次演唱会回归乐队，他单独表演了一组歌曲。宣传攻势似乎有点言过其实了。

这张演唱会引起的争议（《新闻周刊》封面报道的题目是“演唱会，天花乱坠的宣传，场面劲爆”[“The Tour, The Hype, The Hysteria”]）是迈克尔在专辑《颤栗》那个年代里的第一件负面新闻。迈克尔个人的价值取向及其生活习惯更是成了媒体报道的焦点，之前的很多年里，大家只是评论他戴的羔羊手套。还是《新闻周刊》的报道：“自从普莱斯利的黄金时代以来，大家就对某些摇滚歌星的男性气概有过疑问，但是从来没有像现在这样，纵使他们百般否认，这些质疑的声音依然清晰地萦绕在人们耳边。”

7月17日 杰西·杰克逊在旧金山举行的全国民主党大会上做了一场荡气回肠的讲演。相形之下，沃尔特·蒙代尔(Walter Mondale)的就职演说也不由得黯然失色。这场演讲标志着杰克逊政治生涯的顶峰，站在讲坛后的他沉浸在观众雷鸣般的掌声中，看似"海米镇"言论的污点已经烟消云散了。然而事实却是，杰克逊在民主党内再也不会获得如此纯粹的支持与仰慕了。

7月19日 《阁楼》杂志(*Penthouse*)公布，九月份的杂志将会刊登首位黑人美国小姐凡妮莎·威廉姆斯(Vanessa Williams)的裸照，裸照上可以看出她与另一位女性"关系亲密"。选美比赛的官员请威廉姆斯自动退回头衔，被她拒绝了。

7月21日 《公告牌》杂志的这一期登出了巨幅的专题报道，题为"迈克尔·杰克逊的神话"("The Saga of Michael Jackson")。杂志上印满了长达多页的图片、广告和经杰克逊本人允许的社论文章。华纳兄弟更是出奇制胜，他们买下了那期杂志的封底版面，在上面使用插页，为电影《紫雨》做了一则海报大小的广告。附带的广告标语是"雨，才刚刚开始下"。

7月23日 凡妮莎·威廉姆斯在赢得"美国小姐"的称号10个月后，主动让出这个头衔，由"新泽西州小姐"苏珊特·查尔斯(Suzette Charles)顶替，查尔斯成为第二位黑人美国小姐。

7月28日 "莎黛"(Sade)在英国的走红歌曲《坚持你的爱》("Hang On to Your Love")把这个英国灵魂乐团介绍到了美国，它的主唱是一位尼日利亚和英国的混血儿，她成了多元文化时尚潮流的弄潮儿。很多英国黑人灵魂歌手都想在美国开拓属于他们的天地（“未了”乐队[Loose Ends]、灵魂合唱团[Soul Ⅱ Soul]和比利・欧辛[Billy Ocean]）都获得了或多或少的成功），而“莎黛”的成功奥秘，在于他们对黑人流行音乐中更为复杂艰深的传统的颂扬，他们的歌曲经常在黑人电台播放。

9月　尤占・帕尔西（Euzhan Palcy）执导的《小约瑟的故事》（*Sugar Cane Alley*）讲述的是发生在20世纪30年代法属殖民地马提尼克岛上的成长故事。故事呈现了一个与世隔绝的黑人社区里存在的阶级和种族冲突，情节灵活，发人深省。帕尔西在执导过程中自信满满，加上又在异域拍摄，影片因而作为艺术电影发行，帕尔西也成为少数几位把影片成功搬进美国电影院的女性导演（黑人女性导演自然更少）之一。

9月　本期《阁楼》杂志中印有凡妮莎・威廉姆斯的裸照，成为其15年发行史上卖得最好的一期。威廉姆斯说她差点崩溃了，而杂志出版商鲍勃・古希奥尼（Bob Guccione）却不为所动，在接受《人物》杂志的访问时称：“我们杂志让她成为迄今为止最有名的美国小姐。”

9月　波拉・吉丁斯（Paula Giddings）出版了《何时何地我来——黑人女性对美国种族和性别的构建》（*When and Where I Enter: The Impact of Black Women on Race and Sex in America*），这是一部宏大的叙事史，记录了每个时代的重要人物（伊达・B. 威尔斯[Ida B. Wells]、玛丽・麦克里奥德・白求恩[Mary McLeod Bethune]、埃拉・贝克[Ella Baker]），批判了黑人男性学

者(E. 富兰克林·弗雷泽[E. Franklin Frazier]、罗伯特·斯特普里斯[Robert Staples])的陈规之见,诠释了黑人女性在面对黑人男性和白人男性时的姿态。毕业于霍华德大学的吉丁斯是一位图书编辑,她的这本著作与米歇尔·华莱士(Michelle Wallace)的《黑人男性气质》(*Black Macho*)有异曲同工之妙,不过此书的叙事语调更加平和,谴责的口吻也用得更少。

9月11日 评论员格雷格·泰特(Greg Tate)在《乡村之音》的文章《斯塔格李[①]对抗真黑鬼:跨界"背叛三人组"——普林斯、温顿·马萨利斯和艾迪·墨菲》("Stagolee Versus the Proper Negro: The Treacherous Three Cross Over—Prince, Wynton Marsalis and Eddie Murphy")中总结了1984年这一年,他写道:"现在,美国黑人中的跨界现象比60年代多出了很多,有趣的是,在这个街上少有骚动的年代里,他们却攻下了巴比伦。"

泰特提出了他的质疑:"……难道在我们还不知道时,主人就给了我们每个人平等?"他不认为是这样,继续说道:"所有前面提到的都是黑人中的超人,他们太强大了,在与白鬼的竞争中不由自主就闪耀起来了(这里没有用双关语)。"普林斯、马萨利斯和墨菲这三人,"他们在很大程度上对自身的形象能有控制权",这一点让他印象最为深刻。在总结中,他留意到他们每个人都有一个直系前辈(分别是理查德·普莱尔、迈尔士·戴维斯和吉米·亨德里克

① 斯塔格李:美国民歌中很有名的一首就是《斯塔格李》(Stagolee),歌曲有很多版本,其中一个版本的歌词部分主要讲"我"一大早听到狗在叫,细细一听原来是斯塔格李跟人在漆黑中吵架,斯塔格李一怒之下把对方枪杀了,之后被警察通缉并抓获。在行刑过程中,他仍表现出不怕死的硬汉形象。最后到了地府,他跟鬼神较劲,扬言要按他的方式统治地狱。

斯),然而“跟他们的前辈们不同,他们在自身特色方面可以不做任何让步便能在主流文化中有立足之地”。

9月14日 《一个士兵的故事》(*A Soldier's Story*)首映。剧作家查尔斯·富勒(Charles Fuller)把他的戏改编成电影,由加拿大导演诺曼·杰威森(Norman Jewison)(1967年,在西德尼·波蒂安主演的影片《炎热的夏夜》[*In the Heat of the Night*]中他担任导演)执导。霍华德·罗林斯(Howard Rollins)想延续西德男爵[①](Sir Sid)昔日的辉煌,但是却是另外两位演员的出色演出,才使这部电影有了道德深度——阿道夫·凯撒(Adolph Caesar)和丹泽尔·华盛顿之前曾出演过这部电影的戏剧版,因而在这部影片中是重复他们以前演过的角色。喜剧演员罗伯特·汤森(Robert Townsend)饰演了入伍士兵这个小角色,他从制作组借来了影片的结尾片断,自己着手制作一个有关好莱坞黑人演员悲惨境遇的项目。

9月20日 《考斯比一家》(*The Cosby Show*)在NBC首演,很快成为美国收视率最高的电视剧,每周有3000万观众,这个数字把NBC电视台的收视从排行榜上的第三位拉到了第二位。这是比尔·考斯比八年中的第一部电视剧,也是他在80年代作为一名成功商业人士的终结。这部电视剧讲的是中产阶级生活,正好填补了《韦布斯特》(*Webster*)和《管家》(*Gimme a Break*)这些情景喜剧遗留的空白。克里夫·赫克斯特伯医生(Dr. Cliff Huxtable)

---

①　西德男爵:指西德尼·波蒂安。波蒂安是巴哈马联邦的公民,采用英国的荣誉体制,他拥有男爵的爵位。

和他温柔的妻子克莱尔(Clair)以及五个乖巧伶俐的孩子好比是从《黑人企业》里一页页人物介绍和《品质》(*Essence*)杂志的读者群中走出来的一样。父母是职业人士，孩子们马上要读大学，一家子住在房价昂贵的布鲁克林高地上一座温馨的褐砂石小屋中。

考斯比是这部电视剧的艺术良知，而且如果进一步延伸下去，他是整个国家的艺术良知，因为每一集半小时的节目都反映了他本人心目中美国的黑人(至少大部分黑人家庭)正过着或是应该过什么样的生活。如果有人认为黑人生活的唯一现实是整个种族存在异常，那么在他们眼里，整部电视剧想必便是科幻片了。银幕上没有受害者，没有毒品，没有公开的暴乱，有的只是旧式的道德观。因而，一些黑人抗议道，就是在国家电视台上播放这种成功快乐和睦的黑人中产阶级家庭，才使得社会变革越来越难。在新保守主义的年代，一些人觉得《考斯比一家》成功安抚了敌人。

考斯比这个自信十足的男人，从为自由而游行之日起便是黑人事业的支持者，现在他把这些观点主张都置于一边，一心只关注他心中的意象。这位47岁的幽默家有哈佛大学的埃尔文·普赛特博士(Dr. Alvin Poussaint)做他的顾问，巧妙地把电视剧制作得既幽默又祥和，以取乐白人和黑人观众。

至于批评之声，考斯比这样告诉《乌檀》杂志："他们为什么不给予我作为一个普通美国人，只想享受生活的权利呢？为什么我就必须把所有黑人都塑造成对社会的控诉呢？我们家可不想坐在电视机前半个小时，就听有关黑人对抗白人对抗亚裔的笑话，然后大家就能说：'这才是黑人电视剧。'"他接着辩护道："我拍电视是因为我是 个普通人，我想使生活变得有趣。我想给观众展示我们黑人生活中的幸福。我想展示我们跟其他美国家庭一样，有着同样的渴望和需求。”

比尔·考斯比扮演的克里夫·赫克斯特伯与罗纳德·里根一样，也是所有美国人心目中的父亲形象——他热情好心，虽然有时也很严肃固执。不管在《考斯比一家》社会效应的辩论中你站在哪一方，毫无疑问的是，这个电视节目提供给了这位资深喜剧演员一个舞台，这是自打他在60年代拍摄他最杰出的喜剧作品以来最好的舞台了。

丽莎·贝内特（Lisa Bonet）在剧中扮演女儿丹尼丝，她成了美国第一位海报挂得满天飞的黑人女孩。丹尼丝个性不羁，思想新潮，她反对黑人中产阶级家庭中不顾一切追求名利的风气，是《考斯比一家》中观点最犀利的角色。本剧另一高明之处在于赫克斯特伯家的小孩有着各种各样不同的肤色，这描绘了许多黑人家庭中多样肤色的现实。考斯比和妻子克莱尔（由菲莉西亚·艾伦[Phylicia Allen]扮演）之间有多场情感戏，这发生在电视节目中的两个黑人之间，还是显得不寻常（不过这也能说明他们家为什么有这么多孩子）。

不像在其他经典的情景喜剧中，搞笑的角色一抓一大把；《考斯比一家》中除了考斯比以外，其他角色基本上都是正儿八经的，30分钟由他一人独挑搞笑的大梁。他的搞笑本领超凡，让人感觉这是一台独角戏。很少会有单独一个角色的生活哲学被如此巧妙地编织进一部严肃的情景剧中。从这个角度来看，之后涌现的情景喜剧如《罗斯安家庭生活》（*Roseanne*）、《马丁》（*Martin*）和《宋飞正传》（*Seinfeld*）都应该感激《考斯比一家》。

10月　嘻哈文化与早期摇滚乐的疯狂年代有着裙带关系，这一点从歌曲《罗珊，罗珊》（“Roxanne, Roxanne”）的传奇轶事上就能看出。UTFO组合的歌曲中用了一位名叫罗珊的恶俗女子，进而导致一位14岁的女孩化名罗珊·山特(Roxanne Shante)(原名洛丽塔·古登[Lolita Gooden])，推出了一张“回应”唱片，名为《罗珊的复仇》(“Roxanne's Revenge”)以示其鄙夷的态度。UTFO组合的制片团体“富力”团队(Full Force)随即请了一位波多黎各籍的可爱女孩又拍了一辑《真正的罗珊》(“The Real Roxanne”)。

整个夏天，罗珊系列唱片一波接一波，他们在歌曲的韵调里变着法子数落对方，这不禁让人想起纽约公园里MC争战的一幕幕。嬉笑怒骂的嘴皮功夫的背后，是年轻女子之间互相猜忌、互相诋毁的现实，这一幕在说唱音乐中会不断出现。

10月8日 来自布鲁克林、一路全靠自己打拼的电影制作人斯派克·李(Spike Lee)在日记中写下了有关《稳操胜券》(*She's Gotta Have It*)剧本的一段话。他写道：“有这么一个人，一个相貌出众的黑人女性，她喜欢做爱，她可不是妓女，不是那样，她只是喜欢做爱，她能同时喜欢不止一个男人。这是故事的前提。”

10月11日 《雷尼大妈的黑臀舞曲》(*Ma Rainey's Black Bottom*)在百老汇的科特剧院里首演。这部戏把奥古斯特·威尔逊(August Wilson)融神秘主义、优雅端庄和街头打油诗于一体的独特戏剧带进了美国戏剧界。毕业于耶鲁的查尔斯·达顿(Charles Dutton)曾坐过牢，他的演艺生涯就始于里夫(Leeve)这一角色，里夫是生活在20世纪20年代的一位小号手，虽屡遭挫折，却怀着录制自己唱片的美好梦想。特雷莎·梅瑞特(Theresa Merritt)是歌手及演员，70年代的大部分时间，她在出演以黑人为中心的情景喜剧，如《这是我的妈妈》(*That's My Mama*)，此次饰演坚强威严的雷尼大妈，可谓成功转型。

威尔逊深深迷恋布鲁斯，他认为布鲁斯是传达美国黑人生活讯息的音乐，他说这部戏剧创作的灵感来自不断重复倾听同一张黑胶唱片。威尔逊出生于匹兹堡，并在那里长大，他和约翰·埃德加·怀德曼（John Edgar Wideman）是同乡。60年代期间，初出茅庐的威尔逊参加了许多黑人艺术组织。在投身戏剧界之前，他的主要精力放在诗歌上，因此，他写的对白能很好地把握都市黑人话语中的韵律和节奏。

曾执导过洛兰·汉斯贝里（Lorraine Hansberry）的剧作《阳光下的葡萄干》（*A Raisin in the Sun*）的资深导演劳埃德·理查兹（Lloyd Richards）在管理声名在外的耶鲁戏剧系的同时，还一手提携了威尔逊，这也是他显赫一生中的一件壮举。威尔逊的戏剧起用了一大批耶鲁戏剧学院的毕业生，而达顿只是这长长的队伍中的第一位。

11月　《美国黑人文学论坛》的冬季刊上刊登了卡尔文·亨顿（Calvin Hernton）的文章《性别的高山与黑人女性作家》（"The Sexual Mountain and Black Women Writers"）。几年前，亨顿曾写过一篇题为"黑人男性作家与性别的高山"的文章（"Black Male Writers and the Sexual Mountain"），观点颇为新颖。这次这篇文章审视了一个全新的主题，内涵深远，论证同样充分有力。"当代黑人女性的许多文字都在批评指责黑人男性，文学作品中的男性亦然，现实生活中的男性亦然，而男人们却不以为然，"亨顿写道，"但是，黑人作品的本质都是揭露黑人过去以及现在在美国所处的备受压迫的处境……黑人女性描写她们曾经经历过、现在仍在经历的窘迫处境，这一点是与黑人的写作传统一脉相承的。她们千方百计想要把她们的生活境遇光之于众，以期能有所改善。”

11月 总统罗纳德·里根和副总统乔治·布什以59%比41%的选票战胜沃尔特·蒙代尔(Walter Mondale)和杰拉尔丁·费拉罗(Geraldine Ferraro)，再次赢得选举，这也是历史上胜负最悬殊的选举之一(虽然全体选民中只有一半在行使他们的权利，虽然只有29%的选民支持里根)。这样一来，80年代的新保守主义势力愈演愈烈，这反映在联邦政府对黑人的态度上便是一系列“大社会”政策被抛诸脑后。虽然黑人在流行文化上呼风唤雨，但政治的风向对他们却并不有利。杰克逊神父在这次选举中的溃败以及他的参选所带来的负面效应(他鼓动了黑人选民的士气，但是也使得白人温和派的自由选举人转而反对激进的自由主义)也影响了许多民主党人士的战略考虑，包括阿肯色州那位雄心勃勃的年轻州长威廉姆·杰弗逊·克林顿(William Jefferson Clinton)。

11月 约翰·埃德加·怀德曼(John Edgar Wideman)的《兄弟与监护人》(*Brothers and Keepers*)一书是他创作生涯中的一个突破，不过此书并非是他数本精雕细琢的小说中的一本，而是一本回忆录，把作者在学术界过着的相对富裕体面的生活与他那因为谋杀罪被判终身监禁的弟弟罗比的坎坷生活相比照。此书的三大部分并列叙述了约翰·埃德加作为学者的生活方式以及他弟弟被囚禁在匹兹堡的霍姆伍德这一穷苦的黑人社区的生活。两兄弟完全不同的两种命运引发了情感和心理上的分歧，而怀德曼叙述的张力就来源于他在消弭这种分歧时所做的百般努力。他用感伤的笔触描写了逃离种族局限的黑人们如何与仍困于种族圈套中的黑人保持血浓于水的联系，这是黑人种族内部最大的挑战，本书就用若有所思的伤感笔触娓娓道来。

一直以来，怀德曼就在试图缓解他与弟弟罗比的紧张关系，这从他的小说《藏身之所》(*Hiding Place*)(1981 年)和《丹巴拉》(*Damballah*)(1981 年)中的一些故事里就能看出。《60 分钟》节目为他们两兄弟做了专访报道，这也大大推动了《兄弟与监护人》一书的销量。此书是美国文学传统的历史长河中描写受到种族主义影响的黑人生活的一本新的传记，广受读者欢迎。之前的叙事文体，如布克·T. 华盛顿(Booker T. Washington)的《超越奴役——一本自传》(*Up from Slavery: An Autobiography*)或是理查德·赖特(Richard Wright)的《黑孩子》(*Black Boy*)，都是倾向于踌躇满志、全靠自己奋发成才的传奇故事，而怀德曼的散文体叙事中多了一丝感伤的含蓄，这在伤透读者的心的同时，也让人们对未来的期许复杂了几分。

12 月　田纳西州参议员阿尔·戈尔(Al Gore)的妻子蒂珀·戈尔(Tipper Gore)给她 11 岁的女儿买了《紫雨》这张唱片，然后就听到这首明显带有性爱意味的歌曲《尼基宝贝》("Darlin' Nikki")，下定决心要敲响整个国家的警钟，这种肉欲意味的歌词居然畅通无阻地出现在唱片中。戈尔夫人与其他几名参议员和特区政客的妻子们一起，成立了 PMRC(父母音乐资源中心)，这个组织要求唱片行业在向未成年人推销唱片时要注意分寸，她们赢得了唱片行业一系列的让步。正是由于 PMRC 的努力，如果含有不适于未成年人的相关歌词内容，唱片都必须贴上警告标语。最终，艺术家们，尤其是说唱歌手和重金属歌手，不得不录制唱片的"干净"版本，以迎合购物中心零售店的要求，因为这些店不会储存那些贴了标语的唱片。所有的大唱片公司都设置了审核委员会，审查唱片中的歌词，挑出那些有问题的押韵对句。这是由一则小曲引发的事件，这则小曲不过是讲了一个女孩坐在饭店大堂里，拿着一本杂志手淫。

12月3日 《商业周刊》登载了一篇报道迈克尔·乔丹的文章，称他为“NBA多年来拥有的最激动人心的球员”。乔丹刚到芝加哥的头一个月，公牛队每天只能多卖出50张季赛的门票。11月3号打赢圣·安东尼奥的那场比赛中，他一人夺得45分，此后公牛队在芝加哥体育馆的比赛场场爆满，这可是三年来的头一次。杂志称乔丹“正成为职业体育竞技中最受欢迎的球员之一”。

12月5日 艾迪·墨菲凭借《比弗利山超级警探》(*Beverly Hills Cop*)一片，巩固了他作为著名影星的地位。在之前广受欢迎的影片《48小时》(48 *hours*)里，他与白人演员尼克·诺尔特(Nick Nolte)搭档，而这部电影就不同了，墨菲一人独挑大梁，没有白人演员联袂主演(虽然有一批白人配角)。《警探》在首映1个月内，票房收入为5800万美元，到影片放映期结束时，票房总收入为1亿美元。

在80年代中期的一段时间里，墨菲是好莱坞叱咤风云的票房号召者，他是自1968年西德尼·波蒂安以来第一位享有此等地位的黑人。理查德·普莱尔(Richard Pryor)在演与音乐会无关的电影时，总是一副神经兮兮、提心吊胆的模样，再普通不过了；墨菲则不同，他自信满满、侃侃而谈，总是能脱颖而出。他虽然是个喜剧演员，身上却散发出一股认真劲儿，这使他不像通常“黑人演黑人看”电影中的主人公那样滑稽，因为墨菲制胜的法宝不是夸张的肢体动作，而是他的聪明脑袋儿。

《48小时》里，墨菲甩出了他演艺生涯中最著名的台词："镇上来了位新长官。"他说这话并不是取笑西部乡下的那种大男子汉作风（虽然他就是在取笑人），而是亮出底牌告诉大家，美国电影观众将会欣赏到一位完全不同的黑人。《比弗利山超级警探》这部电影里，墨菲饰演一位佩枪的滑稽人物，一位无视规则的警官，一位在白人世界里自如地工作的黑人，这个世界里，种族一词无人提及。墨菲的这个角色为后来者提供了一个模板，之后一代黑人演员和好莱坞剧作家们都竞相膜拜效仿。

12月10日　诺贝尔和平奖授予南非的德斯蒙德·图图（Desmond Tutu）。身为圣公会主教的图图是反抗南非种族隔离政策运动的代言人，为了运动积极奔走演讲。他此次获奖，部分原因是国际上对于南非种族隔离政策的抵抗越来越大。

12月14日　EEOC的主席克拉伦斯·托马斯（Clarence Thomas）在国会听证会上说出了一个事实，虽然乔治敦大学里白人学生占大多数，但是其排名第一的篮球队里却清一色全是黑人球员。托马斯举这个例子是要反驳把统计数字用做衡量种族歧视的标准。"你好好研究下乔治敦大学篮球队就会得到这样一个结论，从统计数据来看，你肯定是黑人，或者得到另一种结论，如果你不用带有种族色彩的统计数据，那么你肯定会打篮球。这在乔治敦大学这个例子里意味着什么呢？很明显，你的身高必须高于5英尺8英寸，你防守的时候要凶猛一点，在约翰·托马逊（John Thompson）教练的手下打球，你必须循规蹈矩，做个好学生，因为如果你仅仅只会打篮球，你还不够资格在他手下打。所以除了种族之外，还有很多地方可以说事儿。"

听着托马斯言之凿凿地用篮球队作比喻,民主党们并不为所动,新保守主义者们却喜不自胜。事实上,整个秋天,托马斯多次在公共场合掷出挑衅的言辞。10 月份,他就选举活动评论道:"要说黑人领导人真正办成的事儿,就是他们让自己的同胞失去了权利。黑人在民主党内没什么影响力……看看杰西·杰克逊的下场吧。黑人领导人让他们的同胞和里根政府以及共和党越来越疏离——他们把里根当成一个大恶人——现在这个时候,黑人根本就没有机会好好想想,共和党执政和以前民主党执政孰优孰劣。"为了说明里根政府的政绩,托马斯称,EEOC 连续三年预算增加,经手的案件也在不断增多。"我常听别人议论,说总统不搭理民权的事儿,"托马斯说道。"其实这部分工作是由我和我的机构在做,而且我们取得了很大的进展。"

托马斯和民权委员会的主席小克拉伦斯·M. 彭德尔顿(Clarence M. Pendleton Jr.),还有布什副总统国内事务的助理史蒂芬·罗兹(Stephen Rhodes)一道,一同批评美国的黑人把精力全花在抗议南非种族隔离政策的活动上。这三个人是里根政府里职位最高的三位黑人,他们说他们也反对南非的种族隔离政策,但是会全力支持政府"建设性地涉及"南非事务的政策。"我们中所有曾生活在种族隔离政策下的人们都非常担忧,因为我们的种族隔离政策不过是南非种族隔离政策的温和版,"托马斯说。"但是我们目前要做的事,我们的当务之急,我想应该是花更多的时间关注我们周围的事情。如果这些抗议活动是为了我们国家的黑人儿童的教育质量或是黑人社区的高犯罪率这样的事……我肯定会冲在游行队伍的前排。"

12 月 22 日 伯纳德·高兹(Bernard Goetz)是一个白人,有

一次独自一人搭乘纽约地铁时，四个黑人少年盯上了他。他说这几个男孩威胁他——而他们说只是问他索要5美元去打游戏。不管怎么样，高兹觉得自己被人威胁。他拔出一把38毫米口径的左轮手枪，朝四人各开一枪，其中一名伤者达莱尔·卡比(Darrell Cabey)中枪后全身瘫痪。这一下，高兹成了举国闻名的人物(对很多人来说是英雄)，人们称他为“地铁警官”，就跟查尔斯·布朗森(Charles Bronson)的电影《猛龙怪客》(*Death Wish*)里的角色一样。高兹非但没有表示出对伤者的同情，反而振振有词道：“如果你对我下狠手时受伤了、瘫痪了或是怎么样了，那可不是我的错。”

经过一系列耽搁和多次诉讼后，高兹被判谋杀未遂罪不成立。他只被宣判犯有无证携带武器的刑事罪，入狱250天。90年代期间，卡比控告高兹对他人身伤害，布隆克斯法院的陪审团的判决是给这个男孩4300万美金的损害赔偿金。高兹枪击案在80年代这种全然不同的判决是这个年代里纽约发生的许多种族歧视案件里的一例，这些案件在全国引起了轩然大波。人们对黑人少年的恐惧以及仇视本来就很大了，这么一来更是变本加厉。黑人领袖的演说中、黑人社区里兜售的T恤上，都传达着黑人少年是“濒临灭绝的生物”这样的信息。

12月31日　盖瑞·特鲁多(Garry Trudeau)为《新闻周刊》一篇题为“雅皮士之年”(“Year of the Yuppie”)的封面报道做了插画。这则报道和特鲁多的图片都捕获了城市里年轻职业人士的形象，这个形象是80年代为个人提升提供各种可能性的绝佳写照。称呼雅皮士们的深肤色同伴的词——“邦皮士”或是“邦痞士”(个人根据口音不同自行选择)逐渐流行起来。

1　9　8　5

1985

后灵魂年代里的一大困境是关于黑人领袖的问题。谁是黑人的领袖？领袖应该是什么样的人物？谁有权决定何种人成为领袖？领袖又应当引领黑人走向何方？领袖是要从实质上改善黑人族群呢，还是只给予他们精神启迪？或者说，领袖问题只是反映出大伙都想回避的一个现实？这一年里将会上演一幕幕风格不同的领袖作风，与黑人族群多样化（同时也是七零八碎）的诉求展开对话。尊贵的路易斯·法拉可罕导师在新闻媒体上频繁露脸，他的全国巡回演讲堪比杰克逊乐队大造声势的"壮丽之旅"巡演。

1月份，法拉可罕的全国巡演首站从底特律开始，然后遍及全国大部分主要城市，在华盛顿特区时吸引了10 000名听众，洛杉矶有15 000名听众出席，最后一站是在麦迪逊广场公园，有25 000名听众。"两年前，路易斯·法拉可罕在芝加哥时，听众都挤不满一个教堂。"芝加哥一位名叫唐·罗斯(Don Rose)的政治顾问如此评论这位曾经是无名小卒、此刻却是杂志头版座上客的草包。

法拉可罕的巡演让黑人市长们备受压力，他们被迫站出来指责这位宗教导师的反犹太主义。芝加哥市长哈罗德·华盛顿的第一个任期可谓挑战重重，敌人们把法拉可罕当做攻击他的一件利器。洛杉矶市长汤姆·布拉德利向来与犹太社区交好，此番因为没有迅速跑出来谴责法拉可罕而使自己对犹太社区的忠诚度受到质疑。与此同时,白人政客更是纷纷跳到这位宗教导师的头上耀武扬威。

纽约市长艾德·科奇(Ed Koch)把法拉可罕称为"穿着教士袍的纳粹分子",州长科摩(Cuomo)则说他的想法"既粗陋不堪又在挑拨离间"。哈勒姆的国会议员查尔斯·兰格尔(Charles Rangel)指出,法拉可罕俨然成了测试黑人政客对白人的忠诚度的试纸,简直太不可思议了。想到此时在南非,黑人们必须随身携带有色人种身份证,兰格尔不由得苦笑道:"我只是希望事态不要太严重,等到非裔美国人也要随身携带他们对法拉可罕的批判证明……那就太过分了。"

到了年底,犹太社区已经被法拉可罕吓唬得不行了。西蒙·维森塔尔中心(Simon Wiesenthal Center)位于洛杉矶,这是一个致力于研究犹太大屠杀的组织。该组织在黑人中做了一项民意调查,看看他们会把谁当成领导人。调查结果让他们大大松了一口气,杰西·杰克逊是唯一一位受到黑人广泛认可的领导人,有59%的接受调查者这么认为。法拉可罕只名列第六(排在已故的金博士及其发妻科丽塔[Corretа]之后),只有7%的接受调查者选择他当领导人。表面上看来,黑人领袖依循的基督教中心模型依然完好无损,但是实质上呢,投票给法拉可罕的人都是接受正规教育很少、拿着最低工资收入的黑人,调查结果同时也说明,黑人族群中的贫困阶级与主流群体之间的鸿沟已经拉得很大了。

到目前为止,说唱歌手基本都是被视作具有街头号召力的流行艺人。他们这下子要开始扩大自己的影响范围了,他们中的一些人就像是真相叙述者,把下层阶级的生活现实写进了饶舌,比如说,法拉可罕认为他领导的伊斯兰国家派能够解决的那些生活问题就出现在了他们的歌词中。这位宗教领袖再怎么雄辩滔滔，也不是黑人文化新一波浪潮所倡导的虚无主义的对手。

“布吉·道出品”乐队（Boogie Down Productions）是根据曾经无家可归的流浪少年 KRS-One（即克里斯·帕克[Kris Parker]）和收容所顾问 DJ 斯科特·拉洛克（Scott LaRock）（即斯科特·斯特灵[Scott Sterling]）这两人的构思而创办的。因为没有机会接触主流黑人电台和白人媒体荧幕，乐队在一家小型的唱片公司即街舞男孩唱片公司发行了他们的专辑《罪犯遍地开》（*Criminal Minded*）。专辑中收录的节奏和韵调是记载 80 年代中期街头文化的宝贵资料，它描述的街头现象如武器火拼、毒品交易和贫困凄寒，里面不带有 R&B 里的多愁善感或崇高虔诚。这种黑人音乐不给人留有幻想，对希望的思考也少得可怜。

这张专辑中最典型的歌曲要数《9 毫米手枪开火》（“9mm Goes Bang”）了。故事里，KRS-One 和他的手下受到一位名叫彼得的毒贩子的袭击。KRS-One 拔出手枪，用冷酷的叙述摆平了眼前的事。他说，他的灵感来源于收容所里无法无天的生活氛围，里面住了数不清的黑人家庭，他们穷得丁当响，“这里你能看到歹徒、罪犯、杀人凶手、毒贩子，他们的生存理念很简单：再杀一个人，买毒品再倒卖出去，偷，持枪抢劫。”《罪犯遍地开》是真正的贫民窟音乐，也是未来嘻哈音乐的蓝图，在这里我套用了 BDP 以后要发行的专辑的名称①。

帕克自学成才，他求知欲非常强，对周遭充满了好奇。作为美国流行文化界为数不多的思想比较深邃的一位，帕克不管在现实

---

① BDP 之后发行的一张专辑的名称为“贫民窟音乐——嘻哈音乐的未来蓝图”（*Ghetto Music: The Blueprint of Hip-hop*）。

生活中，还是在艺术作品里，总能表露出他对暴力、宗教和资本主义独到的洞察力。凭借敏锐的思想，他经常在各地举办讲座和巡回演出。当黑人学者们醉心于洞穿80年代里波澜不惊的表象时，一些MC的言语行为启发了他们，而事实上，帕克就是其中一位。

大多数在学术界有所作为的黑人学者都是在学术成果上收获丰盛，但是却有一位天才人物与众不同，他把黑人文化变成了半教育、半政治的权力基础。亨利·路易斯·盖茨（Henry Louis Gates）教授是《我们的小黑》（*Our Nig*）以及《黑人文学与文学理论》（*Black Literature and Literary Theory*）的书籍编辑，今年，他从耶鲁转去了康奈尔大学。盖茨是个教无定所的学者，之后他还会转去杜克大学（1990年），再以后是哈佛大学（1991年）。每到一处，盖茨都会编辑著作，执导学术后辈，建立一个黑人学术帝国。如同音乐界、电视界以及政界，80年代的高等教育界也有一股涌起的黑人势力，像康奈尔·韦斯特（Cornel West）和贝尔·胡克斯（Bell Hooks）等学界新星。通过在报刊评论上发表文章，在电视上亮相，还有举办讲座等形式，这些集教授、作家、评论员于一身的学者在公众生活中拥有极高的出镜率。

但是，这位来自西弗吉尼亚、被伙伴们戏称为“队长”的人非常善于把他的高出镜率转换为权力，在这一点上，他的精明无人能及。盖茨不仅获得各类奖金和教职，他还掌握着通往权力的道道关口，是白人大学圈里的学术“辅政大臣”，他写的一封封推荐信为他赢得志同道合之人的信任，同时也为他树敌不少。在他之前，黑人从未有过如此魄力。盖茨的权力之位前所未有地光彩夺目，如同法拉可罕轰动的巡回演讲，或是克里斯·帕克的街头万象。他们在不同群体里担任领袖人物，这些群体即使有时会有重叠的部分，一般情况下还是相互对立的。

1月28日 就在全美音乐奖于洛杉矶举行现场颁奖仪式的第二天，一场为帮助非洲战胜饥荒而组织募捐和唤醒公众意识的录音演出活动开始了。这场活动由黑人重量级拳击手倡导，昆西·琼斯特别为此制作了歌曲《天下一家》（“We Are the World”），由迈克尔·杰克逊和莱昂纳尔·里奇填词作曲。那个时代里美国著名的流行歌手如布鲁斯·斯普林斯汀、辛迪·劳帕（Cindy Lauper）和肯尼·罗杰斯（Kenny Rogers），几乎都出席了歌曲的录音，他们随时准备接过这些黑人艺术家的指令，由此，这三人在乐界的影响力可见一斑。而这张唱片呢，它本身就流露出极度膨胀的自我欣赏与陶醉，成为了历史上最畅销的单曲，也为援助饥民筹得了数百万救济金。

1月29日 奥普拉·温弗瑞的首次全国电视亮相是主持《今夜秀》（*The Tonight Show*）的一期节目，琼·里弗斯（Joan Rivers）担任嘉宾主持。不久，她在芝城的老对手菲尔·唐纳休离开了芝加哥，把节目秀搬到了纽约，他的解释是想靠妻子近一点，他妻子玛洛·托马斯（Marlo Thomas）在纽约工作。而喜欢挑刺讥讽的人觉得，他搬迁节目秀的真正原因是温弗瑞的人气盖过了他。

不管怎么样，温弗瑞来芝加哥一年后就成了这个城市的电视大姐大。因为迈克尔·杰克逊一首歌曲扑朔迷离的版权问题，昆西·琼斯特地赶到芝加哥出庭作证，他注意到了温弗瑞，深信她会是扮演电影《紫色》（*The Color Purple*）中索菲亚这个角色的最佳人选。

2月 继小说《布鲁斯特街的女人》（*The Women of Brewster Place*）之后，格罗尼亚·内勒（Gloria Naylor）推出了她的又一著作。小说《林登山》(*Linden Hills*)以超现实主义的连续镜头，记载了黑人在社会攀升过程中所做的种种妥协。这位35岁的女作家在小说里刻画了一个中上阶层的黑人社区，社区建在尼迪德家族拥有的一块土地上，自1820年起，这块地就归尼迪德家族私有。当初建造林登山的目的就是把它变成“环境优美、黑人居住的社区，是美国白人的眼中钉、肉中刺”。达到目的的背后自然付出了辛酸的努力，林登山饱含着撒旦般黑暗邪恶的秘密，是对但丁《神曲》的戏仿。内勒的暗喻用得大胆出奇，虽然小说的情节未免有些落入俗套，人物对话也太过刻板教条。不过，《林登山》传达了内勒的文学特色和艺术主张，巩固了她作为一名严肃作家的地位，一位有志于重新谱写美国黑人族群目标的作家。

2月　惠特尼·休斯顿的首张专辑《惠特尼》(*Whitney*)融合了她姨妈狄昂·华薇克的流行灵魂乐传统和阿里斯塔唱片早期的走红歌手巴利·马利诺(Barry Manilow)和“空中补给”合唱团(Air Supply)的成人时代音乐。当年的一批顶级流行音乐制作人和曲作者们(卡希弗[Kashif]、纳拉达·迈克尔·沃尔登[Narada Michael Walden]、迈克尔·梅瑟[Michael Masser])在阿里斯塔总裁克里夫·戴维斯的引导下，创作了好多适合黑人流行音乐电台播放的校园民谣和中速单曲。

休斯顿的声线相当宽，适合唱艾瑞莎那样的高音，那种在电梯里听的民谣更是不在话下。这位来自新泽西纽瓦克的前模特是位身材纤细的大美人，她的长相传统，在她那位竞争对手——言行放荡的性尤物麦当娜面前，几乎可以算是古色古香了。

休斯顿很少接受深度访问，阿里斯塔唱片公司小心翼翼地呵护着她的个人形象。她跟麦当娜、迈克尔·杰克逊、普林斯等人不同,她的巨星之路一路走来,仅有音乐和外貌帮她开道。这种成名模式极为成功,《惠特尼》也成为历史上由女歌手推出的最畅销的专辑,这个地位会一直保持到90年代。

3月6日 迈克·泰森(Mike Tyson)在布鲁克林布朗斯维尔这个混乱的社区里长大。现年18岁的他已经被警察逮捕过38次,最后在拳击古鲁[①]卡斯·达玛托(Cus D'Amato)的训练下成为职业拳击选手。还是业余拳击手时,泰森已经显示出非一般的潜力,但是在靠打拳击挣钱之前,他并未真正发挥实力。达玛托曾训练过弗洛伊德·帕特森(Floyd Patterson)和何塞·托雷斯(Jose Torres),不愧是顶级教练,在他的训练下,他的得意门生泰森以一拳击倒对方赢得了职业生涯中头15场比赛的胜利。

虽然泰森还只是初出茅庐的新手,《体育画报》却称他为"拳击界最具杀伤力的选手,一个冷面无情的进攻者",之后一年内,"铁拳迈克"从名不见经传的小卒变成了传奇人物。他一步步获得这个称号,似乎毫无争议。拳击界的许多人都预测,泰森终有一天会与历史上最伟大的重量级拳击手平起平坐,像杰克·邓普西(Jack Dempsey)、乔·路易(Joe Louis)和穆罕默德·阿里。

4月 本赛季一开场,纽约大都会队里两位备受推崇的棒球才俊出现在了队员名单中——23岁的达利尔·斯托贝利(Darryl Strawberry)来自洛杉矶,这个瘦高个儿有着蝙蝠般的神速,曾于1983年获得美国职业棒球组织年度最佳新人称号;20岁的右投德

---

① 古鲁:印度北部地区对领袖的称呼。

怀特·古登“博士”(Dwight “Doc” Gooden)是1984年的年度最佳新人,大家一致看好他有望获得赛·扬奖①,实际上,这位来自佛罗里达州的小伙子本赛季中赢得了24场比赛,是本世纪里单个赛季中打赢20场比赛的最年轻选手。有了斯托贝利和古登,再加上一帮朝气蓬勃、背景各异的队员,纽约大都会队成了棒球运动中最闪亮耀眼的球队。古登“博士”每一次出击都能抓住所有人的目光,因为他的速度快得惊人,他的曲线球灵活又有力,而每次轮到斯托贝利击球时,观众台上总会掀起激动的波澜,因为他任意呈弧形地一挥棒,总会赢得超大号的本垒打。1986年,这对好搭档为大都会队赢得了108场胜利,以及世界棒球职业大赛的冠军。希叶球场②里,人们七嘴八舌议论着一个新时代即将到来。然而现实并未如人所愿。伴随着早期成功佳绩而来的,是不安和懦弱,这两位棒球明星接着上演了一部令人伤感的肥皂剧。他们两人跟毒品之间的纠葛,赶跑了一次次良机佳时。这部肥皂剧在他们1986年获得世界大赛冠军之后拉开了序幕,当时古登与坦帕市警方起了口角而被逮捕。之后没多久,斯托贝利因一拳把妻子丽莎的鼻子打断,而被勒令不准再接近她。这些事情在当时看起来好像是些不幸的琐事,但是却是早期的警告、不良的征兆。

整个80年代,古登和斯托贝利在纽约史密瑟斯戒酒与治疗中心以及加州兰乔米拉奇的贝蒂·福特中心接受过一段时间的可卡因和酒精戒除治疗。与此同时,他们杰出的天赋渐渐消失得不见踪影了。他们几次重新出现在镁光灯下,但是每次都不到一年,又

---

① 赛·扬奖(Cy Young Award):美国职业棒球联盟每年颁给投手的一项荣耀。

② 希叶球场(Shea Stadium):位于纽约皇后区,全名是威廉姆·A.希叶市立球场。

再一次跪倒在瘾癖跟前。讽刺的是,这两人从不聚在一起酗酒吸毒。“我从不跟‘博士’一起快活。”斯托贝利以后如此告诉《体育画报》的记者。

他们两人一直为大型棒球队效力到90年代,曾为扬基队赢得过世界冠军,但是我们每次看他俩比赛,总会不由得叹息,如果没有向瘾癖屈服,现在又该是何种景况呢。

5月 黑人女性杂志《品质》庆祝创刊15年,本期封面人物是莱娜·霍恩(Lena Horne),这一期同时也是最厚实的广告宣传刊。《品质》的发行量为800 000册,拥有370万名读者,同时还拍摄电视节目秀,作为杂志的副产品,在49个电视台播放。主编苏珊·泰勒(Susan Taylor)说,杂志的大部分焦点放在黑人男性与女性之间的关系上:“如果你不仔细审视一下整个社会对黑人内部关系造成的影响有多大,你就不会真正了解黑人男性与女性之间存在的问题。黑人男性跟其他族裔的男性一样,从小到大接受的教育就是要相信他们能主宰自己的命运,同时黑人女性的命运也由他们支配。但跟白人男性又不一样,黑人男性没有机会在社会中一展抱负,这就使得他们承担了很大的压力,得寻找其他可以施展自己力量的领域。而对于黑人女性来说,当你甚至没有能力把孩子喂饱穿暖,让他们有家可以呆时,要全心全意理解丈夫的难处、爱他们、支持他们,这不是一件易事。”

5月5日 经过长达15个月、耗资1000万美元的整修之后,由黑人所有、位于哈勒姆的阿波罗剧院重新开张。庆祝活动由比尔·考斯比主持,吸引了1500名围观群众,几代黑人演员曾在这个剧院表演,从艾拉·菲茨杰拉德(Ella Fitzgerald)到史蒂夫·汪达，再到路瑟·范德鲁斯(Luther Vandross)。阿波罗剧院在规模层次上还太小，不足以请得动巨星，但是一些年轻的黑人艺人，尤其是嘻哈歌手们，还是经常租用这里的舞台。周三“业余爱好者之夜”比赛重新开始了，来自全国各地的表演爱好者们纷纷报名参加。最终，一档综艺电视节目——《阿波罗表演时间》诞生了，并且成为国内外黄金时段前后的固定播放节目。剧院成为纽约游必不可少的一站，游客们还可以顺道在附近的西尔维娅黑人餐馆里用餐。

5月10日 疾病管制局的专刊《发病率与死亡率周报》宣布接诊到第一万名艾滋病患者。该期刊报道第一个第5000个病例历时三年，而第二个第5000个病例历时仅一年。

5月13日 为了把激进组织MOVE的成员从黑人住宅区的一所房子中驱逐出去，费城政府向屋顶的燃料箱上投掷了一枚炸弹，导致11人丧生(其中5人是儿童)，整栋建筑被焚为平地，最终摧毁了附近61座连排房子，经济损失估计高达800万美元。炸弹事件导致2.5个街区被烧成平地。这样的惨案居然发生在一位黑人市长——威尔逊·古德的眼皮底下，这为悲剧本身又增添了几分悲壮。

MOVE是一个集体组织，它融合了黑人政治独立运动的逻辑语言、回归非洲的运动宗旨以及他们对70年代激进思潮的个人诠释(所有成员都把“阿福瑞卡”[1]作为自己的姓)，他们的一举一动

① 阿福瑞卡：英文Africa(非洲)的音译。

惹恼了中产阶级邻居。他们住的那幢楼，以及拉斯塔法里[①]式凌乱肮脏的房子，早已惹过诸多麻烦事儿，甚至对整个街区造成了威胁。在费城警方的眼里，他们就是敌人，尤其是在1978年发生的那次正面冲突之后，那次事件中，一名警官饮弹身亡，九名MOVE成员受到指控和监禁。

之后的冬天，MOVE和左邻右舍，还有警方的冲突达到了爆发的关头。政府勒令MOVE搬离现居的寓所，但是他们拒绝离开。接下来的数年中，MOVE加固了他们住的那幢楼，使它看起来更像是个碉堡而非住宅。鉴于警方的任何行动都有可能导致开枪交火以及生命的痛失，警察局局长格瑞格里·萨博(Gregore Sambor)向古德市长提交了他的计划方案。大家都知道，这事确有发生。

然而，当天发生的事情并非全在计划之中，于是多方纷纷自我辩护。古德称，萨博和市执行长里奥·A.布鲁克斯(Leo A. Brooks)在投弹具体细节以及消防所为何迟迟没有展开扑灭快速漫溢的火苗的行动方面误导自己。而两人的解释却与市长给出的理由相矛盾。波迪·阿福瑞卡(Birdie Africa)是这场袭击事件中唯一的一名成人幸存者，他说警方的炮火把MOVE的成员堵在房子里不能出来，而消防队员称房子里射出来的子弹让他们无法靠近去扑灭这熊熊地狱之火。

警方就投掷炸弹给出的一个重要解释是，据报道，MOVE所在的那幢楼的地下室里藏有武器库，然而，大火燃尽后，人们只发现少得可怜的几把武器。接下来，一场诉讼接着一场，一场反诉接

① 拉斯塔法里：指辫了头，是中美洲黑人的宗教传统发型，一撮撮的鬈曲发型，20世纪80年代，一些非宗教的黑人拿此做发型潮流，90年代初，这个发型也出现在爱追随潮流的美国白人身上。

着一场。唯有古德领导不力这一点无可非议。以往,黑人们希望能入主市政厅,其中一个原因便是可以阻止地方警力的滥用。可是,在费城这个大城市里,在一位黑人市长的任期内,一个黑人社区就这么被摧毁了。MOVE 炸弹事件成了大城市领导阶层软弱无力的象征。

6 月 据《黑人企业》报道,去年一年,黑人百强企业业绩"良好"。这些企业注册的销售额达到 26 亿美元,但是这个数字并不能令所有人折服。艾尔·奥法里(Earl Ofari)在《洛杉矶时报》上撰文评论道,《财富 500》中排名最后的企业是一家名叫卢肯斯的机械制造公司,位于宾夕法尼亚州的科茨维尔,该公司的年销售额为 4 亿 1600 万美元,"远远超过了黑人企业前三强加在一起的销售总额(3 亿 8000 万美元)"。

"令人伤感的是,"奥法里写道,"黑人企业仍旧只是兑现不成的诺言。"他评论道:"里根在位期间,黑人在政府采购资金中所占的份额缩水了。"1984 年,黑人商人只有接到 4%的政府采购合同。中小企业管理局(SBA)因为少数族裔暂留方案这一政策,受到来自白人贸易团体为主体的多方责难。在外界的压力下,SBA 不得不在承包公司的资格上,加上五年这一年限,这就导致 180 家少数族裔经营的公司从这项方案中被除名。奥法里得到的结论是:"黑人企业不能成为靠公司和政府资助、用来创造教育就业和社会服务的替代品。"

7 月 13 日 纽约城利用最近开发的 HIV 抗体检测,进行了一项调查,调查结果表明,在接受检测的毒品吸食者中,87%的人感染了病毒。抽样调查的大部分瘾君子是黑人和拉美裔。

9月 金世界制作公司由罗杰和迈克尔·金两兄弟(Roger and Michael King)一手创办,他俩曾成功推广过《财富之轮》和《风险》这两档节目。他们与奥普拉签下合同,打算把她的节目在全国范围内推广。征服世界指日可待。

9月 就在温顿·马萨利斯的专辑《(来自地下的)黑密码》(*Black Codes* [*from the Underground*])广受好评之际,乐队里两名成员——萨克斯手布兰福德(他的哥哥)和钢琴手肯尼·柯克兰却要退出乐队,跟随流行歌手斯汀(Sting)录唱片、做巡演,而斯汀自己也刚刚脱离了"警察"乐队(The Police),整个爵士乐界都被这条新闻震撼了。斯汀在新的音乐领域里寻寻觅觅,把这两位爱冒险的年轻爵士乐手成功收入麾下。

温顿之前在各类采访中就流露出对流行音乐的不屑与鄙夷,此番他的哥哥转投流行乐界(布兰福德之后的职业生涯丰富多彩,从嘻哈到演戏,再到电视秀),他更是恼怒不已,在一系列公开讲话中观点更趋保守,俨然从爵士乐的吹笛手变成了一位滔滔不绝的非爵士黑人音乐的批评家。

9月 让-米歇尔·巴斯奇亚和安迪·沃霍尔(Andy Warhol)在托尼·莎弗拉兹(Tony Shafrazi)的 SoHo 美术馆中合作举办了一场展览会,展览结合了新型涂鸦艺术的魅力与旧式流行艺术的花哨。这场展览会提升了巴斯奇亚的公众知名度的同时,也让他在外行人眼里看起来仿佛是沃霍尔一手提携的后辈。沃霍尔是大师,每每能一眼洞穿新才华与思想后,立刻挪为己用,这次他答应与这位年轻黑人画家合作,着实让职业艺术家们吃了一惊。沃霍尔漫长的职业生涯中,此等合作仅此一次,有人揣测,他跟艺术界的许多人一样，可能是爱上了巴斯奇亚。

可是，《纽约时报》评论员薇薇安·雷诺却没有被巴斯奇亚征服。“去年，我曾写过报道让-米歇尔·巴斯奇亚的文章，我说他如果能不屈服于把他变成艺术界摆设的力量的话，就很有可能成为一名非常优秀的画家。今年，看上去这股力量已经战胜他了。”16幅全为“无题”的作品并没有让雷诺留下深刻的印象，她说它们“虽然大且鲜明，却是一团糟，充斥着低级笑话，没完没了”。

她的总结语是：“两人的合作就像是由沃霍尔一人在掌控，越来越印证了门肯的理论，即没人会因为低估公众的智商而破产①。只是巴斯奇亚这装饰品当得太心甘情愿了些。”

9月13日　纽约一帮音乐人和艺术家聚在一起，创办了黑人摇滚联盟(BRC)，这是一个旨在把摇滚音乐和黑人社区重新联系起来的组织。或者换一种说法，正如他们在宣言里写的：“摇滚乐是黑人音乐，而我们是他们的子孙。”组织的创办者中，有艺术家兼经理康达·梅森(Konda Mason)、吉他手维依·里德(Vernon Reid)，还有《乡村之音》的评论员格雷格·泰特。里德这人生性喜爱冒险与刺激，他之前在罗纳德·夏农·杰克逊(Ronald Shannon Jackson)的“解码社团”(the Decoding Society)中从事混合爵士乐的演奏，还为布鲁斯歌手做过特约演奏。但是跟他的同伴们一样，里德也觉得必须消弭摇滚乐与黑人音乐之间的生疏，两者的联系日益微弱是由于电台音乐类型一直实行的隔离制度，以及黑人群体对音乐史的忽视而造成的。BRC的乐队们对待摇滚的态度，不

---

①　美国20世纪评论家H. L. 门肯(H. L. Mencken)曾说过，“No one ever went broke underestimating the intelligence of the American people.”即意为，公众总是很容易被说服，相信一些很肤浅的东西。

是一板一眼的教条主义，他们把它视作一份遗产，而不是一张蓝图。在未来的几年中，BRC 会在纽约城里开展演奏活动，会吸引媒体、音乐爱好者和 A&R 的工作人员。最终，对 BRC 的一些成员而言，他们刚开始的宣言成了一道预言。

与此同时，“鱼刺”乐队（Fishbone）来了，来自加州的圣费尔南多峡谷。他们是一个由郊区的黑人叛逆少年组成的乐队，曲风有朋克、斯卡、雷鬼和疯克，把一种狂欢的无秩序氛围带进了音乐里。他们跟“红辣椒”乐队（Red Hot Chili Peppers）来自洛杉矶同一个摇滚地带，同样怀揣着颠覆音乐界正统和音乐会舞台的愿望。由于 BRC 和“鱼刺”乐队的努力，摇滚乐界活跃着的黑人的身影越来越多。

10月21日 在周一橄榄球之夜一场对阵绿湾包装工队的比赛中，芝加哥熊队把体重 310 磅的阻截队员——“冰箱”威廉·派瑞（William “the Refrigerator” Perry）安插在守卫区，摆出禁区边界守卫阵势。他两次引得沃尔特·佩顿（Walter Payton）触地得分。在第三次禁区边界交锋时刻，教练迈克·迪克塔（Mike Ditka）让四分卫吉姆·迈克马洪（Jim McMahon）把球传给了派瑞，派瑞冲破禁区门线，触地得分。出了这次风头之后（再加上实力雄厚的熊队有望赢得“超级碗”），派瑞成了笨重憨厚、笑眯眯的广告名人。

朝气蓬勃的芝加哥熊队很有媒体缘，在流行文化领域，它还有另一大贡献。队里的许多队员聚在一起，录制了歌曲《超级碗》，这张说唱唱片销量相当不错，商业化的美国社会又一次得以欣赏到类似于说唱的音乐。

10月25日 《破碎节拍》(*Krush Groove*)在515家电影院同步公映,赚得300万美元,成为本周末全美票房最高的电影。这部影片用非常柔情的方式处理强硬作风的街头文化,可以说是迈克尔·舒尔茨的回归之作。

在华纳兄弟唱片公司的极力推动下,这部影片的制作方终于答应合作,早前,华纳兄弟就曾《紫雨》一片进行过电影与音乐的完美结合。舒尔茨的合作搭档中,其中一些人有着辉煌的电影前程在等着他们:电影摄影师欧内斯特·迪克逊(Ernest Dickerson)、男主角布莱尔·安德伍德(Blair Underwood)以及制片人道格·麦克亨利(Doug McHenry)。然而,就看当下的话,未来似乎是属于那些说唱歌手的,朗-D. M. C.、"胖男孩"组合和柯蒂斯·布洛都从这部影片中获益不少。

单在纽约大都市区,《破碎节拍》的票房总成绩就达100万美元,但因为在一些地方放映时引起了暴力事件,票房这事于是黯然失色。由说唱音乐引发的这种大场面的年轻人聚会和犯罪暴力事件总是携手出现,已然成为回荡在80年代后半期的哀伤旋律。

11月 L. L. 酷杰(L. L. Cool J)的专辑《广播》(*Radio*)是德福·詹姆唱片公司与CBS子公司哥伦比亚唱片公司签订发行合同后推出的第一张唱片。这张唱片不仅把这位青年说唱歌手介绍给大众认识,而且还开启了一段改变嘻哈音乐的商业合作。虽然朗- D. M. C. 成功跨界,得到大众的认可,然而,一个唱片公司能如此推崇这种反叛文化,尚属首次。

身为黑人的经理人兼唱片发行人罗素·西蒙斯(Russell Simmons)和身为白人的唱片制片人里克·鲁宾(Rick Rubin)均为德福·詹姆唱片公司的领导,他们想尽办法为唱片争取广播宣传、专卖店展示和唱片架展览这些渠道，而以发行说唱唱片为主的独立唱片公司一般是没有这些渠道的。L. L. 的唱片经过鲁宾的“过滤”，有着一种金属光泽，正好与 L. L.（即托德·史密斯[Todd Smith]）的年轻气盛搭调，唱片里除了有一首嘻哈音乐的经典曲目（《摇滚钟声》[“Rock the Bells”]）之外，其他几首也同样不俗。

然而，这段联姻并不平顺——西蒙斯和鲁宾动不动就与位于曼哈顿中央地带的 CBS 黑人摇滚办公室里的工作人员起冲突。不管怎样，《广播》还是成为了黄金唱片，同时也告诉大家，说唱音乐这场游戏里的赌注下得越来越大了。

12 月 温顿·马萨利斯携手一个充满活力的组合——贝斯手罗伯特·赫斯特（Robert Hurst）、鼓手“头儿”杰夫·沃茨（Jeff “Tain” Watts）以及新近加入的盲人钢琴手马尔克斯·罗伯茨（Marcus Roberts）走进录音室。罗伯茨的加入似乎让马萨利斯这位有时显得过于深思熟虑的队长焕发出活力与激情。在《爵士乐——现代的兴起》（*Jazz: The Modern Resurgence*）一书中，斯图尔特·尼克尔逊（Stuart Nicholson）写道：“这是他在这个十年中组成的最优秀的团队了；马萨利斯灵活运用变化多样的节拍，在音色上也体现了细微曼妙的多样特色，展示了他在歌词、和声、节奏方面高超的独创能力。”

12 月 由克拉伦斯·托马斯担任主席的平等就业机会委员会（EEOC）被指控为把反歧视法的时钟往回拨，针对这一指控，EEOC 开展了一场反指控宣传活动。在一篇报道中，EEOC 指出，在 1985 年这一个财政年中，委员会提起了 411 起法庭案件的控诉，包括 96 起年龄歧视案件，为受害者获得了 5400 万美元的赔偿金。托马斯的观点是,委员会在贯彻法律时既“强硬又彻底”。

大部分的指责声源自人们对里根政府的猜测,里根政府千方百计想削弱 1965 年 11246 号执行令,该执行令要求联邦承包商要实行平权行动,雇佣女性和少数族裔的劳工。道格拉斯·G. 格拉斯哥(Douglas G. Glasgow)是全国城市联盟的副主席,他指责 EEOC 经常缺席法庭审议,不能到场保护工人的权利,而且还拒绝提供他们执行法律的一些数据。在里根执政以前,EEOC 在雇佣少数族裔劳工和维护他们权利时会先考虑具体目标和时间日程,再决定诉诸法庭是否有必要。当时也经常提起阶级歧视的诉讼案。

托马斯掌权后,这些方法就被颠倒过来,或是干脆弃而不用了。他相信,配额象征了反向歧视,并暗示说,黑人和女性单靠自己决不会成功。他把阶级歧视的诉讼案称为“徒劳”。当被《洛杉矶时报》的记者问及有关他的种种非议时,托马斯的回答是:“我才不在乎这些人说什么呢。”

12 月 18 日 斯派克·李在时代广场剧院观看了电影《紫色》的首映,他对这部电影的评价不高,职业影评家们的观点也是两极分化。一些人觉得,这部影片会成为史蒂芬·斯皮尔伯格第一部获得商业成功的成人影片;另一些人则认为,他掩盖了艾丽丝·沃克小说中的矛盾冲突。不管怎样,影片最终获得了商业成功,票房高达 9400 万美元,并获得 11 项奥斯卡提名(虽然一个奖项也未获得)。“斯皮尔伯格先生所关注的,不是把一部原本就具有艺术特征的作品改拍成电影;他感兴趣的是运用自己的技巧,拍摄一部令人满意的电影。”文森特·凯比(Vincent Canby)在《纽约时报》的文章里写道。

《每日新闻》的黑人专栏作家厄尔·卡特维尔(Earl Caldwell)评论道:"《紫色》这部电影能让你看到流血。如果你是男性,又恰好是黑人的话,那么就更是如此了。电影里没多少东西是你想看的。"

一部《紫色》让乌比·戈德堡成为电影明星,她扮演的女主角塞丽是个战胜无知、贫困和缺乏爱情的婚姻的坚强女性。然而,她苦心经营的荧幕形象都在那些毫无幽默感的喜剧片里白白浪费掉了,如《东西战争》(*Jumpin' Jack Flash*)和《夜贼》(*Burglar*)。奥普拉是这部电影最大的赢家,她赢得了最佳女配角的奥斯卡提名,这下子,她原本就火爆的脱口秀更是出尽风头。奥普拉这次荧屏经历相当令人满意,同时也让她萌发了以后要多多涉足电影界的念头。

1　9　8　6

1986

黑人晋升的主要渠道历来是接受教育，尤其是掌握读写能力。在实行奴隶制的漫长岁月里，奴隶们没有接受教育的机会；在实施吉姆·克劳法[1]的往日里，学校实行种族隔离，他们只能在据说和白人学校相差无几的学校中接受社会不情不愿施舍于他们的教育，因此，民权运动的一个基本奋斗目标便是争取优质教育。从“布朗诉堪萨斯州皮托卡地方教育委员会”案[2]，到密西[3]校园中出现联邦军官，南方早期几乎所有重大的权利斗争都是在谋求学校间废除隔离制度。眼下围绕着平权行动展开的一连串立法斗争和法律辩驳，总也免不了回到普及高等教育这个话题上来。

据美国教育委员会报道，过去十年间，在高等教育机构注册就读的黑人男性数量从1976年的470 000减少至436 000，而同一时

---

① 吉姆·克劳法(Jim Crow)：1876年至1965年间，美国各州和地方实行的法律，规定所有公共设施都实行种族隔离。

② “布朗诉堪萨斯州皮托卡地方教育委员会”案：美国历史上具有重要意义的诉讼案之一。因为种族原因，皮托卡教育局拒绝女学生布朗在一家公立学校入学。1954年5月17日，联邦最高法院判决，种族隔离本质上就是一种不平等。种族隔离的法律因为剥夺了黑人血统的入学权利而违反了美国宪法，该法律不得在个案中适用，学童不得基于种族因素被拒入学。这个诉讼案在美国高等法院历史上具有里程碑式的意义。

③ “密西”(Ole Miss)是密西西比大学的昵称。

期中黑人女性的数量则从 563 000 增至 645 000，这说明什么问题呢？简单来说，就是黑人贫困家庭和工薪阶层最关注的事情已经不同以往了。

至于这变化产生的原因，部分可能是因为多年以来的痼疾——黑人男性在学业上有所成就，这在种族主义者眼里并不是什么值得炫耀的事，加上校园外潜藏暗伏着的种种犯罪文化又在不断诱惑他们。可卡因的魔力在于它不仅是能赚钱的好东西，还能使人上瘾，这就让犯罪文化的恶性效应加剧了十倍。正好赶上这潮流步入青壮年的人们，对于教育所期许的渐进，他们早已不耐烦了，最要命的是，对“付出就有回报”这一金科玉律，他们的信念已丧失殆尽。

这是《豪门恩怨》[①]播放的十年，这十年中，华尔街遍地都是百万富翁，自 20 世纪 20 年代起就销声匿迹的花天酒地的消费现象卷土重来，在这样的背景下，越来越多的黑人年轻人不再满足于把经营一家麦当劳当成自己的理想。贫民窟的商业氛围里，诞生了许多像“心要狠手要辣”和“学会溜须拍马”这样具有诱惑力的说法。戈登·盖科（Gordon Gekko）在奥利弗·斯通的电影《华尔街》（*Wall Street*）中的名言“贪婪是好事”回荡在街头巷尾和公司会议室里，久久没有散去。藏在大学注册学生数据背后的，是一条显赫的代沟，毒品会利用它，嘻哈音乐会诠释它。

女学生数量上升，反映了与黑人男性出身背景大致相仿的许多女性没有轻易屈服于迅速赚钱致富的美梦，对于个人境况会逐渐好转的期待，她们显得更有耐心。黑人女性在高等教育机构中

---

① 《豪门恩怨》（*Dynasty*）：ABC 电视台从 1981 年播放至 1989 年的电视剧，由理查德和埃斯特·夏皮罗夫妇（Richard and Esther Shapiro）创作，主要围绕科罗拉多丹佛市的卡林顿家族展开。

求学人数的上涨，带来的社会效应便是一批具有教育背景、雄心勃勃的毕业生加入白领大军，她们形成了一个迸发生机的消费者市场，她们的品位影响着几乎所有物品的销售，从化妆品到家居摆设，从期刊到文学书籍。

但是这些数据同样也反映出一个影响到黑人求偶的深层社会问题。由于黑人男性白领阶层的缩小，这些受过大学教育的女性在求偶时就面临着日益激烈的竞争。因而，许多黑人白领女性成为单身母亲，已是司空见惯。而愿意与工资收入低的男性相好的女性也同样面临着挑战。这些女性与她们的伴侣在金钱、性和爱情多方面的摩擦冲突在整个社区中随处可见。经济上的差异成为许多黑人流行文化诠释的主题，女性的烦恼幽怨在深刻警醒，抑或通俗易懂的文学作品中找到了表达渠道，而说唱音乐则是以男性为中心的新的窗口，充溢着年轻人的愤懑。数字有时会撒谎，而这些数据呢，唉，却道出了太多的真相。

1月 在推出专辑《控制》(*Control*)以前，珍妮·杰克逊(Janet Jackson)只是杰克逊家族中不幸没有生为迈克尔中的一个。小时候曾出演《美好时光》中的佩妮一角而小有名气，但是作为歌手，几乎没人看好她。之前有过独唱表演，却显得太过稚嫩，很快就被人遗忘了。

然而，在明尼苏达州成为搭档的这个歌手和制片人团队却会成为流行音乐史上最长久的合作。由于“时光”乐队前成员“詹姆”吉米·哈里斯和特里·路易斯的努力，《控制》这张专辑成为珍妮告别童年、不再只是迈克尔的小妹妹的宣言。《你最近为我做过什么？》(“What Have You Done for Me Lately?”)是一首即兴舞曲，音乐视频中的舞蹈由宝拉·阿布杜(Paula Abdul)编排，阿布杜曾是洛杉矶湖人队的拉拉队队长。这则音乐视频成为MTV的常青节目，而且蛇舞也因它而开始流行。

珍妮虽然没有迈克尔那样深厚的歌喉，但是她的长相、出身以及喜爱冒险的个性，再加上詹姆和路易斯的精心创作与打造，使她很快成为巨星。如果迈克尔的音乐主题是偏执狂想，那么珍妮的主题便是迟来的性萌动和探险。

1月3日-19日　惠特尼美国艺术博物馆举办了一场名为"洛杉矶的叛逆——黑人电影史上的转折点"的系列展，展览的焦点是一群70年代期间在加州大学洛杉矶分校（UCLA）电影学院求学的电影制作人的作品。UCLA毕业、作品在此次系列展上展出的重要电影人有海尔·格里玛（Haile Gerima），他是一位坚定的政坛人物，在霍华德大学任教多年，还有朱莉·戴许、查尔斯·伯内特、阿里勒·夏伦·拉金（Alile Sharon Larkin）和拉里·克拉克（Larry Clark）。

在画廊闲聊时，电影专家克莱德·泰勒（Clyde Taylor）评论道："到下个世纪之交，电影史学家们会认识到，黑人电影发展史上一个具有决定意义的转折点便是出现在20世纪70年代的UCLA。到那时，黑人电影中的符号和意象将不再取自好莱坞，而会来自非裔美国人内部特有的自我理解……这次展览会上的电影构成了一份独立宣言的核心，但也绝非唯一的表现形式。在洛杉矶萌生的这种精神特质渗透进了UCLA毕业的黑人学生制作的其他影片，也激励整个群体一起做出努力，创建一种黑人电影文化。"

惠特尼博物馆的此次展览会揭示了艾迪·墨菲生活的电影圈子与黑人独立制片之间存在的沟壑。历史行进至当下，黑人影片要么是那种由白人娱乐公司制作的大众娱乐影片，要么是由黑人业余电影人拍摄的精致小巧、政治意味浓厚、在电影节或博物馆展览会之外很少放映的黑人影片。有没有一种方法能使影片既具有娱乐性，又能包含政治题材，同时又能广泛放映呢？在80年代中期，这个问题一直萦绕在人们的脑际：带有政治指向的黑人娱乐性影片能得到广泛的放映吗？

2月1日 黑人摇滚联盟（BRC）举办了第一场重大演出，这是一场反对南非种族隔离政策的音乐会，演出在纽约最著名的先锋艺术场所——“厨房”音乐厅举行。音乐会上，26位音乐家们一齐登台，即兴演出各种经典摇滚和疯克曲调。从某种程度上来讲，这场音乐会是纽约的非嘻哈音乐家们首次跨入音乐社区的出柜晚会[①]，晚会的焦点是以吉他为主的音乐。借此契机，好几个黑人摇滚团体以后会有机会与一些大型音乐公司签下唱片合同。

4月 以实玛利·李德的讽刺小说《翻着眼珠子看，真是不要命》（*Reckless Eyeballing*）出版，这是这位文坛老将对女权主义不留情面的严词批判。李德曾写过好几部小说，包括1972年出版的名作《胡言乱语》（*Mumbo Jumbo*）。他借助剧作家伊恩·波尔（Ian Ball）带有喜剧性的不幸遭遇，来审视黑人文化是如何被外界评论家以及观察者们操控的。就在波尔的首部剧作《苏珊娜》（*Suzanna*）被女权主义批评家们狠狠地抨击之后，他开始怀疑自己的第二部戏剧《翻着眼珠子看，真是不要命》（题目意指盯

---

① 出柜晚会：旧时女子到了适婚年龄，首次参加的交际晚会称为出柜晚会。

着白人女性看是一种犯罪，二十多个黑人男性因此而遭到私刑处死）。

李德幽默滑稽的文笔非常适合取笑那些黑人民族主义人士、自以为是的艺术家，还有盛气凌人的自由主义人士。这本小说是这位 48 岁的作者对目前黑人艺术，尤其是文学界所存在的弊病的所思所悟，他的批评让人捧腹，但尖锐中肯。有人觉得这本书不过是一个被女流之辈盖住锋芒而怀着一肚子酸水的男作家口里吐出的酸葡萄。如果说李德是受愤懑之心驱使，那么这本书呈现的也是装载着幽默的嫉妒之心吧。

当《品质》杂志问他如何看待《紫色》这部电影时，李德没有保持沉默："我觉得电影浸染了一股对黑人男性的怨恨，这股怨恨来自黑人和白人的女权运动。女权运动也不是头一个在危急关头把黑人男性当成替罪羔羊的了。我看到电影的广告词'快来，加入我们的盛会'时，我感觉我是在被邀请去围观一场私刑，的确是的……《紫色》借用了从 18 世纪奴隶制观念中转化而来的意象。你看看《紫色》，然后再去看看《一个国家的诞生》①，就会看到这是用的同一个摄影镜头，瞄准的是同一个方向。"

4 月 在黑人文学期刊《卡拉卢》(*Callaloo*)的春季刊上，作家雪莉·安·威廉姆斯(Sherley Anne Williams)写了一篇题为"关于女性主义理论的几点思考"("Some Implications of Womanist Theory")的文章。"女性主义"②这个词是艾丽丝·沃克首创的，

① 《一个国家的诞生》(*The Birth of a Nation*)(1915 年)：美国电影史上一部重要的影片，导演为 D. W. 格里菲斯(D. W. Griffith)，因为影片中对白人优越主义的提倡，以及对 3K 党的美化而引起很多争议。

② 女性主义：womanist，区别于女权主义(feminism)。

用来与“女权主义”作区分。在女权主义的思维里，威廉姆斯看到的是“分离主义：不仅把黑人女性文化孤立出来，而且把它看成一种单独的文化样式，它与白人女性生活之间的共通点甚至多于它与非裔美国人日常生活的重合部分”。

在威廉姆斯看来，女性主义“认为，在谈论男性时，它能更客观，更富见解。这个想法很重要，因为在黑人男性的作品中，女性有着消极负面、陈腐老套的形象，这是导致作品具有男性中心主义倾向的部分原因。为了更全面地了解存在的这个问题，我们必须首先看看黑人男性是如何直观自身的”。

威廉姆斯认为，“黑人女性读者和作家一直被文学界拒于门外，因而我们有很多想法要表达。但是把注意力全放在自己身上无异于我们的兄弟掉进为自己挖的坑里——极度自恋、自闭、不善言辞、晦涩难懂”。

“女性主义”这个字眼越来越受黑人女作家的欢迎，因为它暗含着与黑人男性站在同一条种族分界线上，虽然这种意味有着很强的批判意识。一言以蔽之，女性主义让黑人女性拥有独立于白人女性之外的天地，同时也能对黑人沙文主义继续保持批判的态度。

4月20日　迈克尔·乔丹的神话继续上演。就在这个春天的一个下午，在波士顿进行的比赛中，第一轮季后赛对抗凯尔特人队的拉里·伯德、丹尼斯·约翰逊(Dennis Johnson)和其他明星球员，乔丹一人独得63分。最后，凯尔特人队赢得了比赛，三场比赛都打败公牛队，最终会赢得NBA冠军。然而，耐克和乔丹的收获同样不少，因为全国直播的乔丹得分狂热帮助耐克卖出了几十万双乔丹系列篮球鞋。

4月25日　昆西·琼斯为儿子昆西·琼斯三世(Quincy Jones Ⅲ),也即史努比(Snoopy)在卡内斯特尔餐厅举办了生日宴会,这家餐厅位于公园南路上,靠近罗素·西蒙斯的拉什管理公司。史努比(90年代里,他会成为一名相当成功的说唱音乐制作人,化名QD三世)想见见心目中的东海岸说唱偶像,昆西正好与西蒙斯认识,就请这位说唱歌手的经理人从中牵线。来宾包括"胖男孩"组合和"野兽男孩"组合(The Beastie Boys)。"野兽男孩"组合有一点讨人厌,他们本来就是那样,但是整个活动进展得还算顺利(虽然嘻哈乐团的表演让卡内斯特尔餐厅的许多其他顾客感觉很是扫兴)。

从长远来看,这场宴会产生了两个结果。琼斯年轻时是搞比博普音乐的,他发现MC们跟他年轻时很相像,从此,他成了嘻哈音乐的坚定支持者。90年代初期,琼斯的唱片《重现舞台》(*Back on the Block*)里,就会出现嘻哈音乐的影子。另外,琼斯与西蒙斯的关系进一步加深了,之后,两人还会合作创办《Vibe》杂志。(西蒙斯最后退出了。)昆西对嘻哈音乐的支持,再加上著名的比博普鼓手马克斯·罗契(Max Roach),为嘻哈文化注入了些许得到老派人士认可的可信度。

5月5日　《广告周刊》(*Adweek*)刊登了一篇专题报道,题为"黑人企业遭遇困难时期"("Bad Times for Black Businesses")。小标题写道:"主流公司挺进,竞争愈加激烈,少数族裔企业的困难就在前方"。《广告周刊》举了一个实例,黑人医疗美容产品的市场销售额为25亿美元,"正在稳步上涨",这就是为什么像阿尔贝多-卡尔夫(Alberto-Culver)、伊卡璐(Clairol)和露华浓(Revlon)这样的公司正大举挺进,也说明了为什么总部设在芝加哥的黑人公司约翰逊产品公司的销售额从1981年的4600万美元下降到去年的3700万美元。

《广告周刊》列举了黑人企业比较薄弱的几个方面：通常规模较小、资金不足；大部分位于低收入社区的“锈带”地区[1]；白人企业现在也开始进入他们曾一度拱手让给黑人的领域(如化妆品、报章杂志、保险和殡仪业)。种族隔离制度废除的长时间以来，价值高达1800亿美元的黑人消费者市场已活跃起来。

5月21日 《舞者乔乔，生命在召唤》(*Jo Jo Dancer, Your Life Is Calling*)由理查德·普莱尔执导兼合作编剧，这部电影是现阶段黑人影片所能达到的具有艺术特性的自传审美电影制片的巅峰。这部并不完美但却不乏雄心壮志的传记影片记录了像普莱尔这样的喜剧演员的一生，按时间顺序展开，从妓院里的童年成长经历，到一路攀登的职业生涯，再到跨种族的婚姻，以及差点致命、臭名昭著的煮制可卡因引发火灾的事故。最感人肺腑的片断是他早年在一家脱衣舞俱乐部表演单口相声的经历。在宝拉·凯利(Paula Kelly)和比利·艾克斯汀(Billy Eckstine)这对愤世嫉俗的宝贝的衬托下，普莱尔巧妙地捕获了黑人戏院里的美好与阴晦，他本人早年就曾在黑人戏院里摸爬滚打。除了音乐会影片之外，《舞者乔乔》是普莱尔少有的具有艺术抱负的叙事影片之一。

5月30日 外野手巴利·邦斯(Barry Bonds)在匹兹堡海盗队开始了他的职业棒球生涯。这位左撇子击球手的父亲是鲍比·

---

① “锈带”地区(The Rustbelt)指新英格兰和中西部地区高密度的工业萎缩地区(尤指钢铁业和纺织业)。

邦斯(Bobby Bonds),一位技艺高超、经常转队的球员,他的棒球比赛成绩斐然,但是球迷们并不喜欢他。他的儿子有着与他相同的气质,不容易与人亲近,从不会受欢迎到上媒体的地步。海盗队的管理层对此毫不介意,因为邦斯赢得了今年的最佳新人奖,而且很快就让匹兹堡队成为了冠军的有力竞争者。

6月19日 马里兰大学篮球队球星伦·拜亚斯(Len Bias)之死悲剧性地诠释了吸食可卡因的严重后果。这位22岁的球员在NBA选秀大会上被波士顿凯尔特人队在第一回合中选中,立刻就被封为该篮球队神圣历史上的拉里·伯德的接班人。在选中的第二天,拜亚斯开宴会大肆庆祝,因过量吸食可卡因而当场死亡。

拜亚斯的悲剧在体育界引起不小的波澜,导致任何一项体育比赛中都加强了对运动员(包括学生运动员)的毒品检测。然而,拜亚斯绝非1986年选秀中唯一一位沦为毒品牺牲品的球员。罗伊·塔普雷(Roy Tarpley)是密歇根队一位技艺精湛的大前锋,他被达拉斯小牛队以第一顺位选中,很有可能成为篮球队的得力球员,但是他会在毒品检测中多次被测出吸食可卡因。最终,塔普雷被NBA禁赛。威廉·贝德福德(William Bedford)来自孟菲斯州立大学,是凤凰城太阳队在选秀中的首选球员,他承认在新手赛季中曾吸食过可卡因,被禁赛38场,到赛季结束时,被太阳队交换给了其他球队。克里斯·沃什本(Chris Washburn)被金州勇士队[①]选中,他在北卡罗来纳州立大学期间曾被指控偷窃,在职业篮球生涯中也染上毒瘾。来自波特兰市的沃尔特·贝利(Walter Berry)

① 金州勇士队:金州即加利福尼亚的奥克兰市(Oakland)。

在职业生涯或是在圣约翰大学期间从未与毒品吸食有任何瓜葛，但是他被召唤出庭，就他与地方毒贩子之间的关系给予解释。

可卡因吸食会摧毁一个人的光明前途，拜亚斯、塔普雷和贝德福德都是镁光灯下的绝佳例子。全国上下，不像他们这么富有，也不像他们一样有着宏大理想的人们也正沦为这场白色瘟疫的牺牲品。吸毒者说，任何一种毒品，只要强烈到能够导致麻醉，他们都愿意尝一尝，这些都成了老话了。拜亚斯之死，跟之前普莱尔煮制可卡因的事故一样，只有加剧了人们对到达这种亢奋癫狂状态的渴求。

6月25日 在第二张专辑《神魂颠倒》(*Rapture*)发行之后，安妮塔·贝克(Anita Baker)在纽约林肯中心的艾弗里·费雪音乐厅举办音乐会。在演唱完第三、第七和第十首歌曲之后，贝克赢得全场起立鼓掌，以表达对她的喜爱。《神魂颠倒》这张专辑是贝克在艾丽卡唱片公司发行的第一张唱片，之前的专辑(1983 年的《歌姬》[*The Songstress*])是由贝弗利·格伦独立唱片公司推出的，两张专辑都备受电台听众的喜爱。这位娇小的底特律歌手以其嘶哑、醇厚的声线一反潮流，她的新专辑会大卖 400 万张。

许多当代歌手都推崇艾瑞莎·弗兰克林的福音灵魂乐，而贝克却在黛娜·华盛顿(Dinah Washington)的布鲁斯和查卡·汗飙高音风格的混合体中寻找灵感。她也不像大部分女歌手那样，音乐形象全由男性 A&R 负责人或制作人设计包办，贝克本人就是《神魂颠倒》这张唱片的执行制作人，对于歌曲及其编排，她有最终决定权。纽约观众的热情表明，歌迷渴望在音乐里感受到情感上的亲密和歌手独特的个人魅力，而这些都是以往的黑人歌手能在音乐里表达出来的东西。而现在呢，除了贝克和路瑟·范德鲁斯之外，大部分民谣歌手都机械地唱着一些半音歌曲，或是缺乏深度，不能感动观众。贝克不是传统意义上的“灵魂乐”歌手，但是她扭动着的娇小身板中却藏着一座灵魂的大山。

7月9日　朗-D. M. C. 的麦迪逊广场花园演唱会门票一售而空，他们倾力表演，演出获得了很大的成功。德国运动服装品牌阿迪达斯的管理人员也在场，他们被乐队的主打单曲《我的阿迪达斯》(“My Adidas”)吸引住了。演唱会中，朗让工作人员把房间的灯打开，让所有穿着阿迪达斯球鞋的人都把球鞋高举在空中。顿时，空中出现了一片三条带的运动鞋鞋海，场面颇为壮观，并促成了一份金额达数百万美元的合同，包括运动套衫、运动服等等。

休闲服饰生产商与说唱歌手之间的这种合作，恰恰说明了嘻哈风格与品牌意识之间有着紧密的联系。市场营销人员或是艺人们再也不会无视这种有机联系了。想来挺讽刺，这个乐队曾经唱着“我衣服的背面从来没有任何商标”，而现在，他们本人就成了吸引消费者的品牌。朗-D. M. C. 的艺人生涯从一开始就以把嘻哈音乐包装成兼具商业和文化的力量为使命，这次的合作只是乐队及其所代表的嘻哈文化跨出的一小步而已。

7月19日　纽约市长艾德·科奇把全美国的市长召集在一起，开会讨论吸毒上瘾这一“流行病”。在今年一年中，纽约城共抓获67 677起毒品事件，谋杀案件(1 582起)增加了14%，所有各种犯罪事件增长5%，这是自1981年来的首次增长。对毒品吸食带来的伤亡，科奇表示十分担忧，他提议政府停止使用100美元面值的纸钞，因为毒品交易中使用的都是大额面钞。

8月 保罗·西蒙(Paul Simon)是一位功成名就的歌手兼创作人,音乐以民谣为主。他推出了具有颠覆性、饱受争议的专辑《恩赐之地》(*Graceland*),这是他个人对南非音乐文化的诠释,却触犯了国际上对南非的文化制裁。一直以来,西蒙偷偷地跑到南非,与当地的器乐家和歌手合作,然后把录音带到美国来谱写旋律和歌词。他付给当地音乐人的薪酬是工会标准的三倍,并且向世界介绍音乐奇才(声乐组合"雷村黑斧"合唱团[Ladysmith Black Mambazo]、吉他手雷·费瑞[Ray Phiri])。西蒙运用这丰厚的音乐团体实力为自己日薄西山的事业注入新的血液。唱片赢得了格莱美年度专辑奖,歌迷们觉得南非音乐"很酷",于是开始购买那些打着"世界音乐"营销噱头的唱片。

1986年这一年里,文化制裁的支持者们(比如歌手兼社会运动家哈利·贝拉方特[Harry Belafonte]、全非组织的兰德尔·罗宾逊[Randall Robinson])对西蒙的动机保持怀疑态度,他们担心唱片《恩赐之地》会削弱文化制裁的根基。而与这张唱片有牵连的南非音乐人士也在国内受到人们的指责,包括雷·费瑞。

最终,几位德高望重的南非音乐人,包括遭到流放的歌星休·马斯盖拉(Hugh Masekela)和米瑞安·马卡贝(Miriam Makeba),都声援西蒙的此番举动。《恩赐之地》虽然让许多人心存疑虑,但是它确实使原本对南非种族隔离政策漠不关心的美国人开始注意到它的存在。

8月7日 参议院劳工委员会以14比2的选票,同意克拉伦斯·托马斯继续担任平等就业机会委员会的主席之职,第二个任期为期四年。

8月8日 电影《稳操胜券》在位于百老汇和第66大街的电影工作室里放映。大卫·埃德尔斯坦(David Edelstein)登在《乡村之音》上的这篇影评可能算是最精明讨巧的了，它开启黑人电影长片制作的导演时代。在这篇题为"推销员的诞生"("Birth of a Salesman")的文章里，埃德尔斯坦挑出了电影里存在的许多问题(性别主题探讨不充分，中心人物诺拉·达令[Nola Darling]的形象不够丰满；以及追求她的马屁精三兄弟——"霹雳舞男孩"马斯·布莱克蒙[Mars Blackmon]、"面包卷"格瑞尔·查尔兹[Greer Childs]和"邦皮士"詹米·欧弗斯特里特[Jamie Overstreet]也是如此)。这话怎么听都不算是夸奖的话。

然而，真正让他对这部电影不吝赞美之词的，是欧内斯特·迪克尔森(Ernest Dickerson)的电影艺术、老爸比尔·李[1]的配乐，还有斯派克本人灵活的电影制作。最终，他完全被斯派克·李自演自导外加自我宣传的能耐给俘获了。他是如此评论这部电影独特的宣传预告片的："你看到导演本人走上街头，叫卖着一双圆筒短袜5美元。他然后转身对着摄影机，开始介绍自己，解释说因为实在穷得丁当响，不得不把袜子卖了筹资拍电影……看到这个预告片，观众们都疯狂了，我也是——虽然我知道他跟孤岛电影公司有三部电影的合约，并没有如此急着找活干。但是魅力就在于此——你不应该相信他的话。我觉得艾迪·墨菲新有了一个小弟弟，《稳操胜券》宣告了一位推销员的诞生。观众会喜欢这部电影的。"

观众的确喜欢这部电影。斯派克用低成本创造了奇迹，这部

---

① 比尔·李(Bill Lee)：美国音乐家，斯派克是他与第一任妻子生下的五个孩子中的一个。

电影影响了整整一代人。美国所有的黑人社区里,戴着眼镜的书呆子男孩穿着棒球外套,头上戴的帽子绣了这家新制作公司的名号(导演约翰·辛格尔顿[John Singleton]和马蒂·里奇[Matty Rich]的早期宣传照就是这样,仅供参考)。黑人呆子也有自己的偶像了。小小个子、骨瘦如柴的你也能站在潮流的尖端。不系鞋带的阿迪达斯球鞋或是红色皮夹克,不再是唯一的潮流先锋。

在《稳操胜券》之后,于1988年拍摄下一部电影《学校万花筒》(*School Daze*)之前,斯派克疯狂地工作着,这是他典型的工作节奏。他为迈尔士·戴维斯(歌曲《图图》[“Tutu”])和安妮塔·贝克(《世界上再没一个人》[“No One in the World”])导演音乐视频,为《周六夜现场》拍摄一些短片(其中一个里有布兰福德·马萨利斯),还和迈克尔·乔丹合作,为耐克拍摄了两个名留史册的黑白广告,广告里的这两人全身上下是马斯·布莱克蒙式的装扮。斯派克不仅会成为美国历史上最活跃的黑人导演,也会是最具有创新精神的黑人艺术家。

虽然在接受采访时,斯派克有时惜字如金,但是对一些有争议的事,他会迅速给予回应。他痛批乌比·戈德堡竟然戴蓝色的隐形眼镜;他抨击斯皮尔伯格的电影《紫色》;他觉得艾迪·墨菲在好莱坞为黑人社区所做的贡献还不够多。被他批评过的人物名单还有很长。他树敌不少——其中很多都是他在黑人娱乐圈的同事,可他似乎并不在乎。他像一头公牛般冲冲撞撞向前,不停地写剧本、执导广告片,把自己的名字“斯派克·李”深深印在许多著名品牌上。早在帕妃[①]之前,斯派克就是一个“不会停也不能停”的哥们。

---

① 帕妃(Puffy):90年代日本的一个女子组合。

《稳操胜券》的大部分场景在布鲁克林的格林堡拍摄，人们开始留意到格林堡，这个有着宽敞的赤褐色砂石房子、一个大型公园以及住满了艺术家的生活区的地方。除了斯派克之外，住在这里的还有音乐人布兰福德和温顿·马萨利斯兄弟、维依·里德、泰伦斯·布兰查德(Terrance Blanchard)、唐纳德·哈里森(Donald Harrison)、西索·泰勒(Cecil Taylor)以及李斯特·鲍伊(Lester Bowie)；演员韦斯利·斯奈普斯(Wesley Snipes)和劳伦斯·菲什伯恩(Laurence Fishburne)；作家图拉尼·戴维斯(Thulani Davis)和尼尔森·乔治；还有设计师、视觉艺术师和卡通画家也住在这里宽敞且相对廉价的房子里。《纽约时报》和其他的报纸杂志上开始出现一些文章，说格林堡是黑人文化的圣城麦加。说的真是好听，可是格林堡要等到21世纪才有个像模像样的大超市。

与《稳操胜券》同时在林肯中心剧院放映的还有电影《蒙娜丽莎》(*Mona Lisa*)，这是一部新潮的英国黑色电影①，影片中有一个黑人女演员，这个角色内涵丰富，在80年代黑人中很罕见。20岁的凯西·泰森(Kathy Tyson)在英格兰北部地区长大，她扮演西蒙娜，一个有着烦扰的当下、模糊的未来与神秘的过往的妓女。年轻阳光的鲍伯·哈斯金斯(Bob Hoskins)接到工作，担任她的司机，结果是他痛苦地爱上了这位冷若冰霜、孤芳自赏的年轻女子。

《蒙娜丽莎》由尼尔·乔丹(Neil Jordan)这位前途一片看好的导演进行编剧兼执导，电影探讨了自我欺骗的爱情能把人引入何种地步。泰森扮演西蒙娜的表演可圈可点，人物个性丰满。遗憾的是，这部电影后，她极少在美国亮相(除了在韦斯·克雷文[Wes

---

① 黑色电影：film noir，色调阴郁、情绪悲观，通常表现愤世嫉俗和人性危机的影片样式。

Craven]的海地巫毒影片《蛇与彩虹》[*The Serpent & the Rainbow*]中出现),主要在英国发展演艺事业。《蒙娜丽莎》跟《稳操胜券》一样,也是由克里斯·布莱克威尔(Chris Blackwell)的孤岛电影制片公司发行。孤岛电影制片公司是一家很不错的独立制片公司,可是跟其他类似的独立公司一样,它虽然拍过一系列高质量的电影,但经营的时间并不会太长。

8月16日 朗-D. M. C. 与"空中铁匠"乐队(Aerosmith)合作的摇滚经典歌曲《往这里走》("Walk This Way")成为全国排名第一的单曲,对于这个来自皇后区霍利斯的三人组合来说,这是今年最令人兴奋的时刻。歌曲还推动了乐队专辑《地狱重生》(*Raising Hell*)的销售,这张由形象唱片公司推出的唱片卖出了300万张的好成绩,而朗- D. M. C. 也登上了《滚石》杂志的封面,这是说唱艺术首次获得如此大的承认与表彰。

这年夏天,朗- D. M. C. 与另一个乐队——"野兽男孩"一起进行巡演,"野兽男孩"组合是一个由白人组成的说唱三人组,由罗素·西蒙斯担任经理人,为德福·詹姆唱片公司录制唱片。朗-D. M. C. 要花5年时间做成的事情,放到"野兽男孩"那里只需1年左右,他们的专辑《冷酷到底》(*Licensed to Ill*)由西蒙斯的合作搭档里克·鲁宾制作,获得了骄人的评论,总共卖出400万张,创下说唱歌手唱片销售的新高。以摇滚为基调的单曲《为你的权利而斗争》("Fight for Your Right")让他们立刻成为MTV偶像,虽然讨厌他们的人(白人摇滚和黑人说唱歌迷)和喜欢他们的人几乎一样多。以后,在一场为麦当娜助兴的暮秋全国巡演中,"野兽男孩"不得不时刻提防着,以免被对他们怀有敌意的歌迷们扔过来的啤酒瓶砸到。

朗-D. M. C. 与“野兽男孩”的唱片都是由鲁宾操刀，因而风格独特；西蒙斯负责市场推广，因而精明警觉；他们的说唱都是叫嚷风格。此次夏季巡演，参加的乐队还有 L. L. 酷杰和霍迪尼，这是一次意义重大的活动。以前出席的观众主要是黑人，而现在，虽然因城市和表演场所而异，但是有接近 50%到 60%的观众是白人。虽然在音乐会现场，暴力事件时有发生，但是说唱演出还是夏季音乐会盛况的必备节目。况且，大多数的大型巡演都是由西蒙斯的拉什管理公司安排的。

9 月 8 日　《奥普拉·温弗瑞脱口秀》(*The Oprah Winfrey Show*)在 181 个电视台播出，几乎覆盖到所有大型的电视市场，现在开始与菲尔·唐纳休一决胜负，争夺日间脱口电视节目的霸主地位，他俩的直面冲突在整个 80 年代里不断升级。今天，温弗瑞脱口秀的主题是“如何与自己心目中的男性/女性步入婚姻的殿堂”，而唐纳休的节目围绕着臭名昭著的五月花夫人①以及她的曼哈顿应召女郎圈。

第一天，唐纳休的收视率为 26%，奥普拉为 23%。9 月 9 日，奥普拉的收视率上升至 30%，而唐纳休只有得到 18%的收视率。对决进行到第三天，9 月 10 日，奥普拉的收视率为 29%，唐纳休仅为 22%。局势一旦朝着有利于奥普拉的方向发展，《菲尔·唐纳休脱口秀》(*The Phil Donahue Show*)就再也没有扳回过比分。

---

①　五月花夫人(May Flower Madam)：即西德妮·比多·巴罗斯(Sydney Biddle Barrows)，她来自费城的中上阶层家庭，是“五月花”号移民的后代。她在纽约成立了高级交际公司，为纽约的商人游客提供服务。1984 年，她被指控犯有聚众卖淫罪，被判有罪。

9月10日 电影《灵魂男人》(*Soul Man*)的庆功宴在硬石咖啡馆举行。这部背景设在里根执政期间的反动喜剧围绕着平权行动,讲述捣蛋鬼C.托马斯·豪威尔(C. Thomas Howell)如何假扮成黑人,拿着少数族裔学生的奖学金进了哈佛大学。不出所料,这部影片惹怒了许多黑人,但同时也大赚了一笔。

这部电影大获全胜,瑞·道恩·琼(Ray Dawn Chong)是最大的受益人之一,天生丽质的她是一位混血美女,在这个"要走红,非白即黑"的电影圈里,她是另一位拥有混血特质的海报女孩。琼第一部打响的影片是1981年的《火种》(*Quest for Fire*),这部电影讲述了人类的原始起源,大部分时候,琼光着身子,在贫瘠荒凉的加拿大和热带的肯尼亚奔跑。这部影片之后,琼的片约一部接一部,《选择我》(*Choose me*)、《街头舞士》(*Beat Street*)、《紫色》以及在《魔鬼司令》(*Commando*)中扮演阿诺德·施瓦辛格(Arnold Schwarzenegger)的助手。《魔鬼司令》是乔·西尔沃(Joel Silver)制作的动作片。

瑞·道恩·琼的父亲是汤米·琼(Tommy Chong),一位吸食毒品成瘾的喜剧演员(切奇与琼喜剧二人组[Cheech & Chong])。瑞·道恩的牛奶咖啡肤色及其灵活的演技使她一直都忙忙碌碌,虽然她从没有机会演过性感妩媚的角色。她的演艺生涯跟好莱坞许多其他的深肤色女演员一样,只是为银幕"女孩"形象加入了些个性化的调味剂。《灵魂男人》上映后,琼和豪威尔举办了简单的结婚仪式。

9月28日 安东尼·戴维斯(Anthony Davis)根据图拉尼·戴维斯的剧本创作的戏剧《X克斯——马尔可姆·艾克斯的一生及时代》(*X: The Life and Times of Malcolm X*)在纽约城大剧院

首演，这是祭奠马尔可姆·艾克斯一生贡献的重要时刻。虽然戏剧不是大众首选的娱乐方式，但是这部戏再一次证实了这位被谋杀的领袖在黑人心目中占据着重要的地位。不论阶级，也不论受教育的层次，在黑人的心目中，马尔可姆永远是偶像，是先知，是与时俱进的同胞兄弟。马尔可姆的一生，从街头混混到有种族意识的个人，再到精神领袖，恰恰诠释了黑人群众在后灵魂时代里不断探索、渴望精神启迪的心态。

10月17日 很少有演员能够一个镜头就给观众留下永恒的记忆，但是福里斯特·惠特克(Forest Whitaker)做到了，他在马丁·斯科西斯(Martin Scorsese)导演的电影《金钱本色》(*The Color of Money*)里扮演一个小角色，影片中，汤姆·克鲁斯(Tom Cruise)和保罗·纽曼(Paul Newman)出演两个台球赌博高手。纽曼扮演一个年长体衰的台球老手，他把看起来憨厚天真的惠特克拉进一场赌博游戏中。然而结果恰恰相反，获胜的是惠特克，他狡黠的一笑让对方知道中了圈套。《金钱本色》拍摄过程中，惠特克只有到场拍摄 2 天，他把这个角色当成一个跳板，接到了其他更重要的角色。魁梧的身材背后，是迷人且具有杀伤性的魅力，用不了多久，他就会成为美国电影界最受人敬仰的性格演员之一。

10月18日 1983 年，艾迪·墨菲前往好莱坞发展，从此以后，《周六夜现场》在黑人观众群中就失去了吸引力。然而，黑人流行明星在白人观众群中越来越受欢迎，连向来对黑人流行文化不感冒的洛恩·迈克尔斯(他担任制片人期间，没有黑人演员能像墨菲一样获得如此高的出镜率)也被触动了。曾出演过《考斯比一家》的马尔可姆-吉莫·华纳(Malcolm - Jamal Warner)主持了一场脱口秀，邀请朗-D. M. C. 参加演出，斯派克·李也在节目里扮演了他在电影《稳操胜券》中的角色马斯·布莱克蒙。

11月6日 恩师卡斯·达玛托于一年前不幸辞世，现年20岁的迈克·泰森怀着悲恸，在连续打赢27场比赛后，打败了特雷沃·伯比克(Trevor Berbick)，赢得了世界拳击重量级冠军腰带。达玛托曾预言，泰森在19岁前定能夺得冠军腰带。虽然他没有言中，但是我们不得不佩服他的训练技巧。达玛托离开了这个世界；他留在身后的，是拳击史上最令人生畏的拳击手之一。

与伯比克的这场较量，依循的是泰森在巅峰时期的惯例。他穿着黑色的短裤、短袜和鞋子，伴着说唱音乐的节奏步入拳击场，两眼直瞪着对手。铃声敲响，几分钟过去，比赛就结束了。在这场比赛中，伯比克坚持不到六分钟就不得不送医院。在其他几场比赛中，泰森用不到一个回合就能搞定对手。许多拳击手甚至不敢踏进拳击场，仿佛结果早已先一步到达了似的。80年代里，泰森很少需要打全12个回合，他不仅保持了战无不胜的记录，而且说老实话，很少有人敢挑战他。“我要让拳击回归它最原始的形态，”他告诉《花花公子》的记者，“赢者通吃。这是大家想要的。我是拿着他们的钱打拳击的。”

这些年里，泰森就是城市幸存者神话的化身，他极度暴力，在街头跌打滚爬长大(实际上，他说话也能柔声柔气，他对待拳击比赛非常敬业)。拳击选手跟其他运动员不一样，任何时代的重量级拳击冠军诠释的就是人们心目中的男性气概。而泰森呢，他身上体现的，是他那一代年轻人对瞬时满足的渴望(迅速击倒对方获胜)以及非自我的浮夸(说唱歌手称，他们的韵律就是这样，而泰森是用他的拳头实现这一点)。泰森也“通拿”(1988年，在91秒内一拳击倒迈克尔·斯平克斯[Michael Spinks]，泰森拿了2000万美元）。

迈克喜欢俱乐部、嘈杂的音乐，还有女人（并不一定按这个顺序）。在一帮老朋友和食客的簇拥下，泰森的夜晚总是左拥右抱、纸醉金迷。他不像80年代的许多运动员一样倒在毒品的脚下，击败这个拳击冠军的，是女人。

11月7日　乔治·沃尔夫（George Wolfe）的戏剧《黑人博物馆》（*The Colored Museum*）在乔·帕普的公共剧院首演，一时好评如潮。这部戏剧幽默巧妙地批判了黑人文化中的僵化思维，反映了黑人知识分子中正掀起一股自我审视的新思潮。该戏剧共有五名演员，围绕着11场"展览会"展开，每一场是对黑人生活或是媒体眼中黑人生活的某个方面的戏谑。

剧中最巧妙的嘲讽是"最后一幕——妈妈坐在长椅上"，沃尔夫讽刺了两部曾在百老汇演出的重要黑人戏剧——《阳光下的葡萄干》和《彩虹艳尽半边天》，他把这两部戏剧糅合进自己编织的虚构世界中，剔除它们的弱点，以此来熏陶教育观众。沃尔夫勇敢地挑战像洛林·汉斯伯里和安投扎克·宋盖这样的泰斗人物，他想说明的是，80年代后期的黑人艺术要敢于自我检讨与批评，斯派克·李、查克·D（Chuck D）等人也持有同样的观点。

《黑人博物馆》同时也让沃尔夫成为美国戏剧界一颗升起的新星。虽然他不算是导演，但是他的戏剧有着极其精确和独特的舞台指导，这也说明这位来自肯塔基州法兰克福特的年轻人很有舞台天赋。《黑人博物馆》在纽约首演时，沃尔夫正着手于一部音乐剧——《杰利的最后演出》（*Jelly's Last Jam*），讲述新奥尔良的爵士大王杰利·罗尔·莫顿（Jelly Roll Morton）的一生，这部音乐剧由他本人编剧兼执导。

12 月　“新秀帮”（“brat pack”）这个词指的是一同在数部影片中出现，但并不固定的白人演员们（如《圣艾尔摩之火》[*St. Elmo's Fire*]、《早餐俱乐部》[*The Breakfast Club*]），该词现已进入词条。在一次新闻发布会上，艾迪·墨菲开玩笑地称“黑秀帮”[①]，要不是因为这个事件，这次新闻发布会上宣传的影片《金童》（*The Golden Child*）恐怕早被人遗忘了。墨菲自己没当真，别人倒当真了，他提到的那些喜剧演员、作家、导演等人（阿森尼奥·霍尔[Arsenio Hall]、罗伯特·汤森、基南·艾弗瑞·韦伊恩斯[Keenan Ivory Wayans]、保罗·穆尼[Paul Mooney]）却都快激动得不行了。

12 月　格雷格·泰特的文章《当民族狂热分子碰上神经质的艺术家》（“Cult-Nats Meet Freaky-Deke”）刊登在《乡村之音》上。这篇充满想象的文章仔细审视了一股正在兴起的黑人审美观的根基，这种审美观以 70 年代的文化民族主义思维为基础，同时也受到后灵魂时代新思维的影响。泰特写道：“虽然还没有人公开作任何表示，但是在 80 年代，确有一种后民族主义黑人艺术运动渐趋成熟，这个运动比以往任何运动更要视非洲为中心，同时更是包罗万象。”之后，他又评论道：“在这些艺术家的眼里，黑人族群意识与艺术自由思想并不相互抵触，而是相辅相成的。对他们而言，‘黑人文化’代表的是一种人类表达自我的跨文化传统；他们对黑人文化无比确信，完全有信心宣称，非黑人创作的艺术也是黑人文化遗

---

① “黑秀帮”（black pack）与“新秀帮”（brat pack）发音相近。

产的一部分。”

12月14日　《60分钟》的节目主持人迈克·华莱士(Mike Wallace)为奥普拉·温弗瑞做了专访,这是温弗瑞在文化界受到广泛认可的标志。

1 9 8 7

1987

在华尔街上，在地处阳光地带[1]的各州，到处一片繁荣景象，经济腾飞势不可挡。如果你在垃圾债券市场、房地产市场和能源市场从业，那生活确实过得有滋有味。不管怎样，我们不总说“朝阳中的美国”吗？但是，要是你没钱在市场做买卖，那怎么办呢？事实上，要是你没有钱在凌乱不堪、价格昂贵的内城区大超市买牛奶和面包，那又怎么办呢？三个黑人中就有一个的工资收入低于政府制定的贫困线标准，要是你就是他们中的一员，那又怎么办呢？如果你是成年人，生活会相当辛苦。46%的黑人儿童生活在贫困线之下，这是自60年代中期林登·约翰逊(Lyndon Johnson)总统实行“大社会”计划以来最高的比例了，而现在共和党居然在乐滋滋地取消这项计划。如果你不幸正好是46%贫困儿童中的一名，你的生活会尤其辛苦。

这些数据是由华盛顿特区的预算与政策优先中心在一份报告

---

① 阳光地带(Sun Belt)：指美国南部和西南部的一些地方，因其气候温和而得此称号，通常情况下，亚利桑那州、加州、佛罗里达州、佐治亚州、路易斯安那州、内华达州、新墨西哥州和得克萨斯州被称作位于阳光地带的州。

里提供的，象征着滴入式经济学说[①]的溃败。对于里根政府经济决策的支持者而言，他们手中的瓶子几乎装满了，有些时候甚至溢出来了。而黑人工人阶级民众呢，他们手中通常连瓶子都没有。

里根总统的几项国内政策中，有一项是针对内城区贫困现象的，即企业开发区的概念。共和党不把资金用于雇佣或培训穷人上，还狡辩道，帮助这些人的最好方法是把工作带到他们身边。在贫困肆虐的城市生活区里，政府规划一些区域作开发区，并通过减免税收和其他经济刺激政策来吸引投资客。这些企业然后会培训并雇佣当地的劳工。这个政策的确把一些低技能的企业吸引到像纽约的南布朗克斯这样的贫困地区。

然而在现实中，企业开发区太少，它吸引来的企业也太少，它雇佣的当地劳工也太少，开发区这个概念带来的变化稀疏又零碎。任何实质性的变革都需要在教育上加大投入，经济政策也要转向，但是里根政府对此根本没有兴趣。然而，任何地方只要出现真空，就会有力量来填补这个空间。

80年代中期，一股新型的草根经济力量出现了，在全国范围内雇佣了成千上万的工人阶层群众，触发了新一波的商业发展浪潮，各种肤色的公民都涉入其中。他们需要做的，就是愿意为参与这新经济买单——需要付出的代价是有可能被监禁、上瘾，或者是过量服用致死，又或者是被谋杀。

毒品经济缔造的城市企业开发区遍及了后灵魂年代的整个美国，它的产品能使人沉迷上瘾，特别好卖，并抚育了一帮不择手段、恶名远扬的罪犯，一如大萧条时期的银行抢劫犯。跟30年代里的

---

① 滴入式经济学说（trickle-down economics）认为政府与其将财政津贴直接用于福利事业或公共建设，不如将其交由大企业陆续流入小企业和消费者之手更能促进经济的增长。

银行大盗们一样，华纳兄弟的电影让他们英名永存。打个比方吧，“阵雨团”（The Shower Posse）之于牙买加人，一如黑手党之于意大利人，因为可卡因吸食时能相当猛烈。“阵雨团”的两位创立者——维维安·布莱克（Vivian Blake）和莱斯特·寇克（Lester Coke）分别在迈阿密和牙买加进行了长达三年的大麻交易，最终才决定转战可卡因这个新兴市场。在80年代中期的鼎盛时期里，“阵雨团”的会员数达到5400人次，遍布几十个城市，包括纽约、罗切斯特、华盛顿特区和多伦多。

“阵雨”这个名字来源于团伙成员的一种特殊癖好，他们喜欢用自动武器像“阵雨”般扫射对手。在新泽西州的一次野外聚餐时，据说“阵雨团”成员耗费了700多发子弹。1987年，FBI对该团伙展开调查，最终，34名成员遭到法庭起诉，其中包括布莱克和寇克。

“阵雨团”在流行文化上留下了印记。80年代后期、90年代初期的好莱坞动作影片中，牙买加毒贩和意大利黑手党、纳粹党、共产党间谍和阿拉伯的恐怖分子一样，成了好莱坞虚构的反派角色。最著名的一个例子当属1990年的电影《死亡标记》（*Marked for Death*）。在这部影片中，武术专家史蒂芬·席格（Steven Seagal）遇上了对手——具有神秘魔力的牙买加毒枭。不幸的是，真正的毒贩比电影里还要更擅长耍乌兹冲锋枪。

就当“阵雨团”在东海岸兴风作浪时，另一个邪恶的毒品帝国正在密歇根州底特律市耀武扬威。比利·乔和拉里·钱伯斯兄弟（Billy Joe and Larry Chambers）来自阿肯色州马里亚纳小镇，他们以残酷的手段，提高了这个城市的毒品经济效率，他们建立起来的毒品买卖在80年代后期的巅峰时期里，在200个毒品交易房进行，雇用大约500个工人。钱伯斯让工人们12小时轮班贩卖毒品，严格遵照贴在车间墙壁上的规章制度：随身不能同时携带可卡因和钱；开车时速度不能过快；办公事时不能开名贵汽车。他们甚至有一个质检团队，称作“善后小组”，负责把办事懒散的员工从窗口扔出去。

可卡因究竟有多大的影响范围呢，钱伯斯兄弟对摩城又造成什么样的影响呢，我们只消看看下列数据：1983 年，约 100 个病人入住当地的戒毒所；而今年，戒毒人数飙升至 4500；83 年，可卡因急救室接受病人 450 名，而今年上升至 3811。1988 年，钱伯斯两兄弟终于被依法惩处，因经营非法企业，比利·乔被判入狱 29 年，拉里被判终身监禁。在钱伯斯兄弟的恐怖统治期间，底特律成为全美的谋杀之城，他们的罪恶久久笼罩着城市的大街小巷。

这个年代里最具有时代特征的新闻报道是巴利·迈克尔·库伯(Barry Michael Cooper)为《乡村之音》写的封面故事《新杰克城[①]吞噬着年轻人》(“New Jack City Eats Its Young”)，主要讲密歇根州底特律市由毒品触发的青年消费文化。“新杰克”是街头年轻人的俚语，他们买吉普车、金链子、名牌服饰，显示了华尔街不择手段的资本主义是如何渗透到市井百姓生活中的。像钱伯斯兄弟经营的那种有组织的毒品交易，正好填补了底特律的就业漏洞，血腥残酷的城市企业开发区也随之建立起来，像科尔曼·杨格这样的市长对此根本就是手足无措。

库伯出生于哈勒姆，整个 80 年代，他撰写了很多有关嘻哈文化的短小精悍的妙文，他造了“新杰克城”这个词来描述底特律，言下之意是这个国家已经沦陷到毒品文化的掌控中了。这篇文章会

---

① 杰克(Jack)在美国俚语里，常指“海洛因麻醉药片”，这里“新杰克城”用来借代底特律，跟“新约克城”即纽约城发音近似。

成为他以后创作剧本的灵感源泉——1991 年的黑人帮派史诗剧本《新杰克城》(*New Jack City*)。

美国电影最终会折射出毒品带来的残酷的经济景况,而说唱音乐也开始描绘被毒品摧残的街头文化。音乐里的愤怒、对社会的不满以及破碎节拍的强度,仿佛是在回应着说唱歌手眼中看到的腐朽污秽。说唱音乐越来越具有攻击性,根源于这个国家悬殊的贫富差距。如同阿非卡·邦巴塔和酷海格(Kool Herc)当年奠定了嘻哈音乐的艺术价值一样,罗纳德·里根执政期间的美国激发了新一轮色调更加嘶哑的音乐节律。

对于一些 MC 而言,毒品文化给了他们一个求之不得的主题,可以加到关于女孩、宴会的说唱音乐里。对于具有社会责任感的艺术家而言,毒品的肆虐迫使他们去找寻可以与毒品文化粗鄙的价值观相抗衡的哲学观念。一种被称作"非洲中心主义"的思维开始彰显其重要性,马尔可姆·艾克斯和伊斯兰国家派也越来越受重视。"黑人意识",这个在 70 年代中期鲜有人提及的词汇也重新出现在人们的交谈中,伴随而来的还有与之相关的种种意念。

"非洲中心主义",这个词的创造者——坦普尔大学教授莫勒费·凯泰·阿桑特(Molefi Kete Asante)在他出版于 1987 年的书《非洲中心主义思维》(*The Afrocentric Idea*)中写道:"字面意思是,在涉及非洲文化和行为的任何价值判断中,都把非洲精神放在首要地位。"之后他又解释说:"(正如)15 世纪的欧洲人就是坚信地球是宇宙的中心,这个时代的许多人也坚信,欧洲文化是宇宙社会的中心。因此,他们的作品中很少会考虑其他现实存在的可能性,抑或其他现实与之共存的可能性。"

虽然阿桑特的言辞主要针对学者撰写著作时在批判性思维方面的漏洞,但是人们很快就把它用到了生活的各个方面。盖瑞·

伯德(Gary Byrd)在纽约 WLIB-AM 电台的一档实时连线节目名为“非洲中心主义——全球黑人生活点滴”,节目很受欢迎,是各类新闻、评论和运动的集散地。从踌躇满志的市长候选人大卫·丁金斯(David Dinkins),到街头运动积极分子艾尔·夏普顿(Al Sharpton),再到全非组织的兰德尔·鲁宾逊,任何在白人电台会被恶劣对待的人或思想,在伯德的节目中会感觉非常自在。另外,受到阿桑特的非洲中心主义思想的影响,一种被称作“肯特”的色彩艳丽的加纳布料突然流行起来,人们用肯特布织成围巾,做成晚礼服和帽子。未来几年里,任何重要的黑人聚会上(婚礼、餐宴、毕业典礼)拍的照片中,至少有一个人是穿着肯特布制成的某种衣物。另一种档次没这么高,但是传播范围同样广的物品是非洲奖章,街头集市、易货市场和不计其数的音乐视频中都能看到。

因而在 1987 年,《马尔可姆·艾克斯自传》(*The Autobiography of Malcolm X*)的读者也可能会读伊利贾·穆罕默德的《致黑人同胞之信》(*Message to the Blackman*),或是像艾斯伯格·斯利姆(Iceberg Slim)和唐纳德·高尼斯(Donald Goines)那样的霍洛威出版社作家写的贫民窟题材的作品。穿着印有“听民意,黑人至上”和“这是黑人的东西,你没法理解”流行字样的 T 恤的人,也有可能在看 70 年代“黑人演黑人看”时期的电影《嘻哈至尊》(*The Mack and Superfly*)的录像带,这种现象在黑人家庭中越来越常见。最终,对现实不同的展望导致紧张关系不断升级,并触发了冲突斗争,但不是在 1987 年。现在还不到时候。

1 月　迈阿密飓风队赢得了大学橄榄球全国冠军的称号,这是该球队在 80 年代第二次获得这项荣誉。1989 年,他们还会再获得一次,成为这个年代里最强大的大学橄榄球球队。

然而,飓风队的声名不仅仅在橄榄球上。球队在教练杰米·约翰逊(Jimmy Johnson)的领导下,球员们叫叫嚷嚷、脾气暴躁是出了名的。他们散发出的贫民窟式的骄纵蛮横惹恼了竞争对手,也触怒了 NCAA 的官员。在外接员迈克尔·欧文(Michael Irvin)身上,这种姿态一览无余。他满口脏话,仿佛一只趾高气扬的孔雀,球场上很少有人挡得住他,因此,也没人能让他闭嘴。(欧文和约翰逊教练一起,在达拉斯缔造了 90 年代职业橄榄球帝国,后来因为性滥交而被拘捕。)

在某种程度上,《迈阿密风云》(*Miami Vice*)遗漏的城市特色,正好让飓风队填补了空白。80 年代,达德郡和布罗沃德郡到处都是贫民窟,发生的暴力事件比其他任何城区都要多。这两个地方风行"迈阿密贝斯音乐",一种快节奏版的嘻哈音乐,特别强调快速波动的背景乐。臭名昭著的 2 Live Crew 乐队队长路瑟·坎贝尔(Luther Campbell)在当地拥有一家唱片公司,他本人就为飓风队献歌助威,甚至还插手球员的聘请。

得意洋洋的飓风队获得的成功有目共睹,印有球队橘色和绿色标志的衣物跟乔治敦球队的球服一样,成为都市年轻人的最爱。

1月 PBS 开始播放六集系列片《民权运动史》(*Eyes on the Prize*),一部详细记录民权运动的纪录片。影片由亨利·汉普顿(Henry Hampton)位于波士顿的公司——黑人地带公司制作,褒扬时事英雄、挞伐不义恶棍,正是由于当年的民权运动,才会有眼下的后灵魂时代。

纪录片的最后一集《民权运动的回归,1979 - 1985》("Back to the Movement, 1979 - 85")渲染了感伤的气氛——英雄越来越罕见,敌人也不是那么轻易就能辨出。另外,故事本身缺乏历史的动力。与前几集英雄篇章相比,第六集扑朔迷离,含糊地让人不安。

1月　特里·麦克米兰(Terry McMillan)出版了她的第一部小说《妈妈》(*Mama*),这是一位名叫蜜德蕊·皮考克(Mildred Peacock)的工人阶层女性具有高度自传色彩的故事,在日渐衰微的密歇根城里,她想尽法子守住自己的家庭。在60和70年代里,她把五个孩子拉扯长大,靠的是在流水线上赚的钱,甚至被迫去当妓女。故事开始时是在休伦港,接着镜头移到洛杉矶,最后在密歇根结束。故事结尾,蜜德蕊虽然没有为孩子们带来梦想中的物质生活,但是看着他们目前的生活,她有着心满意足的释然。

小说最令人印象深刻的地方,是麦克米兰粗暴有趣、土里土气的对白。不像黑人文学皇后莫里森和沃克,麦克米兰的小说是散文化风格,直白流畅,时不时提及当下的事物和流行文化。如果沃克和莫里森写作犹如爵士歌手一气呵成,那么这位36岁的作家的风格是粗俗老土的灵魂女性。莫里森和沃克的作品影响了许许多多作家,而麦克米兰则最终会影响一种完整的文学类型。

2月　肤色偏浅的黑人模特露易丝·维伊特(Louis Vyent)出现在《时尚》杂志的封面上。之后,1986年12月份的《Elle》杂志是以凯伦·亚历山大(Karen Alexander)为封面人物。就在今年的晚些时候,福特模特公司的副总裁凯蒂·福特(Katie Ford)评论说:“黑人模特又开始进入公众视野了。”她接着还说:“70年代初期,黑人模特经常出现,接着就进入了沉默期。”

许多像维伊特、亚历山大、克斯蒂·鲍瑟(Kirsti Bowser)、盖尔·奥尼尔(Gail O'Neill)和薇若妮卡·韦伯(Veronica Webb)这样的年轻美女开始在T型台上、在社论版面上、在某些广告里露脸。要算法国杂志《Elle》最为显眼,他们刊登了大量黑人女性的大幅图片。

贝森管理公司的总裁贝森·哈迪逊(Bethann Hardison)和贝弗利·约翰逊(Beverly Johnson)、伊曼(Iman)一样,都是70年代黑人模特潮流的成员。哈迪逊指出:“现在的黑人模特是‘安全’的,他们身上有白人的特征,所以能入白人的眼。”有一点他说得挺对,这股黑人模特潮流中出现的大部分模特,要么是淡褐色肤色,要么是偏黄肤色。然而不管怎样,黑人女性能作为美丽的象征出现在公众视线里,这一代人功不可没。

2月4日 “舒格·雷”·伦纳德没有听取医生和拳击职业人士的建议。他不仅重新回到了拳击场,还打败了马文·哈格勒(Marvin Hagler),赢得了中量级冠军,这是他职业生涯中赢得的第三种不同类型的冠军。

2月9日 “我非常担忧,黑人核心家庭遭到如此破坏,尤其是超过半数以上的家庭还都是女人当家。”布鲁克林一个戒毒项目的执行主管贝尼·J.普利姆(Benny J. Primm)如此告诉《纽约时报》的记者。“这种上瘾简直是要人命,就为了这毒瘾,这些人连食物、水都不要,还抛弃孩子。”

据纽约最大的居民戒毒方案凤凰屋报道,到1987年,接受戒毒治疗的女性数量从1985年的774名上升至1349名。医院儿科病房里,挤满了一出生就可卡因上瘾的婴孩。“瘾童妓”这个下流的字眼,指的是愿意出卖身体换取买可卡因的钱的女孩子,这个词出现频率越来越高,最终进入嘻哈音乐的词库,以及人们的日常对话中。

2月9日 佐治亚州福赛斯郡自1912年起就不允许黑人居民在此居住。奥普拉·温弗瑞在福塞斯郡拍摄节目，这是她最著名的节目之一。

2月22日 就在格莱美颁奖的前一天，“纯红”乐队（Simply Red）成员米克·哈克诺（Mick Hucknall）与拉蒙·多利尔（Lamont Dozier）在洛杉矶一起接受了一系列采访。哈克诺是这支英国灵魂乐队的主唱兼主要创作者，他此番与摩城作曲人兼制作人合作，是因为他本人对多利尔与“至高无上”演唱组和“四尖子”组合等音乐团体之间成就非凡的合作敬仰不已。这说明了这支声誉斐然的英国乐队对传统R&B音乐价值的认可。（多利尔也会跟菲尔·科林斯[Phil Collins]合作，创作走红歌曲《两颗心》[“Two Hearts”]）。相比之下，美国年纪稍轻的黑人音乐人却鲜有兴趣与多利尔，或是60年代的优秀艺术家合作，这就形象地反映了黑人音乐（及文化）中出现的代沟。

2月23日 由旧金山电影制作人马龙·里格斯（Marlon Riggs）导演的纪录片《种族观念》（*Ethnic Notions*）正式发行。里格斯透过卡通、家具、雪茄和洗衣粉盒这些看似不着边的东西来审视美国流行文化中已成制度的种族主义。电影里的许多场景让观众不自在，可能一些赞助机构也感觉不爽。里格斯曾在哈佛修读美国史，后又去伯克利学新闻，他坚称这部电影记录了“美国文化是如何不经人注意就塑造、反射并固化像黑人这样的族群，并带来恶劣的结果的”。里格斯导演的多部黑人影片都是如此不卑不亢，《种族观念》是第一部，之后还有备受争议的电影《舌头不打结》（*Tongues Untied*），摄于1991年，讲述黑人男同性恋。

3月 “野兽男孩”的唱片《冷酷到底》升至《公告牌》排行榜的首位。

3月 在黑人电影界从演多年的演员摩根·弗里曼(Morgan Freeman)凭借电影《恶街实况》(*Street Smart*)中一个恶毒的皮条客一角获得奥斯卡最佳男配角的提名。经过多年的戏剧表演和一定的电视演出,弗里曼靠着这个角色而有了名气。也是在今年,他因在《为戴茜小姐开车》(*Driving Miss Daisy*)中扮演一个司机而荣获奥比奖,预示着电影事业上的光辉前程即将到来。波琳·凯尔(Pauline Kael)为《恶街实况》写的影评中,开头就问:“摩根·弗里曼是最伟大的美国演员吗?”

3月 “人民公敌”乐队的成员、爆破小组制作团队以及相关人士在德福·詹姆公司的东村办公室里接受媒体的采访,采访延续了一个月,主要是宣传乐队的专辑《哟! 小鬼出场》(*Yo! Bum Rush the Show*)。弗雷尔·弗雷维(Flavor Flav)(即里克·德雷顿[Rico Drayton])好几次采访都没参加,但是主唱 MC 查克·D(即查克·里登豪[Chuck Ridenhour]是每场必到,跟他一起出席的经常还有制作人汉克·夏克理(Hank Shocklee)(也即鲍克斯利[Boxley])以及他哥哥凯斯(Keith)、德福·詹姆公司的执行制作人比尔·史蒂芬尼(Bill Stephney)、爆破小组成员“越南”艾瑞克·萨德勒(Eric “Vietnam” Sadler)以及作家兼好友哈利·亚伦(Henry Allen)。

“人民公敌”乐队自诩为“说唱音乐的黑豹党”,他们攻击瘾君子、“唯利是图”的说唱歌手,还有黑人目前对待政治漫不经心的态度。他们还唱起了颂扬奥兹莫比尔[1]的歌。查克男中音的说唱与弗雷尔·弗雷维傻傻的旁白结合在一起，非常有吸引力，就像是听穆罕默德·阿里和他的场边教练邦迪尼·布朗(Bundini Brown)在拳击赛之前的新闻发布会上发言一样。

“人民公敌”乐队来自长岛，这让他们深感自豪，他们的音乐表达的是郊区嘻哈审美观。查克·D解释道：“嘻哈音乐可能起源于内城区，但是是长岛和皇后区的人们把它拿过来，从不同的角度看待它——他们把它肢解，然后重新组合。与此同时，嘻哈起源地的人们却无法分辨好与坏。他们只知道怎么创作。生活不是这样的，生活需要有计划可循。生活要有一个结构，而长岛和霍里斯[2]的人们给了嘻哈音乐结构。”

在长岛的艾德菲大学，这个说唱组合的核心成员碰到了一起，他们都是校园电台WBAU的成员，“查基·D(Chucky D)”、“比尔先生”等人要么在电台当DJ，要么制作主题乐。他们还在长岛的广播城录音室——汉普斯特德镇一起剪辑歌曲(他们的邻居艾迪·墨菲也在这里，墨菲当时一心想做摇滚乐唱片)，参与他们的还有不是校友的弗雷尔·弗雷维。

3月6日　影片《致命武器》(*Lethal Weapon*)公映。梅尔·吉布森(Mel Gibson)和丹尼·格洛弗(Danny Glover)成为电影历史上获得最大商业成就的跨种族二人组。格洛弗跟他同时代大多数黑人演员一样，在黑人戏院中磨炼多年，通过出演小制作电视和电影里的角色慢慢成名。几年前，他在哈里森·福特(Harrison

---

① 奥兹莫比尔(Oldsmobile)：美国通用汽车公司下属的一个汽车品牌，于2000年停产。

② 霍里斯：位于皇后区的一个社区。

Ford)的电影《证人》(*Witness*)里出演反派角色，给观众留下了深刻的印象。

《致命武器》里，格洛弗扮演罗杰·玛塔夫(Roger Murtaugh)警官，是个头脑理智的居家男人，而吉布森扮演的马丁·里格斯(Martin Riggs)警官做事疯狂。以前的黑白兄弟影片，要么是两个喜剧演员(如《阿叔有难》中的理查德·普莱尔和吉恩·怀尔德)，要么是一个黑人喜剧演员再加上一个白人正剧演员(如《超人Ⅲ》[*Superman* Ⅲ]里的普莱尔和克里斯托夫，《48 小时》[*48 Hours*]里的墨菲和诺尔特)，而《致命武器》不太一样，吉布森承担影片中的幽默戏和大部分动作戏。不过，格洛弗也不是传统意义上的第二个搞笑角色，他的个人生活和价值观奠定了这部影片(及其续集)的基调。

制作人乔·西尔沃一贯支持动作片起用黑人主角，然而没有人响应，这部电影是他支持这项方案的又一举动而已。西尔沃与好莱坞许多人的观点不同，他认识到黑人观众能对动作片的票房产生很大影响，在很多影片里，他让墨菲、格洛弗、戴蒙·韦恩斯(Damon Wayans)、瑞·道恩·琼、克里斯·洛克(Chris Rock)、哈莉·贝瑞(Halle Berry)、DMX 等人出演重要角色，以迎合黑人观众。

格洛弗是这个年代里参与政治活动最积极的黑人影星，他利用《致命武器》高票房的影响力，参与制作(和出演)低成本的独立影片，那些影片如果没有他，就不可能诞生(譬如，1991 年由查尔斯·伯内特执导的电影《带怒而眠》[*To Sleep with Anger*])。

3 月 16 日 罗伯特·汤森的电影《好莱坞之舞》(*Hollywood Shuffle*)在时代广场的大使馆剧院公映，之后在 B. 史密斯餐馆举行了宴会。汤森以幽默坦诚的方式看待黑人演员在美国电影界里不得不做出的种种妥协，这是黑人独立电影继《稳操胜券》后第二次取得的重大突破。汤森，这个戴着已经成为他身份标识的软毡帽的男人，告诉观众他如何靠信用卡借贷，资助影片拍摄，观众听得如痴如醉。《好莱坞之舞》这部电影是汤森与"黑秀帮"弟兄基南·艾弗瑞·韦伊恩斯合作编写的，是他与其他黑人演员感到好莱坞环境压迫，分外沮丧，因而有感而发。

斯派克好比是一个脾气急躁的社会批评家，而汤森在电影里(包括本人的态度)是好言相劝，希望大众接受。因此，影片虽然是在好莱坞体系之外拍摄，却能非常完美地融入 NAACP 老派的种族平等观念之中。斯派克代表的是长期被忽略的黑人地下独立影片，而汤森跟艾迪·墨菲是好兄弟，是个拍电影的演员；斯派克想按他自己的方式来拍电影，而汤森是只想拍电影。在未来的几年里，这两种不同的观点会派生出两种由黑人执导却迥然不同的影片——硬汉影片和幽默娱乐影片。

之后在 B. 史密斯餐馆举行的庆功宴温馨而又深情，比斯派克的帕克大楼宴会要低调，受到影片未来前景的鼓舞，整个晚宴充满了活力。一起欢庆的有嘻哈文化的艺术家们，黑人演艺界的资深演员们，还有电影制作新秀们——在以后的几年里，所有的这些人都会拥有属于他们自己的舞台。

3月30日 普林斯推出了他的双碟专辑《时代标志》(*Sign O' the Times*)。虽然《紫雨》让他大红大紫，但这张专辑绝对印证了他的伟大。在描绘 1987 年左右的世界图景时，普林斯运用了不同的角度、主题和风格，把这个世界诠释成"多才多艺的精彩"。同名主打歌是一首慢速疯克，具有社会责任意识；歌曲《十字架》

(“Cross”)带有宗教意味，是伴有重声吉他的顿足爵士；还有疯克舞曲《屋震》(“Housequake”)，古怪煽情、类似披头士风格的《海星与咖啡》(“Starfish and Coffee”)，反常的R&B歌曲《如果我是你的女朋友》(“If I Was Your Girlfriend”)和优雅的民谣《喜爱》(“Adore”)，都说明了普林斯对不同流行音乐风格的精通。80年代后期的普林斯经常出现决策失误，这次也不例外，他发行了错误的单曲(当电台吵吵嚷嚷要播放《屋震》时，他发行了《女朋友》)，而且与唱片公司还有许多电台节目策划人相当疏离，他好像也不以为意。自《紫雨》之后，这位明尼阿波利斯人做了好些不明智的举动(比如电影《樱桃月下》[*Under the Cherry Moon*])，虽然走错很多步，他的音乐还是很受人欢迎。

4月 丽莎·贝内特出现在这个月的杂志《采访》(*Interview*)上，照片中的她袒胸露乳，继续诠释不同于《考斯比一家》中丹尼丝这个角色的个性。在照片登刊之前，她在R级影片《天使之心》(*Angel Heart*)中扮演一个非常性感的人物。考斯比对此的评价是："这是一部白人美国拍摄的影片，让其中的黑人女孩有魔法，跟人做爱。"贝内特的回应是："我的任务不是要复制丹尼丝，我要对我自己、我自己的生涯负责任。"与此同时，NBC和演员们正准备着在秋季推出系列片《不同的世界》(*A Different World*)，剧中的贝内特身处一所叫做"希尔曼"(也即斯贝尔曼)的虚构的黑人女子大学里。

4月 棒球新赛季拉开序幕，同时开始的是职业运动史上一个历时最短，但又最惊心动魄的职业选手生涯。博·杰克逊(Bo Jackson)在大型球队效力，这是他第一个完整的赛季。今年年尾，他会在奥克兰突袭者队担任跑卫，成为自20年代以来第一位从事两种不同运动的体育明星。球员们的收入出乎意外地丰厚，再加上职业赛季总是延时很长，每每都会同时举行，似乎没有球员有如此欲望、才能和耐力，能同时参加美国四大体育运动[①]的一项以上。

然而博·杰克逊，这位来自奥本大学的跑卫明星球员，不仅在堪萨斯城皇家队担任外野手，同时还跟NFL的奥克兰突袭者队签下合约，担任跑卫。在接下来的四年时间里，杰克逊要同时参加大型棒球联盟比赛和职业橄榄球比赛，而且他是接球最多的位置，挑战自己身体抵抗压力的极限。

作为棒球选手的杰克逊有着惊人的体力，经常把球击出400英尺开外。他不仅于1989年成功晋级棒球全明星比赛，而且被授予最有价值球员的荣誉。1990年，在对抗纽约扬基队的比赛中，他打出三个本垒打。同年，在ABC播出的《周一橄榄球之夜》的一场比赛中，杰克逊跑垒221码，足以说明他在橄榄球场上的耐力和韧性了得。

杰克逊的口吃非常严重，虽然他想尽办法克服，但还是有人邀请他拍了一个广告，曾经轰动一时。在佳得乐的“就像乔丹一样”(Be Like Mike)和耐克的“事在人为”(Just Do It)出现之前，80年代跟运动相关的最著名的广告词要算是“博的选择没错”(Bo Knows)了。在一系列以杰克逊多种运动职业生涯为主题的广告里，耐克用了“博的选择没错”，照片里的博出现在一些完全不可能的场景中，广告在挑战博多才多艺的运动天赋时，没有让他说什么话。说唱唱片、喜剧段子和日常对话中，到处都会听到“博的选择

---

① 美国四大体育运动是棒球、橄榄球、冰球和篮球。

没错”。

由于在橄榄球赛中受伤，杰克逊的职业生涯就此结束，许多体育评论员早已预言此结局。在 1991 年一场对抗辛辛那提猛虎队的比赛中，杰克逊在擒抱摔倒时臀部受伤，从此离开了橄榄球赛场，他打棒球的能力也受到影响，于是在 1994 年，他的运动生涯宣告结束。这个年代里，优秀运动员比比皆是，如杰西・乔伊娜-柯西(Jackie Joyner-Kersee)、卡尔・刘易斯，还有“魔术师”约翰逊，没人记得(或是重复)博的成就。

5月30日　东部联盟决赛第七场比赛刚刚在波士顿花园体育馆落下帷幕，波士顿凯尔特人队打败了底特律活塞队。丹尼斯・罗德曼(Dennis Rodman)当时还只是一名年轻气盛的球员，他的粗暴尚未全国闻名，在客队狭长的休息室内，他告诉记者，连续三年获得 MVP 的拉里・伯德要不是“因为是白人”，不然才不会如此走运。另一位记者采访了活塞队的明星球员——后卫伊赛亚・托马斯，得到的回答是：“我觉得拉里・伯德是个很优秀的球员。但是我还是同意罗德曼的说法。如果伯德是黑人，那他只不过是其中一位优秀球员而已。”

他俩的言论引得公众大怒，而媒体又在一旁煽风点火，直到伯德本人和托马斯一起出现澄清误解，这风潮才算是过去。托马斯的职业生涯算是保住了。波士顿和其他地方的球迷依然爱戴伯德。大家都原谅了罗德曼，想着他的话不过是个菜鸟级人物言语上的疏忽，而不是一个永久叛逆之徒的初次征兆。

6月　各大唱片公司竞相与嘻哈歌手合作，MCA 唱片公司与安德烈・哈瑞尔(Andre Harrell)签下合约，最终导致了外城唱片公司的诞生。哈瑞尔以前也是说唱歌手，还是拉什管理公司的前副总裁。他的观点是，嘻哈唱片同样也能吸引R&B舞曲的听众。德福·詹姆唱片公司把嘻哈音乐放在摇滚乐这一类里，而外城公司的哲学是把嘻哈音乐做成激进版本的R&B。

哈瑞尔接手的第一位音乐人是哈维·D(Heavy D)，一位体格魁梧的MC，来自纽约维依山寝室社区，位于市郊，跟罗斯福镇、长岛一样，哺育过嘻哈音乐里的重要人物。哈维的嗓音雄厚，音乐华丽中带着几分俗气，虽然体格庞大，但跳舞还算优雅。他曾被德福·詹姆公司拒绝过，来外城公司发展后，他的风格就是外城的最佳写照(90年代时，哈维甚至当上了外城的总裁)。他的首张专辑《大好时光》(*Big Tyme*)中大部分歌曲由一位来自哈勒姆的青年制作人兼作家和钢琴手制作，他的名字叫泰迪·莱利(Teddy Riley)。

哈瑞尔还聘请了沃林顿和雷吉·哈德林来拍摄公司最一开始的两个音乐视频，哈德林兄弟可是黑人独立影片界的中流砥柱。介绍性视频《外城人都戒了》("Uptown's Kicking It")由沃林顿制作(尼尔森·乔治也出演一个小角色)，雷吉则制作哈维·D的第一首单曲《大块头先生》("Mr. Big Stuff")。

6月30日　奥普拉·温弗瑞打败了有20年资历的脱口秀老将菲尔·唐纳休，成为日间艾美奖最佳脱口秀和最佳脱口秀主持人的得主。颁奖礼上，唐纳休走到温弗瑞的桌边，在她的脸颊上亲了一下，说："恭喜你，你的努力没有白费。"温弗瑞的回应是："今年我比较走运。"温弗瑞与金世界制作公司有合作之约，她明年的收入有望达到3000万美元。

8月1日 在12回合胜负一致之后，迈克·泰森打败托尼·塔克(Tony Tucker)，赢得了IBF的冠军。之前，他已经赢得过WBA和WBC的金腰带，他是自拉里·霍尔姆斯(Larry Holmes)以来第一位毫无争议的重量级冠军。

8月1日 旧金山市长黛安·范因斯坦(Dianne Feinstein)宣布成立一个特别行动组，对付城市里日益猖獗的毒品贩卖。特别行动组的主要目标是旧金山五个公共安居房区。范因斯坦跟美国许多其他城市的市长一样，想表现得非常强硬，表现得一切皆在掌控中("我想给那些毒品贩子最后一个警告:趁现在赶紧滚吧")，然而，拨划给特别行动组的836 000美元的经费好比是九牛一毛。

8月17日 据《美国新闻和世界报道》报道，黑人和拉美裔美国人感染艾滋病的几率是白人的两倍。在一场关于艾滋病与少数族裔的会议上，政府首次宣布会划拨资金给少数族裔组织，用作预防与教育之用。纽约城里，同性恋感染艾滋病的百分比从70%下降到50%左右，而吸食毒品者现在占了所有艾滋病例中的三分之一，54%的艾滋病感染者是黑人或拉美裔。

8月20日 华盛顿特区市长马里恩·巴里在参观"东北部一家臭名昭著的毒品市场"时宣布，全城范围内打击毒品交易的"大清扫"行动方案已经抓获23 000起(55%是跟毒品相关的)犯罪，警局加班和法庭开销共耗资560万美元。心意已决的巴里解释说:"这笔开销绝对值得。我们目前正遭受着毒品流行疾病……我身为市长，和我们的警察部门都已烦透了，我们再也不想姑息容忍了。"

8月26日 “布吉·道出品”(Boogie Down Productions)组合的成员DJ司各特·拉洛克(Scott LaRock)在南布朗克斯的高桥花园住宅区外面被枪杀。拉洛克,又名司各特·斯特林(Scott Sterling),于次日死亡,他前去高桥花园的安居房区,是想平息BDP成员D-尼斯(D-Nice)和另一名男子因一位女子而引起的纷争。他和他的朋友一下吉普车,就有人朝他们一连串开枪,拉洛克就这样不明不白地被谋杀了,而这种不问来由的随意谋杀正在席卷着黑人美国。拉洛克多少也算是半个名人,这桩谋杀案因而得到详细记录。然而,谋杀事件的任意性却反映了对生命越来越严重的漠视,令人心寒。

为了悼念拉洛克之死,“布吉·道出品”组合的下一张专辑《绝对必要》(*By All Means Necessary*)有其重要性和深刻内涵。自从发行专辑《罪犯遍地开》后,这个音乐组合就与詹福唱片公司签了合约,詹福唱片公司早在从前就很支持嘻哈文化,现在正全力支持嘻哈音乐。整张唱片里笼罩着死亡的阴影。封面上,主唱KRS-One手里举着一把以色列制造的乌兹自动手枪。曾经在皇后区的房子被燃烧弹焚烧时,马尔可姆·艾克斯手里拿着一把步枪拍了一张照,KRS-One的专辑照片是对马尔可姆的致敬。唱片里还多次提到跟毒品相关的暴力事件。而KRS-One所描绘的城市图景里,死亡随时可能从天而降:在歌曲《杰米》(“Jimmy”)中,他唱道,在艾滋肆虐的时代,戴着避孕套保护自己很有必要,这是历史上第一首也是最巧妙的一首宣传安全性爱的歌曲。

单曲《我的哲学》(“My Philosophy”)的音乐视频是嘻哈音乐的宝贵资料。视频由“神奇五人组”的弗雷迪执导,同样也是一首诠释文化的歌曲。一开头,KRS-One站在新型的城市“官方”坐骑——吉普车前,穿着定做的运动服,在无乐器的伴奏下清唱。视频大部分是在南布朗克斯那块凋零但是又极其动人的地方录制，为 KRS-One 伴舞的是一群霹雳舞男孩，MC 住宅区和舞蹈团的此种结合会成为说唱音乐视频的一个典范。有一个场景是在俱乐部里，挂满了鲍伯·马利(Bob Marley)、马尔可姆·艾克斯等人的巨幅照片，象征着从他们那里汲取力量。司各特·拉洛克的孩子也出现在了视频中，说明了这里的唱片、音乐、文化所牵涉的，是有着高危险度的人间悲剧。这个饶有趣味的黑白视频，衬托着这张具有划时代意义的唱片，再加上令人难忘的封面照片，为嘻哈视觉艺术制定了更新更高的标准。

8月31日 专辑《真棒》(*Bad*)是迈克尔·杰克逊与昆西·琼斯第三次也是最后一次合作。这张唱片没有《墙外》里的清新之感，也没有像《颤栗》一样红透半边天，但是却可能是杰克逊最好的声乐作品。他在歌曲《狡猾的罪犯》(“Smooth Criminal”)和《镜中人》(“Man in the Mirror”)中的演唱比以往更具活力，也更精准。

杰克逊宣称自己很硬朗，这种想比 L. L. 酷杰更“棒”的姿态里有着幽默的成分。说唱音乐把街头因素带入流行文化里，杰克逊显然是想与之一比高下。他聘请马丁·斯科西斯为他导演了一个相当精致的视频，他在里面是个高中生，搭着纽约地铁，下车后不小心在车站迎头撞上了《西区故事》(*West Side Story*)的歌舞表演。在这种资金投入大、走在艺术潮流尖端的音乐视频中加入“街头”文化，杰克逊是在跟大家开玩笑，但是他的玩笑恰恰揭露了嘻哈的出现一直让黑人文化心感不安。杰克逊的许多同伴直接无视嘻哈，或是甚至讨厌它，但是他本人跟所有流行巨星一样，想把黑人文化的新元素为他所用。虽然结果并不可喜，但是至少说明杰克逊很愿意加入这样的对话。

在唱片《真棒》的音乐视频里，杰克逊跟一个深肤色的强硬男子有一场对决。扮演这个男子的演员叫韦斯利·斯奈普斯，现在还没什么名气，但是几年后会被大众所熟知。

9月　托尼·莫里森的代表作《宠儿》(*Beloved*)出版，作品获得了普利策奖，同时也证实了一个明摆着的事实：莫里森不仅是美国最著名的黑人小说家，她可能是美国历史上最有成就的小说家。莫里森这第五部小说的故事背景设置在内战后重建时期，以一个出逃的奴隶不愿女儿回到奴隶制的南方而宁愿亲手杀了她的真实故事为背景。在莫里森讲述的故事里，逃逸的奴隶塞丝(Sethe)同时遭到白人和黑人世界的驱逐。小说探讨了母爱的本质，同时也把视角放在反映美国身份的所有权上(对其他人生命的所有权、对土地的所有权、对灵魂的所有权)。莫里森的散文化语言与小说本身一样，是那样神秘、浓厚，甚至吓人。由于小说深刻的主题和生动的故事展开，莫里森成为诺贝尔奖的有力竞争者。

文学上另一项卓越成就是丽塔·达芙(Rita Dove)的诗集《托马斯与比尤拉》(*Thomas and Beulah*)。这是现年36岁的女诗人的第三部作品集。诗集里，达芙用叙述体诗句，零散地记录了她的外祖父母——托马斯和比尤拉·福特的一生，二老曾居住在达芙的老家——俄亥俄州亚克朗市。诗集共分成两大部分：《曼陀林》由23首诗歌组成，从托马斯的角度叙述；《歌唱的金丝雀》由21首诗歌组成，从比尤拉的角度叙述。这本诗集与其他诗歌一起，构成了达芙家族的编年史。把传记与诗歌融为一体，达芙这种别出心裁的做法让她成为继格温多琳·布鲁克斯(Gwendolyn Brooks)(1950年)之后第一位获得普利策奖的黑人诗人。90年代，达芙会成为第一位荣获美国桂冠诗人称号的非裔美国人。

9月 艾斯-T，又名特雷西·莫罗(Tracy Morrow)，生于新泽西州纽瓦克，少年时期搬到洛杉矶。他推出首张专辑《旋律至上》(*Rhyme Pays*)，专辑中收录的说唱音乐受到他本人犯罪前科的影响，还受到洛杉矶日益鼎盛的帮派文化，以及霍洛威出版社出版的艾斯伯格·斯利姆(Iceberg Slim)和唐纳德·高尼斯以贫民窟为主题的小说的影响。《清晨6点》("6'N the Morning")是在专辑推出之前已广受欢迎的非主流12英寸单曲，歌曲用说故事的口吻，娓娓唱起监狱韵律，是洛杉矶首张采用黑帮说唱风格的唱片之一。

9月20日 "这是黑人时尚界最具有革命性的东西了，"美容顾问奥黛丽·斯莫尔兹(Audrey Smaltz)如此告诉《洛杉矶时报》的记者。她提到的东西，便是能把棕色眼睛变成蓝色、绿色或是淡褐色的有色隐形眼镜。炫耀自己的眼睛是蓝色的黑人明星中，最有名的莫过于乌比·戈德堡了，不过据斯莫尔兹介绍，乌比绝不是唯一一个戴有色隐形眼镜的黑人明星。韦斯利-耶森视力保健公司推出的视康牌隐形眼镜是市场上的热销品，今年上半年的零售额超过1亿美元。这种隐形眼镜是去年秋天推向市场的，是第一种能够改变深色眼睛的产品。

9月24日 《滚石》杂志的特别报道是关于黑人摇滚联盟(BRC)的，聚焦维侬·里德和他的"生命之彩"乐队(Living Color)。米克·贾格尔(Mick Jagger)在CBGB[①] 看过这个乐队演

---

① CBGB：位于纽约曼哈顿，面积达3300平方英尺，堪称为摇滚乐的天堂，数不清的乐队曾在这里演出。

出，当时大为感动，亲自掏钱为他们制作了两张试样唱片。史诗唱片公司也与该乐队签下唱片合同。BRC 旗下其他的乐队，如 I&I 和“24/7 间谍”乐队（24/7 Spyz）也获得了唱片公司的合约。

10 月　在努力逃离黑人正统音乐的艺术家圈子里，没有人比特伦斯·特伦特·达比（Terrence Trent D'Arby）更具有个人魅力和天赋了。达比虽然出生于佛罗里达州，却和吉米·亨德里克斯一样，先是在英国走红。凭借教堂传教士般的嗓音、对摇滚吉他的热爱，还有模特儿般的身材，达比很快就在英国大红大紫。

达比尤其擅长把不同的流行音乐或灵魂乐风格用到自己的音乐中，让人联想到普林斯。他俩的区别是，普林斯对各种歌曲的结构娴熟无比，而达比从来不碰自己不喜欢的东西，他的歌曲里满是个人推崇的狂欢音乐，听起来一片杂乱。从长远来看，达比个性化的音乐和独特的个性（他的肩上好像扛着一大块石块，随时可以砸人）使他成为人们膜拜的明星，但却不是哥伦比亚唱片公司心目中所期盼的那种巨星。喜剧界有一句流行的话——“太前卫了，不适合这个世界”，达比就是对此最好的诠释。

然而，他的专辑《特伦斯·特伦特·达比心目中的死亡地带》（*Introducing the Hardline According to Terrence Trent D'Arby*）却有从各处获得的灵感，里面的歌曲纷繁多样，有新灵魂乐（《如果你挽留我》[“If You Let Me Stay”]）、舞曲（《祝你一切都好》[“Wishing Well”]）以及温柔的情歌（《签下你的名字》[“Sign Your Name”]）。他翻唱的史摩基·罗宾逊（Smokey Robinson）的经典歌曲《谁在爱着你》（“Who's Lovin' You”）把灵魂乐几十年的精华融合到了一首歌曲中。在 80 年代所有挑战黑人音乐极限的艺术家里，达比是在音乐上最有造诣的，同时也是最固执的一位，这两种性情的结合使他在歌唱事业上能走得很远，但同时也充满了挫折。

达比还是一位广泛阅读的爱书之人，他最喜欢的一本书是《黑色雅典娜》(*Black Athena*)，作者是位白人，牛津学者马丁·伯纳尔(Martin Bernal)。伯纳尔在书中说，埃及是西方文明的摇篮，而非希腊。他的书阐明了从18世纪开始，白人历史学家就对世界文化的亚非根源产生了困惑，他认为，这些历史学家根本不能忍受他们亲爱的希腊受到非洲技术、哲学和政治理论的"玷污"。其实早在多年前，黑人学者如伊凡·范·塞蒂玛(Ivan Van Sertima)和约翰·亨利克·克拉克(John Henrik Clarke)就曾提出过类似的观点，伯纳尔的牛津背景使他的观点在白人学术圈中得到信任。但是，大部分人还是置之不理，即便伯纳尔提到的非洲中心主义的观点在黑人中已有很多追随者了。

11月 美国播放好莱坞电影和明星云集的喜剧秀最有名的有线频道是HBO。在播放艾迪·墨菲制作的《喜剧快车》(*Comedy Express*)时，HBO发现了黑人观众的价值。《喜剧快车》在洛杉矶中南部一家老式的剧院里拍摄，演员全由墨菲亲自挑选，包括他的好朋友阿森尼奥·霍尔和罗伯特·汤森。玛莎·沃菲尔德(Marsha Warfield)也是这喜剧团队里的一名资深演员，因为《喜剧快车》而得到了出演NBC情景剧《夜间法庭》(*Night Court*)的机会。巴利·索贝尔(Barry Sobel)是剧中最主要的白人演员，他可能是美国第一位"白鬼"，他的言行让大家留意到嘻哈文化对白人青少年的影响，他嘴里经常会冒出一些黑人俚语，主要是逗大家一笑。节目打得最大胆的一张牌是起用一位非常年轻的演员，他是墨菲几个月前在纽约一家俱乐部里碰到的。这位来自布鲁克林的演员缺乏经验，他最著名的笑点的最后一句话是“贱货，给我的房子油漆下！”他的名字是克里斯·洛克。

11月1日 电影《哭喊自由》(*Cry Freedom*)在齐格菲剧院首映，这部影片是自由派电影创作的产物，效果令人失望，也说明黑人电影制片人无法取代。理查德·阿滕伯勒(Richard Attenborough)的这部电影改编自一本记录被杀害的南非政治运动家史蒂芬·比科的书，故事从唐纳德·伍兹(Donald Woods)的角度展开叙述，伍兹是记录故事的白人编辑。影片刻画了南非种族隔离的黑暗，但是离传达痛感还有些距离。

丹泽尔·华盛顿诠释的比科像钢铁般坚强，正义自信，这个形象几乎成了华盛顿的名片，也为他带来了第一个奥斯卡最佳男配角奖的提名。影片中有一幕是比科在南非的一个法庭上作证，周围充满了恶意，这一幕很轰动。不幸的是，影片并不是以比科之死结尾，而是由凯文·克莱恩(Kevin Kline)扮演的伍兹逃离南非而结束，多少有点扫兴。阿滕伯勒拍电影的技巧高明，但是他太多虑了，他能看到抗议南非种族隔离的斗争具有史诗般的特质，但是却无法从黑人的角度叙述故事。《哭喊自由》只是白人导演没法从他们的立场阐述黑人故事的一个例子，他们只能借由白人之口。

11月3日 年仅37岁的库特·L.施莫克(Kurt L. Schmoke)当选为巴尔的摩市长，显示了当地政坛风向正在变化，黑人领导有了新路子。施莫克是巴尔的摩首位黑人市长，他不是民权运动年代的产物，而是其受益人之一。他读的是种族融合的中学(在当地的高中里，他是个橄榄球明星)，接着上的是首屈一指的白人大学(耶鲁、哈佛、牛津)，做的是有头有脸的工作(在巴尔的摩担任政府律师)。

施莫克可不是一个大声嚷嚷着“阿门”的传教士,他是个头脑冷静、实事求是的演说家,这也反映了他凡事愿意付出辛劳。他严肃、年轻,略显书呆,跟他的同行——沿着95号州际公路向北去的城市市长马里恩·巴里截然不同,巴里已是第二次连任华盛顿特区市长,这是历史之最。巴里啰里啰嗦,是灵魂年代的一员老将,他的王国建立在民众尊崇他的个人魅力的基础之上。

毒品会分别在两人政治生涯里扮演重要角色。1988年,施莫克公开支持大麻的合法化,一下子,他成了全国最有名的政府官员。此事也引起了很多争议,很有可能葬送了他的政治前途。而巴里与毒品的私人纠葛,则会慢慢进入公众的视线。

11月3日 经过MOVE炸弹一事及其悲惨的后续效应,费城市长威尔逊·古德还是以51.5%比48.9%的支持率险胜前市长法兰克·里佐,连任市长一职。这一场竞选活动比古德第一次竞选市长时还要带有更强烈的种族色彩。

11月5日 罗纳德·里根总统任命科林·鲍威尔(Colin Powell)为国家安全顾问,这位三星上将成为首位担任与总统有亲密个人接触的要职的黑人,而且是在这一敏感时期。鲍威尔是名终身军人,他在南布朗克斯出生并长大,父母是牙买加移民。从越南战场上回来后,他在尼克松总统任期内担任白宫工作人员,之后被提拔为美国行政管理与预算局副局长。担任该职位数年(同时也担任卡特政府的国防部副部长一段时间)后,鲍威尔于1983年被里根政府任命为高级军事助理。

鲍威尔一生未脱戎装,人们却更多地把他视为温和的政治人物、“管弦乐队指挥家”，他静静地促成一项项政策，未曾夸夸其谈，也未曾引起纷争。他虽生为黑人，却能自由行走于白人男性权力的通道之中，乃一位天赋独到的跨界战略家。

11月6日　为了给里克·鲁宾为电影《零下的激情》(*Less Than Zero*)监制的原声唱片造势，德福·詹姆公司推出了两张12英寸说唱单曲——“人民公敌”乐队的《电音》(“Bring the Noise”)和L. L. 酷杰的《重回卡利》(“Going Back to Cali”)，还有《开膛手杰克》(“Jack the Ripper”)。在《电音》这首舞曲中，拆弹小组(The Bomb Squad)的制作风格又更上了一层楼——大量使用取样，组成一道声墙，节奏之强犹如炸弹爆炸。汉克·夏克立(Hank Shocklee)是这样描述的：“我们使用取样，就好比画家使用颜料。”如果光有强劲节奏和大量取样的歌曲还不够的话，那么查克·D和弗雷尔·弗雷维的一唱一和，则既具有力道，又具有娱乐欣赏性，是暴烈与搞怪的一个平衡，这在任何艺术形式中都较少能达到。而且整个国家还对路易斯·法拉可罕心有余悸，他们却在嚷着，法拉可罕是“先知，我觉得你们应该听听他的”，成百上千人争相去购买伊斯兰国家派的报纸《最后的召唤》(*Final Call*)，很有可能就是受此影响。

《重回卡利》中，有着嘻哈音乐史上最吵闹的刮擦声。制作人鲁宾是怎么做到的呢，这一直是他的杀手锏。刮擦声在萨克斯音乐和L. L. 低声哼唱的对比下，迷倒了那些从不承认嘻哈音乐的人，也赶跑了许多霹雳男孩。L. L. 一直就是那种“你要么爱他要么恨他”的歌手，他高傲，自诩MC很伟大，而且经常嘲笑奚落他人，因而人们要么爱他至死，要么恨他入骨。

《重回卡利》惹恼了许多人，而《开膛手杰克》则只瞄准一个人——酷摩迪。这是一场很轰动的MC唱片大战中的第二个高潮。之前的夏天,摩迪在泰迪·莱利制作的歌曲《你现在觉得我怎么样》("How Ya Like Me Now")中,对L. L. 表示不屑一顾。L. L. 用厉声尖叫、快速复杂的韵律给予回应,之后摩迪又以歌曲《我们走》("Let's Go")予以回击。这场L. L. 与摩迪之间的说唱对战只是L. L. 参与的众多大战之一。托德·史密斯身上就是有股欠扁的气质。虽然口水之战轮番轰炸,然而,没有MC能像L. L. 酷杰那样成为音乐界的常青树,一直唱到21世纪。

11月24日 杰西·杰克逊出席在777联合国广场饭店里举行的新闻发布会,他宣布斯坦茨索尼克乐队(Stetsasonic)将发行反抗非洲种族隔离政策的12英寸单曲《非洲》("AFRICA")的消息。

11月25日 哈罗德·华盛顿在赢得第三任期不久后,突发心脏病去世,他在芝加哥城的种族抗争也不期而终。这对美国的黑人来说是个巨大的损失,因为华盛顿的顽强、刚毅与灵活曾激励鼓舞了许多人。尤金·索亚(Eugene Sawyer)在华盛顿反对派的扶持下成为代理市长,很大程度上是因为他本人缺乏足够的能力。下一场竞选中,白人会夺回芝加哥的市政厅,华盛顿似乎要建立起来的黑人政治天下从没有在风之城确确实实存在过。

11月27日 奥古斯特·威尔逊的《琴韵深情》(*The Piano Lesson*)在耶鲁话剧团上演的最初版本中,由塞缪尔·L. 杰克逊(Samuel L. Jackson)担任主演。好几位资深黑人演员已在商业电影上大获成功,而此时此刻,杰克逊仍然在剧院里磨炼自己的表演艺术。他出演的这部戏，时间背景为1933年，故事的中心是一架钢琴的价值，这架钢琴记载了一个黑人家庭的家族史。杰克逊扮演的博伊·威利(Boy Willie)想把钢琴卖了，然后买下一家人在南方为奴的那块土地，而他妹妹伯妮斯却认为，卖钢琴就意味着无视全家人为了生存所吃的苦。让这场争论雪上加霜的是萨特(Sutter)的幽灵阴魂不散，萨特是博伊·威利他们家想买的那块土地的前主人。

威尔逊执拗的问题，是黑人为奴、黑人斗争的历史是否应该忘却，还是要供奉悼念。约翰逊诠释的人物饱受折磨，愤世嫉俗，他的怒气与幽默会使他成为电影明星。遗憾的是，这部戏于1990年4月在百老汇演出时，博伊·威利这个角色换成了威尔逊的老搭档查尔斯·达顿出演。而杰克逊呢，他只在斯派克·李的电影《学校万花筒》中扮演一个小角色，虽然给人留下了印象，但是他的星光大道此时还距离他有好几年之远。

到《琴韵深情》出现时，人们都知道这位初出茅庐的剧作家有个非常宏大的写作计划，他想为20世纪每个十年都写一部有关黑人生活的戏。现在他一共为两个十年写过作品(另一部戏《五分硬币》[*Jitney*]过了好几年才完成)，前面的任务还很艰巨。前两部戏定的基调如此之高，梦想要实现恐怕挑战很大。目标听着就觉得壮观，可能有点不切实际了，许多人都怀疑他能否如愿以偿。

11月28日 塔瓦娜·布罗利(Tawana Brawley)是纽约沃平杰斯福尔斯的一位少女。人们发现她时，她被捆绑着装在一个垃圾袋里，蓬头垢面，她说她在四天内被六名白人男子强奸。在三位顾问(艾尔·夏普顿神父、艾尔顿·马杜克斯律师[Alton Maddox]和C.维侬·梅森律师[C. Vernon Mason])的指导下，15岁的布罗利拒绝与警方合作，挑动了一场种族纷争。刚开始，大家对这个姑娘的不幸遭遇感到同情，而由北方种族主义引发的事件令人发指。

布罗利的顾问们使用的战术是阻止他人接触受害人，这一招在处理去年夏天的霍华德海滩事件中他们就用过。那天，一群白人把几个黑人男子赶出皇后区的一家比萨店，追着打他们，导致一人死亡，死者迈克尔·格里芬（Michael Griffin）由于被追打，冲到附近的高速公路上被撞身亡。在他们的强烈要求下，一名专派的检察官负责审理案件，最终三名男子被判杀人罪成立。

然而，布罗利案件的最终结果大为不同。布罗利一家人保持缄默，而顾问们在一旁夸大真相（他们指责州首席检察官罗伯特·艾伯拉姆斯[Robert Abrams]是个“变态”，看着塔瓦娜·布罗利的照片“手淫”，还指责地方检察官是强奸犯），让一开始支持他们的人（如比尔·考斯比，他曾悬赏 25 000 美金寻找知情人士）也逐渐丧失信心了。经过长达七个月的问询，纽约陪审团最终裁定，布罗利捏造了整个故事，以解释她不在家的理由。

对这三位顾问提起的诉讼持续了好几年；马杜克斯和梅森以前都曾是颇有能耐的律师，一直为种族运动服务，最终，他们俩在纽约州被吊销了执照（不仅仅是因为布罗利案件）。

而夏普顿呢，他并没有在这场溃败中被打倒。他从来没有承认自己做错了什么，或是一切纯属凭空捏造，他自始至终相信布罗利的故事。霍华德海滩事件和布罗利案件让他成为一名不畏白人权力的领袖，是纽约最有名的未通过选举而为人所支持的黑人领袖。跟法拉可罕一样，白人媒体越是不断地指责他诽谤，就越能助长他在黑人中的威信。

WLIB-AM 这个由黑人办的电台播出的黑人脱口秀节目越来越受欢迎，夏普顿也沾光不少。他在节目里直接跟黑人听众对话，免受白人记者对信息的过滤。盖瑞·伯德的节目《非洲中心主义——全球黑人生活点滴》在下午播出，很具有影响力，夏普顿和许多其他黑人在节目里能畅所欲言，而在白人的电台或是主流报纸上，他们可没法这么做。

12月 艾迪·墨菲的音乐会电影《野马秀》(*Raw*)由罗伯特·汤森执导，其中一个短小的喜剧短片由基南·艾弗瑞·韦伊恩斯合作编剧。电影的大部分场景在纽约的菲尔特广场[1]录制，墨菲穿着标志性的皮装，大部分时间在摆酷，迷倒一片女影迷。借着青春和财富，墨菲无疑是嗜钱女人争相追逐的对象，电影中的这一点具有高度自传性，墨菲用幽默的方式传达出尖酸刻薄的想法，引起了观众的共鸣。《野马秀》公映后不久，墨菲在电影中的猜忌与讥讽立刻在说唱音乐里有了共鸣。墨菲的表演不可小觑，有着广泛的影响力。4000万美元的总票房收入仍旧保持了音乐会影片的最高纪录，而且比许多叙事影片挣得都多。

12月 “胡椒盐”乐队(Salt-N-Pepa)的单曲《促使》(“Push It”)被评定为黄金级唱片。在流行音乐界的这次巨大成功让这个二人合唱组成为首个在男人独霸天下的局面下的女子万人迷偶像组合。在本质上，《促使》是一首含有色情意味的歌，里面用键盘弹奏的重复部分是受到新浪潮音乐的启发，歌曲融合了旧式的流行歌曲元素和时髦的器乐演奏，因而可谓所向披靡。在“虫儿宝贝”赫比·阿佐(Hurby “Luv Bug” Azor)的技术指导下，“胡椒盐”乐队没有成为昙花一现的过眼云烟。她俩在嘻哈音乐界持续推出受

---

① 菲尔特广场(Felt Forum)：即麦迪逊广场公园剧院，剧院于1968年开张时，为了纪念当时的院长欧文·菲尔特(Irving Felt)而命名。

歌迷追捧的作品,总是能在性感与放荡之间找到自己的平衡点。正如当年人们说玛丽莲·梦露(Marilyn Monroe)的话同样也适合“胡椒盐”乐队:情色中的冰激凌与蛋糕。

12月10日 福克斯电视台的《深夜秀》(*The Late Show*)节目最后一集于今天播放。这个节目最初由琼·里弗斯主持,是福克斯这家新电视台用来与《今夜秀》抗衡的法宝,然而结果并不如意,但是节目的最后一位主持人却很如意。阿森尼奥·霍尔是《深夜秀》节目最后13个星期的主持人,受到观众和评论员的一致好评。《洛杉矶时报》写道:“每天晚上,他主持着这个城市最嬉皮的宴会,得意洋洋地走到喜爱他的观众面前,狂欢的人群里各种肤色都有,人们跳着舞着。”

由于霍尔与福克斯的合约中有一条限制性的条款,1年之内霍尔不能主持其他脱口秀节目。这个喜剧演员无所谓,他马上要跟艾迪·墨菲合演一部电影,叫做“扎蒙大计划”(*Zamunda Project*)(这部电影发行时更名为“来到美国”[*Coming to America*])。同时担任墨菲和霍尔的经纪人的鲍伯·沃什(Bob Wachs)说道:“《深夜秀》节目的终结,恰恰是阿森尼奥的开始。”

12月18日 一边,《考斯比一家》霸占着电视收视的黄金时段;另一边,本年度电影票房最大败将——《天才老爹拯救地球》(*Leonard Part 6*)中,比尔·考斯比也有出演。艾迪·墨菲和罗宾·威廉姆斯(Robin Williams)成功地从电视行业转到喜剧电影,而喜剧影片偏偏就是考斯比的阿基里斯之踵①。

---

① 源自希腊神话,指致命弱点、要害。

1 9 8 8

1988

这一年里最抢眼的事件，莫过于两个周年纪念日和一桩商务买卖，它们勾勒出灵魂年代里的一个真相：黑人争取社会地位的斗争虽然仍在继续，但在美国民众的意识里，它已逐渐失去了往日的中心地位。20年前，一系列暴动惊扰了纽瓦克、底特律、洛杉矶和其他一些主要城市，紧接着，一份科纳委员会报告(官方名称为全国民事骚乱咨询委员会)问世了。起初的报告指出，美国正日益分裂成两个极为不同的国家——富有的白人之国和贫穷的黑人之国。

当然，科纳委员会一点也没说错，虽然它低估了进入中产阶层的黑人数量，以及生活在贫困中的白人数量。今年3月份接着公布的后续报告里称，种族隔离仍旧把国家一分为二，"贫富差距已进一步拉大了"。

这一年里发布的另外两份报告也持同样的观点。美国人口局特别指出，10个有小孩的黑人家庭中有6户是由单身母亲在支撑，而白人家庭中的这个数字仅为10户中有2户。美国教育统筹委员会和美国教育委员会联合发布的一份报告显示，"美国在倒退……就改善少数族裔公民参与国家生活和享受繁荣而言，所做的努力越来越少"。

25 年前，小马丁·路德·金博士在华盛顿领导了一场具有历史意义的大游行，并在林肯纪念馆的阶梯上做了举世闻名的演讲《我有一个梦想》。8 月里，55 000 人走上华盛顿特区的街头，纪念黑人与白人和睦相处的那一天，而那一天早已随时间远逝了。然而，有些事情并没有改变。在 NAACP 等组织的强烈抗议下，阿拉巴马州和南卡罗莱纳州依然故我地高挂南部联盟旗帜。在其他一些州，一直有白人不断阻挠黑人获得成功。七个州(亚利桑那州、夏威夷州、爱达荷州、蒙大拿州、新罕布什尔州、南爱达荷州和怀俄明州)仍拒绝把金博士的生日视为节日。

里根总统否决了一项旨在改进联邦反歧视法律的民权法案，坚称这项法案会让联邦政府随意干预公司和宗教机构，这样一来使得权益"无法保证"。之后，国会撤销了总统的否决，这算是民主党为美国的黑人争取权利、战胜里根政策所获得的罕有的成功。但可能是任期就快结束的缘故(加上又想为乔治·布什总统在 11 月份里的总统选举中出把力)，里根签署了一项法案，确保房屋自由出售的联邦法律能更有力地得到贯彻和执行。这就好比是从堆满面包的桌子上拿点面包碎屑出来哄人。

这一年里最重要的一桩交易，是一家原本由家族所有的公司被卖给了一个投资集团(波士顿投资集团)，这个投资集团再把资产挪给另一个大公司，在此过程中，资产可能会被分割成好几份。像这样的交易是 80 年代的主要商业模式。摩城唱片的创立者贝利·戈迪把公司卖了，引起了众人的情感纠结之大，简直匪夷所思，当然，黑人们不会这么觉得。6 月份，由唱片发行商 MCA 从中牵线，戈迪以 6100 万美元的价格把公司的高管、标志和其他一些知名的资产卖了出去。(而乔伯特这家手里握有多首走红歌曲版权的出版公司，戈迪并没有卖掉，这一点做得很明智。)

摩城娱乐是商业公司，更是文化的象征，它诠释了灵魂年代的精神特质，最终却沦为了唱片发行行业企业联盟的受害者。摩城旗下的歌手（“至高无上”演唱组、史蒂夫·汪达、“诱惑”组合和杰克逊五兄弟）成功打入美国白人的生活圈，引领了一股风潮，所有大型的跨国娱乐公司纷纷以摩城为模板，模仿它的营销策略，挖掘有巨星潜质的黑人艺人。

1968 年，摩城是业内首屈一指的黑人流行音乐厂商。20 年之后的摩城正跟其他资金周转困难的黑人公司一道，垂死抵抗着资金充裕的大公司吞噬它们的市场份额。“宣传一首单曲要花100 000美元，”戈迪如是告诉《花花公子》的记者，“就涨到这样的天价。MTV 开始流行后，我们也不得不做音乐视频，那个开销更大。我开始思索摩城一路是怎么走到现在的，我从没想过会把公司卖掉，但是慢慢地我不得不承认，这是确保摩城能存活下去的唯一方法。”

摩城易主，伤透了很多人的心。包括杰西·杰克逊神父，他力劝戈迪不要卖。然而，摩城真的比任何一家同类唱片公司撑得都要久，也是 60 年代风起的一批独立唱片公司中最后一家在 80 年代中仍属于私人的公司。戈迪把乔伯特一直经营下去，利润相当可观，因为摩城的一些歌曲用在电影里（《心寒》[The Big Chill]）和广告中（加州葡萄干），可以收取一大笔使用费。然而，不容否认的是，出售摩城又一次说明，灵魂年代及其那个时代里的音乐已经一去不复返了。1988 年里，诠释美国黑人当下精神状况的音乐已遍地开花。

1 月 据《新英格兰医学杂志》报道，巴尔的摩两家专门治疗性传播疾病（STD）的诊所做了一系列的试验，结果表明，艾滋病病毒正在城市的黑人人群中扩散。走进这两家诊所的4000名病人中，约有5%以上的病人感染了HIV病毒，这其中94%是黑人。而卫生系统的官员则指出，到STD诊所就诊的病人并不足以代表所有人——他们的性生活更频繁，生活更贫苦，也可能早就有了性病。可是不管怎样，如果全国范围都出现这种状况，那简直糟糕得不可想象了。

1月31日 道格·威廉姆斯(Doug Williams)带领华盛顿红人队，以42比10的比分打败丹佛野马队，赢得了超级碗，他本人也被授予最有价值球员的称号。威廉姆斯是第一位赢得国家橄榄球联盟(NFL)比赛的黑人四分卫。这可能没有杰基·罗宾逊(Jackie Robinson)1947年加入大型棒球联队时那样意义深远，但是，威廉姆斯获得的成就给黑人体育的球迷和球员们带来了很大的心理宽慰。

格兰布林大学的传奇教练艾迪·罗宾逊(Eddie Robinson)手下有一大批著名球员，而威廉姆斯是新进的一位，在取得这次重大突破之前，他的职业生涯可谓起起落落。1979年，他曾带领塔帕湾海盗队打到NFL的决赛，可接下来就几次受伤，吃尽苦头。他还在短命的美国橄榄球联盟中踢过球，后来又折回NFL做替补球员，一直到乔·吉布斯(Joe Gibbs)教练手下才成为先发球员。

威廉姆斯的胜利对于在NFL里踢球的黑人球员而言至关重要。NFL史上，担任四分卫的黑人大学生即使不被换到其他位置上，在人们眼里看来也没有这个头脑领导球队。威廉姆斯的成功击碎了之前的老套思维。在接下来的十年里，黑人四分卫会变得再普通不过。

2月 加州康普顿的一个说唱乐队发行了他们的首张单曲，这个乐队的名字起得大胆狂妄，有挑衅意味——“疯癫的黑鬼”乐队（Niggas With Attitude），也即 N. W. A.。歌曲《大麻君》（“Dopeman”）在全国范围内反响很小，但是它刻画的一个毒贩子形象在南加州地区却很有共鸣。这个五重唱乐队为无情唱片公司录制唱片的那一年里，发行了好几首单曲，诠释洛杉矶黑人生活的黑暗角落。无情唱片是 N. W. A. 成员兼毒品贩子伊兹-E（Eazy-E）的公司，名字起得很是恰当。伊兹低鸣的嗓音里带着很重的鼻音，他推出的个人单曲跟 N. W. A. 一样，内容都是关于枪、毒品、吆喝声、车子。伊兹的低鸣声很难让人喜欢，但是德雷博士的节奏魅力却让人不能抵挡，他们沿袭的是“战争”乐队（War）和洛杉矶其他疯克乐队的传统。N. W. A. 的大部分歌词都由艾斯·库伯撰写，库伯是乐队最棒最聪颖的 MC，虽然一开始，很少有人能看透他嬉皮笑脸地用“黑鬼”这个词的意味①。伊兹的“无情组织”探索的挑衅主题，正是“人民公敌”乐队创作的灵感源泉，他们用一种低俗的贫民窟气质来代替黑人民族主义的辞令。正如 70 年代，梅尔文·范·皮布尔斯（Melvin Van Peebles）的影片《斯维特拜克之歌》为“黑人演黑人看”铺平了道路一样，“人民公敌”思想的强度也为 N. W. A. 的虚无主义照明了方向。

2月7日 在芝加哥的父老乡亲面前，迈克尔·乔丹被封为 NBA 全明星比赛的最有价值球员。斯派克·李跟乔丹合拍的广告在电视上广为播放。CBS 直播的球赛中，观众会看到重量级拳

---

① 库伯用的是 nigga，是从常用的表示“黑鬼”的词 nigger 变异过来，是用不标准的拼写吸引人们对单词发音的注意。

击手冠军迈克·泰森和电视女演员罗宾·吉文斯(Robin Givens)围在球场边观看比赛的镜头。

2月8日　斯派克·李的第二部故事片《学校万花筒》首映。这部电影讲述的是黑人大学生的生活,立意高远,评论犀利,情意深切,不管是资金预算(600万美元),还是拍摄规模(在亚特兰大的大学中心实地拍摄,那里有好几所黑人教育机构),于斯派克·李,都是往前跨了一大步。影片中,一所虚构的黑人大学正值校友返校周,探讨的主题是皮肤色调和阶级内部的紧张关系,这在公共场合极少讨论。斯派克尤其对黑人兄弟会中根深蒂固的性别歧视和凶残冷酷提出了批评意见,几十年来,这些大学兄弟会培育了许多黑人领袖。

《学校万花筒》不均衡地掺杂了社会批评、青少年电影和米高梅音乐剧的元素,是李未来艺术创作的调色板:主题宏大,幽默机智,俏皮辛辣,叙述杂乱,演员才能良莠不齐,流行歌曲充斥其中,摄影技巧高超前卫,配乐多得腻味,结局争论四起。

这部电影中,斯派克显示了他台前幕后慧眼识英才的功力。制作团队(摄影导演欧内斯特·迪克逊、选角指导罗比·李德[Robbi Reed]、制片设计师韦恩·托马斯[Wynn Thomas]、服装设计师露丝·卡特[Ruthe Carter])会在一起合作好几部电影之后,才单飞奔向各自的锦绣前程。演艺人员中也不乏年轻才俊,从拉里·菲什伯恩担任主演到塞缪尔·L.杰克逊扮演怒气冲冲的当地居民这个虽小但令人印象深刻的角色。《学校万花筒》堪比约翰·休斯[1]拍摄的80年代青少年电影。休斯的电影向荧幕观众介绍了新一代的黑人演员,他们中许多人有着在黑人戏院演出的经历,在新一波的黑人电影电视浪潮中,他们会脱颖而出。等到以后NBC重拍《不同的世界》时,这部影片中的三位演员卡丹·哈迪逊(Kadeem Hardison)、杰斯米·盖伊(Jasmine Guy)和达利尔·贝尔(Darryl Bell)会成为另一所虚构的黑人大学——希尔曼大学里的常住居民。

在洛杉矶这家黑人所有的鲍德温·希尔斯剧院里,250名大学生观看了《学校万花筒》的试映。在那里,斯派克·李碰见了南加州大学电影学院的一名学生。这个年轻人看起来像个书呆子,他告诉斯派克他想当导演,但现在得全心全意写剧本。这个年轻人名叫约翰·辛格尔顿。

3月5日 理查德·普莱尔的健康状况和演艺生涯继续走下坡路。电影《大搬家》(*Moving*)毫无生气,是这位身心健康状况明显在恶化的艺人的垂死之作。

3月26日 在第二次总统竞选中,杰西·杰克逊神父在密歇根民主党核心会议上,赢得了200 000张选票中的55%,获得了压倒性的胜利,他的得票是先前一路领先的马萨诸塞州州长迈克尔·杜卡基斯(Michael Dukakis)的两倍。《纽约时报》报道,一位党内资深人士称,杰克逊最后能获得足够多的选票被提名,这是"间接地、勉强地、略微地"在预料之中,鉴于杜卡基斯的宣传活动

---

① 约翰·休斯(John Hughes):美国著名导演。他最有名的是青春喜剧片,包括90年代热映的《小鬼当家》(*Home Alone*)系列。

毫无活力，而杰克逊则能够吸引大众的注意力。

3月27日　奥古斯特·威尔逊(August Wilson)的戏剧《乔·特纳来了又走了》(*Joe Turner's Come and Gone*)在埃塞尔·巴里摩尔剧院(Ethel Barrymore Theater)首演，距另一部戏剧《篱笆》(*Fences*)在46号大街剧院的首演正好相差一年。黑人剧作家能同时有两部戏剧在百老汇上演，这还是首次。与《篱笆》相比，《乔·特纳》是一部更加厚重、丰富且复杂的作品，融合了南方黑人的巫毒教与圣经和非洲宗教中的意象。故事情节主要围绕1911年前后一位中邪的男子在匹兹堡四处找他失散的妻子而展开。这部戏剧的首演同时也是两位优秀演员在百老汇的初次登台——戴尔里·林多(Delroy Lindo)扮演这位备受折磨的搜索者赫拉德·卢米斯(Herald Loomis)，安吉拉·贝塞特(Angela Bassett)扮演他的妻子玛莎·彭特克斯特(Martha Pentecost)，这个角色虽小却是必不可少的。

两部戏剧中，《篱笆》的商业成就更大，部分原因是电视电影两栖明星詹姆斯·厄尔·琼斯出演主角以及百老汇资深演员玛丽·爱丽丝(Mary Alice)出演他的妻子，加上这部戏的主题和结构也更讨观众喜欢。琼斯扮演的特洛伊·马克森(Troy Maxson)生活在20世纪50年代的匹兹堡，干着收垃圾的活，他以前曾是黑人联盟的球员，毕生为大型联队效力，却从未得到过杰基·杰克逊那样的成就，对此他耿耿于怀。他的儿子科里由考特尼·B. 万斯(Courtney B. Vance)扮演，科里想拿大学里的橄榄球奖学金，但是琼斯不同意。

特洛伊内心的不安使他陷入一段婚外恋，不仅夫妻关系疏远，父子关系也严重受挫，最终，他不得不直面自己内心的恶魔。如同

《乔·特纳》,《篱笆》这部戏里也有一股幽深的神秘主义。当琼斯面临自己的审判时刻时,他到底是在与上帝抗争,还是与自己的心灵抗争,这由观者自己决定。

在观众眼里,《篱笆》中的家庭冲突与不忠主题比《乔·特纳》里的仪式要易于把握,然而,在这两部戏里,威尔逊均展示了他完全有能力用黑人俚语和口语写出莎士比亚式深奥的对话。这两部戏使威尔逊达到了个人事业的巅峰,他是一位能用独具个性的个人叙述传达出黑人戏剧(以及歌曲、宗教)丰富遗产的艺术家。

4月 “生命之彩”乐队的主唱维依·里德同时也是黑人摇滚联盟(BRC)的创始人之一,乐队在史诗唱片公司发行了首张专辑《生动活泼》(*Vivid*)。在一番巡回表演及筹备工作之后,歌曲《名人崇拜》(“Cult of Personality”)进入MTV的播放列单,乐队也到处开展演出,并为好友米克·贾格尔(Mick Jagger)(和“滚石”乐队[the Rolling Stones])的美国之巡表演开场。

紧跟着“生命之彩”乐队进入公众视线的,是丽莎·贝内特的丈夫兰尼·克拉维茨(Lenny Kravitz),他的演艺生涯走得更久,而且较为平稳。卡拉维茨是洛杉矶的一位歌手兼创作家,他的唱片《让爱掌控》(*Let Love Rule*)由维京唱片推出,嬉皮般浑浑噩噩、情侣般卿卿我我的歌词在他那勾起人们缅怀奴隶制岁月的声音的演绎下,听着非常惬意(他甚至用70年代的录音设备,为了能使音乐传达出历史的声音)。卡拉维茨跟他的妻子一样,都是混血儿(他是黑人和犹太人的混血),他承认他的音乐源自“披头士”乐队(Beatles)和科蒂斯·梅菲尔德(Curtis Mayfield)的传统,这从他创作的歌曲中能清楚得看出来。

由于混血长相和朴实的吉卜赛风格打扮,贝内特和卡拉维茨成为美国第一对代表了艺术家狂放不羁的新嬉皮审美价值观的夫妻，这种审美观在美国产生了很大的反响。

4月 “弗洛乔”，也即弗洛伦斯·格里菲斯-乔伊娜（Florence “Flo Jo” Griffith-Joyner），凭借其个人品牌的独特魅力，轰动了奥运会赛场。比赛中，她留着6英寸长的彩色指甲，穿着她自己设计的彩色弹力紧身衣。这身装扮显然是受到黑人美容院和贫民窟服装店里流行手工时尚的影响，整个田径界为此而蒙羞。奥运会官员也吓了一跳，然而，NBA的印第安纳步行者队却花钱聘请弗洛乔帮他们设计新队服。

4月11日 艾迪·墨菲作为颁奖嘉宾出席奥斯卡颁奖晚会，他的一番话让在场的所有人吃了一惊，他告诉观众，电影界里活跃的黑人还不足以代表整个群体。至于墨菲说这番话到底是不是因为一时之间冒出好多个黑人导演而有感而发，好莱坞里众说纷纭。但是，电影《稳操胜券》和《好莱坞之舞》中的黑人形象当年曾引起人们议论纷纷，墨菲此番话更是为之添柴加薪。墨菲很少抛出涉及政治或有争议的言论，他这次的时机可谓恰到好处。

4月15日 当“黑帮说唱”还未成为时髦词儿，黑人主题的城市影片还不是好莱坞的主菜时，丹尼斯·霍柏（Dennis Hopper）就拍了一部电影名叫“彩色响尾蛇”（*Colors*），通过两个警察的视角来审视洛杉矶中南部的街头生活，这两名警察分别由罗伯特·杜瓦尔（Robert Duvall）和西恩·潘（Sean Penn）扮演。

虽然这部电影免不了落入白人拍摄此类影片的俗套，像局外人一样窥视，但是，它确实向全国观众介绍了相互厮杀的血帮和瘸子帮，让他们更加臭名远扬（也不巧地助长了他们扩张的气焰）。影片的原声音乐用的是黑帮说唱歌手艾斯-T（Ice-T）的歌曲，主题曲里透出丝丝寒意，艾斯-T也首次获得全国范围内的知名度。年轻喜剧演员戴蒙·韦恩斯（Damon Wayans）在电影里演了一个毛手毛脚的黑帮小喽啰。

4月18日 华盛顿特区梅菲尔大厦安居房附近向来毒品肆虐，住户们邀请附近清真寺里的伊斯兰国家派成员帮助他们反毒品巡逻。伊斯兰国家派的保安队伍叫做伊斯兰之果，他们没有什么武器，只有警棍和对讲机，他们步行巡逻，或是开着小货车巡逻，保护安居房周边安全。伊斯兰之果刚来的那天，毒贩们撤了。《纽约时报》6个月之后的追踪报道发现，毒贩子还是没有靠近梅菲尔大厦。

在人们眼里，伊斯兰之果彬彬有礼，有组织有纪律，很快就成了黑人社区争相聘请的保安队伍。刚开始时，伊斯兰之果穿着西装打着领带，只是帮着反毒品，现在，他们在说唱音乐会、社区活动也做起了维护治安工作，甚至当起了私人保镖。全国范围内的黑人社区都对当地警力持怀疑态度（即使市长是黑人也不例外），他们也害怕社区内部的黑社会势力，因而伊斯兰之果在许多人心目中成了黑人维持秩序的骄傲。

4月24日 洛杉矶警局（LAPD）展开一场黑帮大清扫，又名“铁锤”行动（警察局长达利尔·F. 盖茨［Daryl F. Gates］起的名字），他们在中南部逮捕了很多黑色和深棕肤色的年轻人，就因为他们“长得像”黑社会成员。仅在一个周末的清扫行动中，LAPD就逮捕了1453人。

中南部居民盖里·威廉姆斯(Gary Williams)是美国公民自由联盟的一名律师,他在《洛杉矶时报》上发文质疑“铁锤”行动的真实目的。说到毒品暴力时,威廉姆斯写道:“恐怖完全弥漫在空气中,我在家里时经常听到外面的枪击声,虽然警署离我家不到1英里。太恐怖了,晚上我甚至不敢坐在自家门口,唯恐被不知从哪里来的子弹打到。”

威廉姆斯和许多黑人知识分子一样,深谙毒品的邪恶。但是最终,和其他许多人一样,他开始质疑政府在解决涉及黑人的社会问题时采取的强制措施。“想得越多,我就越感到羞愧,对于自己的立场,我一时拿捏不准……如果他们用的方法是不加区分地随意监禁或是随随便便逮捕黑人青少年,单单因为他们恰好在错误的时间出现在了错误的地方,那么我不想看到‘铁锤’敲下来。”

5月4日　特蕾西·查普曼(Tracy Chapman)在格林尼治村一家叫做“尽头”的著名夜总会里表演,宣传她的首张民谣同名专辑。一把吉他,一头浓密蓬松的头发,脸上挂着阳光的笑容,还有清脆响亮的嗓音,整个房间里回荡着查普曼的歌声,歌声里有爱、恨与包容。查普曼出生于克里夫兰,并在那儿长大,刚刚从塔夫茨大学毕业,她写的歌曲里留有过往的影子,却又与当代紧密契合,是新嬉皮思想的代表。一些R&B集会上,人们奚落她的外表(浓密的自然蓬松鬈发、T恤、牛仔裤)、她的音乐。然而事实是,查普曼的出现——她的音乐,她的风格,她的社会意识——像嘻哈音乐一样,挑战了黑人本质主义狭隘的观念。她的歌曲《快车》(“Fast Car”)出乎意料地成功,虽然情歌《宝贝,我能抱着你吗》(“Baby Can I Hold You”)和政治歌曲《聊聊革命》(“Talkin' 'Bout a Revolution")才是她艺术的精华所在。作为流行歌手和女嬉皮偶像，查普曼所呈现的，是一种另类的黑人身份，久久浮现在公众记忆里。

6月 今年夏天，黑人电台几乎成了新型音乐类型“新杰克摇摆”的天下，名字是作家巴利·迈克尔·库伯起的。调配出这种融合了说唱节奏、疯克键盘和R&B一迎一和的音乐类型的，是一个来自哈勒姆的青年，名叫泰迪·莱利，他曾为众多知名歌手打造专辑，如鲍比·布朗(Bobby Brown)、“今日”乐团(Today)、凯斯·史威特(Keith Sweat)、艾尔·B.修尔(Al B. Sure!)、盖伊(Guy)、哈维·D、酷摩迪等人。莱利的创作源泉深邃不见底，似乎无穷无尽，他一手把R&B风格推到了流行风潮的浪尖。虽然一些老派的歌手也想搭乘莱利的顺风，真正把新杰克摇摆诠释得酣畅淋漓的，是嘻哈时代的年轻歌手。

莱利是正宗的哈勒姆产物。早在少年时代，他就在当地的教堂里弹奏钢琴和管风琴，教导他的人都是些跟毒品交易有联系的有犯罪前科的人，包括吉恩·格里芬(Gene Griffin)，后来成了他的经纪人。青少年时代的莱利经常在屋顶溜冰场闲逛，嘻哈音乐唱片公司“屋顶唱片”也在那里。当地许多艺人都在溜冰场表演(酷摩迪、比兹·马奇[Biz Markie])，也有毒贩子出没，炫耀他们的财富。就是在这种音乐与危险并存、狂欢与贪婪共生的极端环境中，莱利的艺术观念慢慢成形了。

对于福音旋律、嘻哈的摇摆节奏，还有金链闪闪发光的街头文化，莱利都能信手拈来，他发明的音乐类型既容易听辨，又具有感染力。为了不失竞争力，R&B界最有声望的两个制作人-作者团队，即“詹姆”杰米·哈里斯和特里·路易斯、安东尼奥·L.A.里德(Antonio "L. A." Reid)和"娃娃脸"肯尼·埃德蒙兹(Kenny "Babyface" Edmonds),也采用莱利的方法,莱利对黑人音乐的影响可见一斑。随着新杰克摇摆越来越受欢迎,弗莱迪·杰克逊(Freddie Jackson)、路瑟·范德鲁斯和莱昂纳尔·里奇等人的轻柔R&B音乐突然变得跟60年代的灵魂乐一样过时老朽了。新杰克摇摆宣告了好几十位歌手生涯的结束,同时也让另一些人成为新型黑人流行音乐的主流。精明的迈克尔·杰克逊向来不会让时尚绕他而去,他聘请莱利替代昆西·琼斯,担任他的首席制作人。

从这一波R&B新浪潮中受益最大的歌手,可能要属鲍比·布朗了,他的唱片《别这么残忍》(*Don't Be Cruel*)(本月发行)奠定了他作为首个霹雳舞男孩歌手的地位,也再现了他当年在"新版本"乐队(New Edition)里的偶像风头。在离开"新版本"乐队后,布朗曾出过一张独唱专辑《舞台之王》(*King of Stage*),反响并不好,因此,没有人期待他会推出一张自杰克逊的《墙外》以来最适合跳舞,也最富有激情的男歌手R&B专辑,但是,这位来自波士顿街头的孩子确实激发了这个时代最优秀的年轻制作人,为他打造出如此精彩的作品。

这张唱片中最精华的作品是第一首单曲《我的特权》("My Prerogative"),这首新杰克摇摆经典歌曲由泰迪·莱利制作,有着说唱音乐里的男性雄风和自命不凡的歌词。这个时代里,男歌手很少大吼大叫,布朗在莱利制作的这首歌曲里,痛痛快快地怒讨那些对他的言行指指点点的人。

《别这么残忍》里大部分歌曲由L. A. 里德和"娃娃脸"埃德蒙兹制作,同名歌曲和《罗尼》("Roni"),还有《每一小步》("Every Little Step")均由两人作词作曲兼制作。这些歌曲虽然不像《我的特权》那样咄咄逼人，但是写得极好，充分暴露了布朗粗犷的声线，在甜美和灵魂乐之间找到一个平衡点，不禁让人想起由大卫·鲁芬担任主唱的“诱惑”组合。

朋友都喊他为B.布朗。80年代的R&B歌手，都是一群半男不女的歌手扯着娇柔的嗓音，而布朗把一股朴实的雄性之风带到了R&B音乐里。他粗暴硬朗，是性感的化身，未来的某一天，他追求并赢得了惠特尼·休斯顿的芳心，惹得众人一片惊叹声。

7月 《君子》杂志(*Esquire*)的夏季小说刊里，刊登了特里·麦克米兰的一则观点犀利、幽默风趣的短篇小说——《手巧的男人》(“Men Who Are Good with Their Hands”)，讲了一位不知名的女性叙述者的爱情生活。“生活中，我常常把性错认为是爱情，”她写道，“可谁又不是呢？……直觉总是告诉我，每个男人都不一样——总会比上一个好。另外，我总是喜欢手巧的男人。”这个短篇小说机智诙谐，是她目前正在写作中的小说的预告片。

6月27日 在重量级拳击史上赌金最高的比赛中(7000万美元)，迈克·泰森在91秒内迅速击倒迈克尔·斯平克斯，不费吹灰之力轻松挣得2000万。

6月29日 艾迪·墨菲出演电影《来到美国》。这是一部讲述一个非洲王子千里迢迢来到皇后区找寻新娘的好莱坞童话传奇，由约翰·兰迪斯(John Landis)担任导演(他曾执导过《动物屋》[*Animal House*]和《颠倒乾坤》)，电影里出现的黑人角色比墨菲所有演过的电影加起来还多。曾演过《美好时光》的演员约翰·阿莫斯(John Amos)和墨菲的哥们阿森尼奥·霍尔演得非常搞笑。

墨菲重回他在《周六夜现场》里的老本行，化起妆演了几个配角，他扮演"性感巧克力"乐队（Sexual Chocolate）——一个很差劲的灵魂乐团的主唱，霍尔则演一个脾气暴躁的黑人理发师老头，场面令人捧腹。从墨菲领衔主演的魅力，到配角的趣味搞笑，再到表现出的演艺才能，《来到美国》可能算是墨菲迄今为止最令人满意的影片了。

的确很令人满意，当然，条件是你把这部电影当成好莱坞娱乐片来看。在黑人群体中越来越关注以非洲为中心的派系里，许多人并没有被这部影片里对非洲不切实际的夸夸其谈而逗笑。由于《来到美国》，墨菲受到黑人媒体界的多方责难。

7月　"人民公敌"乐队推出了唱片《要有数百万人的国家才能把我们挡住》（*It Takes a Nation of Millions to Hold Us Back*），里面包含 16 首歌曲，用音乐抨击了舞台摇滚节奏和民族主义政治。"当时所有的艺术家都在想着怎么与众不同，"10 年后，查克在接受《音源》采访，回忆这张专辑时说道，"我们敢探索没有人去过的领域，并且还说，'他妈的，没有什么唱片比我们的更刺激了。'我们像摇滚艺人做摇滚专辑一样，把唱片做好了，然后每首歌的演绎都[比现场表演]听起来更好。"

这张唱片推出时，查克·D 说，乐队的目标是要产生 5000 名黑人领导。还有一条政治宣传听来也非常振奋人心：说唱音乐就是"黑人的 CNN"，它敢说一些白人媒体不说的话。这两条宣传，查克·D 都有参与。许多购买这张唱片的人，要么是受到唱片里的政治意味（抗议南非种族隔离运动）影响，要么被另类组织（伊斯兰国家派）或黑人历史（黑豹党、马尔可姆·艾克斯）所鼓舞。《国家》不太可能发动一场新的黑人民族主义运动，然而对许多人而言，它煽动了一场内部叛乱，质疑美国的价值观。

不管是描述可卡因的致命摧毁力（《可卡因瘾君子活着的一个晚上》["Night of the Living Baseheads"]），还是攻击媒体（《别相信那些夸张的废话》"Don't Believe the Hype"），或是叙述越狱的惊险故事（《混乱时分的黑色铁栅》"Black Steel in the Hour of Chaos"），《国家》里的歌词都生动尖锐，充满戏剧效果。弗雷尔·弗雷维正好平衡了查克·D的尖声高歌，《国家》是政治流行音乐中最能感动人心的唱片之一，激励了一波嘻哈组合（"艾克斯·克莱"组合[The X Clan]、"帕里斯"组合[Paris]），还有以后的说唱金属组合"愤怒机器"乐团（Rage Against the Machine）。

《国家》诞生的时刻，正值黑人青年文化盛行，佩戴非洲奖章、穿着西非来的肯特布服饰和使用"非裔美国人"这个称呼，不仅政治正确，而且还很时髦。"非洲中心主义"这个短语在坦普尔大学教授莫勒费·凯泰·阿桑特的提倡下，变得非常流行，它从非洲传统和价值观角度看待当代黑人的生活。毒品和艾滋病在美国都市里掀起的危机，说明种族主义和国家政策亟需全新的审视。而《国家》则通过电台和MTV表达了这些想法。

当然，《国家》成为嘻哈音乐的杰作并不仅仅由于它提出的政治议题。之前没有嘻哈音乐（或是流行音乐）能像它那样。查克·D曾说过："[唱片制作的]秘诀在于我们用了很多技巧，像基本循环音乐；弹出节奏，然后运用取样合成应和这些节奏；把节奏、取样合成和低音线放在一起排序。如果你做过唱片，你就会明白，这些不同的技巧中的每一个都会带来不同的感受。"

《国家》诞生的那个年代里，使用取样合成的素材就像是在大西部　　只有被逮住了你才付钱。因此，从詹姆斯·布朗到约翰·柯川（John Coltrane）那里取来的音乐，经过取样合成层层叠加，就能创造新的音乐。没有人能猜到音乐从哪里来，律师们也经常一头雾水，不知道他们客户的音乐有没有被篡用。除了长岛的“德·拉·灵魂”乐队的《上升至 3 英尺高》(*3 Feet High and Rising*)是个特例之外，其余没有一张唱片能像《国家》那样，把取样合成像艺术形式一样用得神乎其神。

7月25日　艾瑞克·B. 和拉基姆的唱片《跟着领袖走》(*Follow the Leader*)的封面上，这个嘻哈二人组秀着古奇的服装，身上佩戴的金饰比诺克斯堡①还多。他们穿的上衣是戴普·丹(Dapper Dan)设计的，戴普·丹出生于非洲，在哈勒姆当设计师，他把国际高端设计品牌(威登、古奇、MCM)拿过来，加入嘻哈时尚元素。没有人知道他从哪里搞来的布料(也没人问他)，但是几乎每一位嘻哈明星都会老远赶到他位于第 125 号大街的商店买衣服。

同月，就在戴普·丹的商店门口，迈克·泰森与“血腥”米奇·格林(Mitch “Blood” Green)来了场对决。之前在麦迪逊广场公园的比赛中，泰森已经把格林打败了。先是格林对这位拳击冠军动粗口，接着泰森一拳打在格林脸上，街头这一拳比之前拳击场上打得还要重，泰森打的时候太过用力，右手都受伤了。一切都只是因为迈克不想让人抢走他定做的印有“别相信那些夸张的废话”的外套。

8月6日　一个周六的下午，《哟！MTV 也饶舌！》(*Yo!*

---

① 诺克斯堡(Fort Knox)：美国肯塔基州最大城市路易斯维尔西南约 50 公里处有一片丛林茂密的地方，即诺克斯堡，美国国家金库也位于此。

MTV Raps!)首度播放,节目由“神奇五人组”的弗雷迪主持,未来的电影导演特德·戴米(Ted Demme)担任制作人。该节目是第一个定期安排播放的全国性说唱秀,播出不久后很快获得了音乐频道历史上最高的收视率。不久,由长岛 MC 兼 DJ 每日节目秀德雷博士以及说唱歌手艾德·莱福(Ed Lover)主持的一档每日节目秀开始播放,每天下午学校放学后把嘻哈音乐带进家家户户,说唱音乐开始在 MTV 电视台滚动播出。MTV 为说唱音乐(以及所有的黑人艺术家们)提供了一个更广大的舞台时,说唱唱片的销量也开始猛增,这绝对不是巧合。

《哟! MTV 也饶舌!》让大家意识到现实的讽刺:只播放黑人音乐视频的电视网络 BET 直到明年才会推出一档可以与之竞争的节目秀,而且会被一举打败,失去本该属于它的市场。

8月12日 由涂鸦艺术家摇身变成画廊宗师和性感符号的让-米歇尔·巴斯奇亚服用过量海洛因致死,享年 27 岁,出事地点在东村的一套公寓里,这是他从安迪·沃霍尔那里租来的。虽然在去世前,巴斯奇亚的一些画作已能卖到 50 000 美元,艺术界的许多人还是感觉到,自从跟沃霍尔那次合作以来,他的作品已大不如前。巴斯奇亚去世后,有关他的艺术地位,还引起了不小的争论:他能成为那个时代的大画家吗,还是只是 80 年代过热的艺术界捧出来的一位庸才?

9月 被判强奸罪成立的威利·霍顿(Willie Horton)成为本年度最有名的黑人罪犯,共和党拿他来造势。共和党的一份抨击广告中提到,霍顿被民主党候选人兼马萨诸塞州州长迈克尔·杜卡基斯提前从狱中释放,提醒美国民众,我们害怕唯唯诺诺的政客以及黑人男性放纵旺盛的性欲。这一招政治宣传非常管用，广告由共和党全国委员会的主席李·艾特沃特（Lee Atwater）一手策划，他本人还是布鲁斯的忠实歌迷。艾特沃特的杰作虽然只有短短60秒，却是后现代版的种族主义无声史诗影片《一个国家的诞生》，它把矛头直指北方白人和无恶不作的黑人。虽然这不是布什打败人气不旺的杜卡基斯的唯一原因，但是它确实没有帮上民主党总统候选任何忙。

整个事情最讽刺的地方是，艾特沃特出于喜爱音乐的缘故，自我感觉对非裔美国人有着特殊的感情。霍华德大学甚至委任他为董事会成员，后来由于学生们不断抗议，他才被撤职。

9月　80年代初，黛比·艾伦（Debbie Allen）曾是演员及舞蹈指导，现在已是受人尊敬的电视制片人和导演。《考斯比一家》的派生剧集《不同的世界》因为主演丽莎·贝内特的缘故而状况百出，艾伦临危受命。她重新策划黑人大学的生活情景，塑造了三个独具80年代特色的形象：杰斯米·盖伊扮演的惠特丽注重物质生活，有点误入歧途，但是非常可亲，是典型的"美国黑公主"；卡丹·哈迪逊诠释的德维恩（Dwayne）热心幽默，有点书呆子，是个尖刻与正直兼具的黑人雅皮士；而克莉·萨莫（Cree Summer）扮演的弗莱迪（Freddie）继承了贝内特，成为美国观众最爱的洒脱不羁的黑人女孩。

艾伦把这些新鲜的人物形象带到美国观众面前，从而，《不同的世界》便具有了不同于《考斯比一家》的独特魅力，它更富有青春和朝气，并且作为一部网络剧集，显得新潮时髦。通过盖伊、哈迪逊（两人均演过《学校万花筒》）和萨莫（多伦多人）这三人，艾伦成功地向观众展示了能够把握喜剧时分且长相较为突出的演员。

《不同的世界》在尼尔森收视率[①]上从未像《考斯比一家》那样成功，但是却散发出美国黑人身上那种在传统（故事地点在黑人大学）与新机遇（人物角色面临多种多样的职业抉择以及生活历练）之间找寻平衡的活力。

9月10日 在长岛的纳索体育馆里举行的反毒品说唱音乐会上，一位名叫朱里奥·弗恩提斯（Julio Fuentes）的年轻人被人抢夺金链子，并被人用刀捅死。悲剧发生后，媒体用"说唱暴力"来称呼这一事件，由詹福唱片公司艺人开发部副总裁安·卡里（Ann Carli）和《公告牌》编辑尼尔森·乔治组织的艺人和行业人士团队着手制作一张支持嘻哈音乐、反对暴力的慈善唱片。这个临时集结的群体把这项活动称为"抵抗暴力运动"，以 KRS-One 的一首歌命名。整个冬天，这个团队致力于录制一张群星说唱唱片，拍摄音乐视频，并选择一个慈善组织（全国城市联盟）把收益捐出去。虽然长岛悲剧（以及其他不幸）引发了人们对嘻哈音乐的指责，但是没有一家黑人嘻哈唱片公司愿意发行慈善唱片。最终是詹福唱片公司，这家由来自南非的白人卡莱夫·卡尔德（Clive Calder）所有的公司同意出钱资助唱片的录制以及单曲的宣传。

9月20日 韩国首尔奥运会的径赛场上，弗洛伦斯·格里菲斯-乔伊娜的长指甲分外显眼（她赢得 100 米和 200 米短跑时戴着长指甲），杰西·乔伊娜-柯西的毅力也令人钦佩（三级跳和七项全能中能看出）。

---

① 尼尔森收视率（Nielsen rating）：由尼尔森媒体研究公司开发的系统，用来调查电视、广播和报纸在媒体市场上的顾客数目，主要通过在全美 1000 多台消费者电视机上装相应的记录仪器来做统计。

看NBC转播比赛的观众一定也留意到了黄金时间段主持人布莱恩特·冈贝尔的自信表现，这次，他的美差是为比赛担当解说员。《华盛顿邮报》一篇评论冈贝尔的文章里，诺曼·查德（Norman Chad）写道："我已忘记了他说话时的鼻音重得惊人，忘记了他的解说风格浮夸得让人火大，忘记了少得可怜的那几位把录音室当做他们常年的家的男男女女中，没有人比他更优秀……他生来就是做主持这一行的，生来就具有商业号召力，生来就能选出种种场合，然后滔滔不绝地说，与此同时他可以翘着腿，裤子笔挺。没有人能像他这般可靠，让人心安。"

9月21日 迈克·泰森、罗宾·吉文斯和她母亲露丝·罗珀（Ruth Roper）出现在了ABC电视台芭芭拉·沃尔特斯主持的《20/20》节目中。当吉文斯描述他们的婚姻简直就是"折磨"时，这位拳击冠军出奇地冷静。之后人们才知道，在节目录制之前，吉文斯硬是让泰森服用了氯丙嗪和锂。

自丽兹·泰勒（Liz Taylor）和艾迪·费舍尔①（Eddie Fisher）以来，泰森夫妇是媒体最喜闻乐道的名人夫妇了。泰森指责吉文斯在心理上操控他，而吉文斯则称泰森打她。这场肥皂闹剧的结局是两方互相给对方寄离婚协议。泰森成了体育海报上行为恶劣的代表，而吉文斯出现在除了说唱音乐之外的各种媒体上，被称为终极掘金者。

10月7日 朗-D. M. C. 的成员和经纪人罗素·西蒙斯

① 伊丽莎白·泰勒是好莱坞著名女星，艾迪·费舍尔是50年代最受欢迎的男歌手之一，他是泰勒的第四任丈夫，泰勒是他的第二任妻子，他俩的婚姻在娱乐界传为佳话，不幸的是结局并不完满。

(Russell Simmons),还有制片人里克·鲁宾一起出资资助电影《比皮革更坚韧》(*Tougher Than Leather*),希望能促进朗-D. M. C. 刚刚起步的电影事业。西蒙斯曾一度把剧本给斯派克·李,可是李对"黑人演黑人看"题材的电影不感兴趣。鲁宾虽然是说唱音乐界很有权威的制作人,但是当起导演来却是心有余而力不足。即便有朗-D. M. C.、"野兽男孩"、斯里克·瑞克(Slick Rick)等MC助阵,《比皮革还坚韧》限量发行票房总收入仍不到500万美元。

也许,这部电影的发行公司比电影本身更耐人寻味。新线电影公司是一家活跃的独立电影公司,因《猛鬼街》(*Nightmare on Elm Street*)恐怖系列电影而扬名。然而,《比皮革更坚韧》开启了公司历史的新里程,因为从这部电影开始,新线电影公司开始定期资助那些由说唱歌手出演、黑人导演执导的都市影片。

11月 哈佛大学一对白人学生——约翰·谢克特(John Schecter)和戴夫·梅斯(Dave Mays)创办了一份嘻哈简报/内幕报告,他们称之为《音源》。虽然身在波士顿,但是两人和其他一些年轻嘻哈乐迷一道,开始固定地发行杂志。到目前为止,大部分有关嘻哈文化的严肃报道都是出现在一些综合类的周刊上,如《乡村之音》和《波士顿凤凰报》(*The Boston Phoenix*)。现在,主流音乐杂志会专门关注嘻哈音乐,但是还算不上面面俱到,或是持续固定。《音源》会最终填补这片空白,引得众多杂志纷纷效仿。但是,作为第一份给予嘻哈音乐严肃、狂热报道的杂志,谢克特和梅斯所创造的,是嘻哈文化最具有价值的商标。

11月7日 一场比赛下来,"舒格·雷"·伦纳德赢得了他的第四个和第五个拳击赛冠军。刚刚从被唐尼·拉朗德(Donny Lalonde)击倒中恢复过来的伦纳德获得了成功,顺利摘下了加拿大WBC轻重量级金腰带,坐上了空缺的超中量级冠军宝座。这下子,伦纳德赢得了史无前例的五个不同重量级比赛的世界冠军,多本杂志封他为时代最佳拳击手。

12月7日 特区警察局局长小莫里斯·T.特纳(Maurice T. Turner Jr.)说,他并不认为抓获了43 000人的特区大清扫行动“对毒品需求产生了什么影响。抓人并不是我们要的答案”。大清扫行动开始于1986年8月。人们越来越趋向于把可卡因看成公共健康问题,而不是犯罪问题。今年,特区总医院中出生的婴孩中,18%是有毒瘾的母亲分娩的。全国范围内,这个数字是11%。

12月20日 麦克斯·罗宾逊是第一位担任电视台新闻节目主持人的黑人,他因艾滋病去世,享年49岁。罗宾逊1981年在史密斯学院做的那次演讲备受争议,在此之后,他一直生活在与酗酒和其他疾病的抗争中。直到1987年,他被诊断出患有艾滋病,他是第一位承认患有艾滋病的黑人知名男性。葬礼上,杰西·杰克逊神父特别强调罗宾逊是异性恋。据杰克逊回忆,罗宾逊曾告诉他:“在这张床上,我以圣经起誓,不是同性恋,而是性滥交”让他感染上艾滋病毒的。

罗宾逊共结过三次婚,他整日沉溺于女色,酗酒成性,吸毒上瘾,人尽皆知。在他生命最后的日子里,黑人群体站在这位电视先锋身边,给他金钱和精神上的支持。不过,也有令人沮丧的一面,这么多或生活拮据,或是同性恋,或毒品上瘾的黑人因艾滋病去世,公众却很少站出来表示强烈的抗议,非裔美国领导人也没有组织任何行动。

到年底，白人同性恋中感染艾滋病的患者增长速度放慢了，而黑人和拉美裔男同志中的患者增长速度却在上升，静脉注射的毒品吸食者同样如此，其中相当大一部分是少数族裔。黑人和拉美裔只占美国总人口的20%，但是却占了艾滋病患者的40%。“黑人和拉美裔群体中始终有人抵抗安全性爱，”《洛杉矶时报》报道，“少数族裔组织里的许多人还没有把关注艾滋病提上议程，因为其他事情他们都快忙不过来了。”

传统上，黑人教堂一直是传递黑人群体中提倡社会改变的呼声的地方，而这次，教堂在重视 HIV 和艾滋病上行动尤其缓慢。离世时的罗宾逊和后来的“魔术师”约翰逊一样，正是黑人们愿意为之哀伤的艾滋病受害者——他们功成名就，而且可以非常骄傲地说，并不是同性恋。

1 9 8 9

1989

杰西·杰克逊神父再也当不了美国总统了。事实上，在他那漫长且颇具争议的政治生涯中，杰克逊再也不会担任任何选举而得的职务了。然而，80 年代的最后一年里，他仍旧能在各处彰显神威。两场重大的选举中，黑人能胜出就是由于杰克逊的影响，从他鼓动黑人选民的角度来看。11 月 7 日的选举中，民主党政坛老将大卫·丁金斯以微弱的优势战胜联邦检察官鲁迪·朱利安尼(Rudy Giuliani)，当选为纽约市长，以及道格拉斯·怀尔德(Douglas Wilder)当选为弗吉尼亚州州长，都是靠杰克逊的支持以及热心的宣传活动。

多年来，纽约城里种族冲突不断，随时有可能升级，灵敏的纽约人选择丁金斯当市长，其实是个安抚之策。尤其是犹太人，与联邦检察官鲁道夫·朱利安尼相比，他们更支持丁金斯，为他的竞选活动筹集了 290 万美元的资金。怀尔德的当选使他成为自 19 世纪以来美国的首位黑人州长，有可能是后民权运动年代里黑人获得的最大的选举成就了。但是，怀尔德不是单单靠肤色当选的。在这个南方的州里，他借助赞成堕胎合法化的平台，寻求旧式价值观与思想开放、人群日益壮大的北方移民的观念之间的平衡，得到了弗吉尼亚州民主党全体一致同意。

丁金斯和怀尔德都有着亲切和蔼、几近殷勤谄媚的言行举止，正好与他们的灰发，或开明或温和的政治宣言相称。可以称之为“《为戴茜小姐开车》效应”，因为他们两人都跟最近这部大红大紫的电影里摩根·弗里曼扮演的温文尔雅的司机很相像。他们让白人放足了心，克服了把生杀大权交由一个黑人的心底恐惧。怀尔德温和的个人魅力，帮助他赢得了弗吉尼亚州土生土长的白人的选票，也赢得了州里日益壮大的外来北方人的支持，帮助他完成了比他知名度更高的汤姆·布拉德利在洛杉矶未竟的事业。

杰克逊当领导时有哪些不足，在90年代里会逐渐清晰明朗起来，然而不管怎样，他两次总统的竞选过程表明了他能够提出一些白人候选人忽略的问题，一段时间以来，黑人选民曾一度对夺取主流政权的前景相当乐观。

民主党全国委员会任命罗安·布朗为主席时，也是考虑到杰克逊吸引选民的能力。布朗可是一位精明圆滑的政客，他曾是杰克逊亲密的幕僚，当选为主席后他全凭自己的性子行事，最终的结果是使杰克逊在党内的势力大大受挫，同时助长了威廉·杰弗逊·克林顿(William Jefferson Clinton)的影响力，克林顿两度就任阿肯色州的州长。

杰克逊是美国黑人公认的领导人，不过他不仅仅站在候选人背后出力，他在改变对黑人的称呼上也起了重大的作用。杰克逊倡议，大家不应该自称“黑人”，非洲奴隶的后代就该自称为“非裔美国人”，这个称呼已使用多年。(70年代里，“非裔美国人”这个词曾一度非常流行，不过没有持续下去。)

如今1989年，到了与非洲寻找认同感的时候了，“非裔美国人”加快了步伐。卡尔·T.劳恩(Carl T. Rowan)是老派的民权政治专栏作家，听到这个词儿他大为恼火，因为它让人想到“整整

16年前”，沮丧的领袖们劝服大众，还是称自己为“黑人”吧。劳恩不以为然地说：“如果想改善非洲奴隶的儿儿女女的生活，让他们在这片土地上能与人协作，与人竞争，我们黑人要做的事情还有很多，有些需要牺牲和折磨，有些充满了艰难险阻。但是区区一个名字有何了得？什么都算不上。”

罗杰·威尔金斯(Roger Wilkins)是另一位令人尊敬的民权运动家，他的父亲罗伊·威尔金斯(Roy Wilkins)是NAACP里一位德高望重的领袖人物。威尔金斯在《华盛顿邮报》的社论中丝毫不吝赞美之词：“全国上下的流行文化中，泰山系列电影、桑博传奇故事[①]和逝去的老南方怀旧歌曲把人们的幻想放大了——虽然奴隶制带来了很多悲剧，但是非洲人这么野蛮，来自这么落后的地区，完全是自找的……我们要把这些垃圾想法完全清除出大脑……第一个好方法是要理解，五个世纪以前欧洲入侵非洲时，遗传给我们厚嘴唇和鬈发的祖先们在自己的土地上自由行事，按照自己的想法安排生活。”

美国大部分黑人还是跟杰克逊、威尔金斯站在一边的，赞同采用“非裔美国人”这个称呼，要么替代“黑人”，要么与“黑人”共用。然而，劳恩说的一点都没错，改变称呼并没有给我们的经济或政治地位带来任何实质性的效果，反倒让许多白人好几年一直生活在社会困惑中，他们一时间摸不着头脑，到底哪个才是政治正确的称呼。

---

① 桑博传奇故事：可能是指《小黑桑博的故事》(*The Story of Little Black Sambo*)，这是海伦·巴内曼(Helen Bannerman)写的一本儿童读物，首次出版于1899年。桑博是个泰米尔男孩，他遇见了四只饥肠辘辘的老虎，他把他的新衣服、新鞋子和雨伞都给了老虎，希望老虎别吃他。老虎们互相追咬着，最终化为一摊黄油，桑博的妈妈用黄油做煎饼给小桑博吃。

但是，作为对非洲的肯定，作为对我们奴隶制的过往的承认，作为在一个更广阔的国际背景下看待我们的存在的视角，非裔美国人能给人心理上的宽慰。这一称呼能得到广泛使用，杰克逊神父绝对功不可没。

1月3日 《阿森尼奥·霍尔秀》首播，喜剧演员霍尔把街头俚语“让我们忙起来！”带进了流行词库，新杰克风格也成为深夜电视节目里的一道亮丽风景。30岁的霍尔是深夜电视节目的第一个黑人主持人，然而这并非一蹴而就的。霍尔在克利夫兰长大，最早的时候在黑人俱乐部戏院表演，之后去了洛杉矶，在白人的喜剧俱乐部工作，比如“喜剧商店”、“即兴社”。80年代中期，他得到了第一份固定的全国表演秀，在《流金岁月》(*Solid Gold*)里做调动气氛的喜剧演员。《流金岁月》是一个档次低劣的节目，由舞蹈演员表演时下流行的歌曲。霍尔并没有一举成名，不过，《流金岁月》为他提供了一个极为难得的舞台。要知道，那个时候，很少有黑人喜剧演员会被邀请到《约翰尼·卡森夜间秀》(*The Tonight Show Starring Johnny Carson*)作客。

80年代中期，霍尔认识了一帮与艾迪·墨菲结识的黑人喜剧演员。就是靠这种朋友关系，霍尔才有机会在HBO的城外喜剧快车上露脸，才会有墨菲提到他是“黑秀帮”的一分子，才会有机会出演《来到美国》里的一个配角。霍尔步入脱口秀圈子，是接替琼·里弗斯。由于这个节目的收视越来越差，里弗斯离开了福克斯电视台《深夜秀》，霍尔的出现受到观众的欢迎。

然而，风水轮流转，霍尔结束他的深夜秀，只是一个时间问题。除了约翰尼·卡森，以及比他次一点的、接替他的主持人杰·雷诺(Jay Leno)，还有主持他自己的《深夜》(*Late Night*)节目的大卫·

莱特曼(David Letterman)之外,没有人能真正把握这种混合了聊天、幽默和音乐的节目形式。霍尔最值得称道的地方,是他创造了与众不同的节目特色,融合了圈内笑话、卖弄风情的女嘉宾以及都市新潮。《阿森尼奥·霍尔秀》还没有问世时,黑人的新型流行文化潮浪越抬越高,却没有一个属于他们的电视节目。霍尔的出现则意味着每周五天,他的沙发是黑人跨界明星(墨菲、奥普拉、普林斯、惠特尼·休斯顿和"魔术师"约翰逊)安全的避风港,好几十位名人等着上节目。霍尔施惠最大的,是来自奥克兰的说唱歌手兼舞蹈家 MC 哈默(MC Hammer),哈默之前虽然有过一些动静,但还不是家喻户晓的大明星。霍尔帮着即将出名的 MC 哈默宣传,在节目中时不时提到他的歌曲《你不能碰这个》("U Can't Touch This")及其视频,这首歌的视频已经在 MTV 和 BET 上热播了。

等哈默和一大帮舞者来到阿森尼奥那个装饰豪华的大型演播间时,一切已准备妥当,哈默的表演动感十足,浑身上下被汗水湿透,原本不是说唱音乐粉丝的人们也情绪高涨。哈默之后的第二张专辑《哈默,请不要伤害他们》(*Please Hammer, Don't Hurt 'Em*)卖出了 800 万张,对他来说,作客阿森尼奥节目秀的意义丝毫不亚于迈克尔·杰克逊在《摩城 25 周年》(*Motown 25*)中的表演。

另一位在《阿森尼奥秀》上露脸后知名度上升的人物是比尔·克林顿。来自阿肯色州的克林顿想成为 1992 年的总统候选人,他拿出了萨克斯,在阿森尼奥的室内乐团的伴奏下跳起了舞。虽然表演并未让克林顿赢得选举,却为他赢得了加分亮点,许多对选举不感兴趣的年轻人也留意到了他。

遗憾的是,阿森尼奥的深夜秀并没有永远播下去。脱口秀只播放了四季,到最后快结束的时候还惹来了争议,当时,霍尔决定邀请法拉可罕导师担任嘉宾，惹怒了电视台的许多白人经理，以及掌控实权的经纪人，原本就每况愈下的节目一下子断了生命来源。最后一期节目于1994年5月27日播出。然而，霍尔的贡献一直得以延续，雷诺和莱特曼在邀请嘉宾时的条件都有所放宽，添加了很多黑人音乐，也让更多的黑人嘉宾上节目，背靠在长椅上聊天，这是非常难得的。也有其他人想开办他们自己的《阿森尼奥秀》（“魔术师”约翰逊、基南·艾弗瑞·韦伊恩斯、《Vibe》杂志的克里斯·斯宾塞[Chris Spencer]），但是没有人能像霍尔那样忙碌。

同年，霍尔的哥们哈默重新界定了什么是嘻哈成就，虽然这么做使得嘻哈音乐的中坚歌迷们离他而去。哈默，又名斯坦利·科克·拜瑞（Stanley Kirk Burrell），多年来一直是奥克兰说唱表演的常客，他的旋律捉摸不定，跳的舞很有动感。纽约的A&R人员经常在音乐合作会议上见到这位爱出风头但斯斯文文的MC，对他再熟悉不过，但是没有人会相信他的MC“技能”会值得签下一纸唱片合同。

哈默在湾区[①]独立发行一些音乐后，与洛杉矶一家大型的国会唱片公司（Capitol）签了合同，当时的国会唱片还只是浅涉嘻哈领域。《你不能碰这个》用的是很简单的一段旋律，与里克·詹姆斯的《超级变态》（“Super Freak”）有相似之处，歌曲在流行电台的受欢迎程度非以前任何说唱唱片所能比。

以前，从没有一位说唱歌手跳舞能像哈默跳得那样好。他的视频拍摄得很有活力，音乐会舞蹈精心编排（舞台上的舞者经常多达20位），哈默把迈克尔·杰克逊式的娱乐表演与说唱旋律融合在一起，把取悦观众的浮夸表演特质植入原本反对浮华的音乐类型里。这种混合合成让哈默的《哈默，请不要伤害他们》蝉联榜首

① 湾区：应该是指旧金山湾区，由旧金山周围的9个郡组成的都市区。

长达21周，他本人也赢得了多份代言合同（塔可钟、百事）。在大约两年时间里，哈默一直是广告红人，几乎赛过了比尔·考斯比。

然而，也从没有一位MC的音乐能遭到嘻哈圈里这么多人的厌恶。L.L.酷杰不讨人喜欢的主要原因是他的个性，从来没有人质疑过他的MC技能。相较之下，哈默遭到纽约嘻哈社区里所有人的鄙夷，人们不喜欢他的吉尼裤，他虚伪的笑容，还有低级的旋律。白人踢踏二人组“第三垒”（Third Base）在他们为《砰！黄鼠狼跑了》（“Pop Goes the Weasel”）拍摄的视频中，痛痛快快地鄙视了哈默一番。

如果说那些自诩为说唱音乐卫道士的人们对哈默一肚子不满，那么瓦尼拉·艾斯（Vanilla Ice）则让他们快发疯了。个子高挑的艾斯英俊潇洒，生着金发碧眼，他告诉记者，他在戴德郡的街头贫民窟里长大，童年很艰辛。在一些黑人制作人和说唱歌手的帮助下，艾斯遵循哈默的成功法则（视频里有大量舞蹈，歌曲里好多简易重复的叠句，韵调听起来耳熟）。他的歌曲《艾斯艾斯宝贝》（“Ice Ice Baby”）借用了“皇后”乐队和大卫·鲍伊合作的名曲《重压之下》（“Under Pressure”）里反复哼唱的叠句，为视频配乐，视频放的是黑人兄弟会舞步秀上拍摄的一段例行舞蹈表演。瓦尼拉·艾斯是青少年的偶像，青春期少女就喜欢男孩乐队，才不在乎他的MC功夫有多烂呢。连麦当娜这样高端的性感女神，也迷恋过艾斯①（虽然时间并不长）。

随着时间的流逝，瓦尼拉·艾斯编造的街头童年故事渐渐被人拆穿了。原来他的真名是罗伯特·凡·温克尔（Robert Van Winkle），实际上他是在达拉斯的一户中产阶级家庭中长大。艾斯

---

① 麦当娜曾与艾斯拍拖八个月。

迫切想戴上嘻哈音乐的标志，说明了流行文化审美观发生了变化，连白人男孩都想与黑人下层阶级套近乎。机灵的“野兽男孩”酷爱嘻哈音乐，他们是白人；艾斯（以及许多后来者）想把他们的白肤色隐藏在编造的贫民窟黑人的生活圈子里。虽然艾斯最终被揭发是假冒的，然而，这种谎称自己是都市下层阶级的孩子以推销自己，实乃80年代嘻哈文化遗留给世人最愚蠢的财富。

1月12日　基南·艾弗瑞·韦伊恩斯的《我将让你XXX》（*I'm Gonna Git Ya Sucka*）在纽约洛夫斯的阿斯特广场剧院里首映。这部黑人演黑人看的戏仿剧里，韦伊恩斯一个人担任导演、编剧及演员，奠定了他作为一名重要喜剧演员的地位。影片里众星云集（戴蒙·韦恩斯、卡丹·哈迪逊、安妮-玛丽娅·约翰逊[Anne-Marie Johnson]、吉姆·布朗、艾萨克·海伊斯[Isaac Hayes]、安东尼奥·法加斯[Antonio Fargas]和道恩·刘易斯[Dawn Lewis]]），韦伊恩斯用了一些下流笑话，展示了他对视觉幽默的独到理解力。克里斯·洛克出演了一个令人印象深刻的小角色，他想在一家灵魂饭店里买一根排骨。

2月　DJ杰西·杰夫与新奇王子（DJ Jazzy Jeff & the Fresh Prince）的《父母们就是没法明白》（*Parents Just Don't Understand*）获得了第一个格莱美说唱音乐奖。由于拉什管理公司抵制这类活动，杰西·杰夫、威尔·史密斯[①]，还有其他许多MC，都没有出席颁奖礼。行业专家和媒体通过好几年的游说，才说服了格莱美增添这

---

①　威尔·史密斯（Will Smith）青少年的时候玩说唱音乐，在一个派对上结识了杰夫·托尼斯（Jeff Townes），也即DJ杰西·杰夫，两人组成了“DJ杰西·杰夫与新奇王子”。

一奖项,然而,获奖者要想做出说唱音乐的高质量作品,还要等好几年。

2月14日 “抵抗暴力运动”的新闻发布会和大游行开始,人们抬着一口棺材,从阿波罗剧院出发,穿过第125大街,到达州政府办公大楼,最后结束时由查克·D和KRS-One代表发言。歌曲《自我毁灭》(“Self-Destruction”)的录音和视频已经由詹福公司推出(在金博士诞辰之日发行),有全明星阵容:“人民公敌”乐队,KRS-One,哈维·D,“斯坦茨索尼克”乐队的戴迪-欧(Daddy-O)、(Fruitkwan)和德利特(Delite),杰斯特-艾斯(Just-Ice),道格·E.弗莱什(Doug E. Fresh),MC里特(MC Lyte)(带着他与L. L.酷杰合作编写的音乐),酷摩迪、迪-奈斯(D-Nice)还有“布吉·道出品”乐队的旋律小姐(Ms. Melody)。

《自我毁灭》加上书(《抵抗暴力——远离自我毁灭》[*Stop the Violence: Overcoming Self-Destruction*])和家用录像视频,总共挣得400 000多万美元,全都捐给了全国城市联盟。这是嘻哈文化与旧时灵魂文化机构的一次互动,极为难得。唱片录制和收入统计的过程中,双方相互猜忌。幸好,很多MC都出席了全国城市联盟的大会,钱也如涓涓细流,汇入了帮助黑人青少年的项目。

《自我毁灭》给了西海岸群星以灵感,他们录制了一首非常相似的歌曲,叫“我们流着一样的血”(“All in the Same Gang”)。另外,它还引发了公众对“黑人对黑人的罪行”的讨论。然而,即便各方有着善意之举,可卡因犯罪心态还是渐渐地浸染了说唱音乐。不仅黑帮说唱突然受人追捧,而且真正的黑帮还在出钱资助唱片录制,在一些情况下,他们自己也开始了说唱。“抵抗暴力运动”是非洲中心主义政治意识、缅怀马尔可姆·艾克斯时代的产物。90

年代早期，占主导地位的是一场混乱的“发动暴力”运动。

2月27日 亚瑟·艾什(Arthur Ashe)的新书《通往荣耀的艰难之路》(*Hard Road to Glory*)庆功会在75洛克菲勒中心举行。这位前网坛明星编写了迄今为止最翔实的非裔美国运动员历史。虽然新书是由华纳出版集团发行，但是出版商是阿米斯塔德出版社——一家黑人所有的出版社，反映了这位说话温和的网球英雄的政治意识形态。此刻，很少有人知道这位憔悴消瘦的作家是HIV阳性。艾什最后的回忆录《荣耀与传奇》(*Days of Grace*)记录了他的一生，以及他对死亡之神的接受。

3月 《华盛顿邮报》和《纽约时报》同时刊登了有关非洲中心主义教育正在全国各地的公私立学校中扩张的文章。《纽约时报》写道:“那些大部分学生是黑人或快要都是黑人的城市，他们……在考虑或是已经开始使用多文化教育方式了。这些地方，老师和教科书都会强调美国黑人和非洲历史，以及黑人在艺术、科学、数学、语言艺术、社会研究和音乐领域的贡献。”

两份报纸的报道都用了同一个非洲中心主义教育作为例子:大部分美国人都知道发明电灯泡的是托马斯·爱迪生(Thomas Edison)，但是很少有人知道，发明红绿灯的是一个黑人，名叫加列特·摩根(Garrett Morgan)。

4月13日 查尔斯·刘易斯(Charles Lewis)因私藏可卡因被起诉。刘易斯曾是特区人事处职员，他父亲是维京岛一位颇有名望的政治人物，他本人与市长马里恩·巴里是朋友，这次被控告贩卖毒品。1988年12月，刘易斯下榻在当地的华美达酒店，巴里至少六次探望他。12月22日，一位女佣报警说刘易斯给她可卡因，特区警察来到刘易斯的房间。显然，《华盛顿邮报》花钱买到了市长来饭店的内幕，然而，特区警察却没有盘问他们的老板。刘易斯受到检控前，巴里曾两次到特区陪审团面前作证。为了保住颜面，他做了药物检测，结果是阴性，透过当地电台播了结果。

刘易斯被逮捕后，特区里有人要求市长下课。巴里告诉记者，他正忙着打击犯罪呢。今年接下来的时间里，市长和他的反对者们就是这样你一来我一往，把公众的注意力从特区目前严重的毒品问题转移到市长到底是不是瘾君子上。

5月 美国人平日生活里，两个男人之间的身体接触一般只局限于商务场合热切的握手，或是亲戚之间纯洁的拥抱。只有古怪的欧洲人才会亲嘴。因此，NBA总决赛的七场比赛开场时，当洛杉矶湖人队的魔术师约翰逊和底特律活塞队的伊赛亚·托马斯相互亲吻面颊时，公众一片哗然。

还没有结束呢。他们两人是好朋友，可以。赛季之后，他俩一起去旅游，可以。但是只有你爸爸才会亲你，而且只有当你才八九岁时。我们国家最有名气的两位球员在大庭广众下如此用嘴亲脸，这种肌肤之亲势必引来一阵围观。

不管他俩的私交如何亲密，七场球赛中的相互争斗还是挺激烈的。事实上，比赛打到第五场时，约翰逊不怀好意的半空跳射正好打在托马斯之前已受伤的脊背上，伤势愈加严重。这次重击之前，约翰逊就抱怨过，湖人队的队友们在对抗趾高气扬的底特律"坏男孩"时太被动了。就在昨天，约翰逊的好兄弟托马斯还像爸爸一样亲他，现在对于湖人队的这位球星来说，什么都不顶用了。

带伤打比赛的托马斯，在系列赛的第六场中，一人独得43分。

然而最终，约翰逊的湖人队赢得了第七场比赛，成为 NBA 自 1969 年波士顿凯尔特人队之后首个蝉联冠军的球队。

5月　EEOC 主席克拉伦斯·托马斯被提名为美国联邦上诉法庭的成员。自 2 月份，罗伯特·伯克（Robert Bork）因为之前未得到高等法院的提名而辞去了这个位置以来，该位置一直空缺。托马斯是十年中第一个成为这个声望很高的法庭的候选人。上诉法庭在重要性上通常被认为仅次于高等法院，因为它在行政管理案件和其他联邦政府事务的裁决上有着全国性的影响。

“自从乔治·布什选举获胜以来，在某些场合，克拉伦斯一直是布什政府里保守人士在选举升迁时的首选，”保守党智库“自由国会基金会”的派特里克·麦奎根（Patrick McGuigan）如是说，“可能是出于这样的保险想法吧，在判决案件时，他总是会属于法庭的保守派系。”

5月12日　《妙趣孖宝》（*See No Evil, Hear No Evil*）是吉恩·怀尔德和理查德·普莱尔第三次，也是最后一次合作。现在，大家都知道普莱尔身患多发性硬化症，看电影时很容易发现，他深受这种病的折磨。这部悲伤的影片是普莱尔最后一次出演电影。

5月12日　纽约市公共交通局（NYCTA）宣布，最后一部画满涂鸦画的地铁列车从今天起停止运行。现在，NYCTA 投入使用的都是涂鸦画画不上去的列车，满车都是涂鸦词、窗户画满了图画以致乘客都看不到外面的时代业已结束。说唱成为都市青少年热捧的职业时，嘻哈的其他艺术形式不管在普及程度还是流行程度上都在衰落。涂鸦既没有消亡，也没有完全消失（事实上，欧洲的涂鸦画势头越来越猛)，但是，城市交通上画有大幅涂鸦画的岁月已在美国结束。

5月22日 “人民公敌”乐队的格瑞菲教授(Professor Griff)接受《华盛顿时报》的采访，说到犹太教时，他的言辞中流露出反犹太主义思想，他告诉黑人记者大卫·米尔斯(David Mills)，犹太人“要为这世界上大部分罪孽负责”。

犹太人和其他人士强烈要求查克开除格瑞菲，谴责他的言辞。黑人群体里的许多人仍因杰西·杰克逊的“海米镇”带来的余波饱受困扰，他们希望查克不要一时冲动开除格瑞菲，希望他能顶住压力。查克的做法则是，鉴于格瑞菲公共场合失言，决定雪藏他。他的逻辑是格瑞菲的言行违反了乐队的规则。查克并没有否认格瑞菲的言论，也没有与多年的好朋友断绝关系。

对于查克折中的做法，双方都不满意，但是，正如绯闻能让许多明星更出名，格瑞菲的失态只有让“人民公敌”乐队在社会生活中变得更重要。他们的唱片永远都不会像迈克尔·杰克逊的专辑那样受欢迎，甚至连普林斯也比不上，但是从文化角度来看，他们的重要性一点也不亚于这两位巨星。不管有无历史记载的当下时代热闻中，都有“人民公敌”乐队的身影。即便是格瑞菲没头没脑的失态，也一度让“人民公敌”乐队身处双方争辩的中心地位——这次是黑人与犹太人的关系问题。而且对于乐队而言，今年还远远没有过去。

6月 “德·拉·灵魂”乐队的专辑《上升至三英尺高》由汤米男孩公司制作，这张唱片为嘻哈音乐的发展指明了一条怪诞新奇的道路。这个来自长岛的三人组，成员名字离奇怪异(波斯德内斯

[Posdnous]、“鸽子”特鲁格伊[Trugoy the Dove]和佩斯马斯特·梅斯[Pacemaster Mace]),音乐曲调好玩又复杂,节奏和取样合成层层叠加,制作人普林斯·保罗(Prince Paul)彬彬有礼。所有这些加起来的结果是诞生了一张超现实风格、极其讨巧,但又有些技术控的嘻哈唱片,吸引了不少歌迷的追捧。具有代表性的歌有《眼睛知道》(“Eye Know”),这是一首动听的爱情歌曲,在当时极为罕见,是从两个完全不同的歌手的音乐里取样合成的——灵魂乐传奇歌手奥蒂斯·瑞丁(Otis Redding)和流行摇滚歌手史提利·丹(Steely Dan)。主题和音乐这样结合,灵魂乐队做到了标新立异。

在一段时间里,“德·拉·灵魂”乐队是“同族大家庭”(Native Tongues Posse)的中心人物,这是临时凑在一起的MC组合,成员包括奎恩·拉提法(Queen Latifah)、“丛林兄弟”(The Jungle Brothers)、“寻求部落”乐队(A Tribe Called Quest)、“蒙娜的爱”(Monie Love)、“新流派领袖”乐队(Leaders of the New School)。宽泛地讲,同族大家庭的歌手们把非洲中心主义意识、非传统的歌词内容以及节奏韵律带进了美国嘻哈音乐。在灵魂乐队的激励下,这种全新思维留在了嘻哈音乐中,影响着21世纪的音乐组合,像“黑星”(Black Star)、“黑眼豆豆”(Black Eyed Peas)、“J-现场组合”(J-Live)和“侏罗纪五人组”(Jurassic 5)。

有些歌迷对与毒品相关的韵律不感兴趣,对于他们,灵魂乐队则能展现一种更具乌托邦色彩的音乐,使得嘻哈乐和生活都不那么针锋相对。《上升至三英尺高》以及乐队之后推出的作品就像特蕾西·查普曼或“生命之彩”的音乐那样,是对以贫民窟为中心的老掉牙的黑人流行乐的回应。

奎恩·拉提法的唱片《所有人恭迎奎恩》(*All Hail the*

Queen)于11月份由汤米男孩公司推出，这张唱片不像灵魂乐队的首张专辑那么激进，其节奏与取样合成都更趋保守与传统。然而，奎恩·拉提法本人却不是这样。这位来自新泽西州的MC首次出现在听众面前，歌声有力自信、头上戴着肯特布做成的皇冠，歌词充满女人味。拉提法也不像之前的女MC那样，言行举止要么像个假小子，要么像妖艳的荡妇。她非常时髦，但又平易近人，是个前卫的年轻女子，不符合先前人们心目中的任何一类模式。她与英国说唱歌手"蒙娜的爱"(Monie Love)合作的二重唱《女士优先》("Ladies First")成为第一首真正的女权主义MC的颂歌。

拉提法的个人魅力实在太大了，她甚至都没有一首走红的歌曲(直到90年代，她才开始有专辑能卖到500 000张以上)，就能在公众中拥有很高的人气。她成立了一家名叫弗雷维小组娱乐的制作公司和唱片厂牌，培养了很多歌唱新秀，也帮助她自己跨入电视表演行业。2003年，凭借《芝加哥》(*Chicago*)一片，她获得了奥斯卡最佳女配角的提名。

6月12日 B.史密斯餐馆里举行了一场新书庆功会，记者贝比·摩尔·坎贝尔(Bebe Moore Campbell)写了一本纪念她父亲的回忆录——《甜美的夏日》(*Sweet Summers*)。这本书里，摩尔肯定了那位她一生中最重要的黑人，她从一位成功的杂志记者转型为作家。90年代里，这位洛杉矶作家会创作好几本畅销书，内容是关于受过大学教育的中产阶级女性如何处理一系列事情，包括与她们的白人女同事、劳动阶层的兄弟，还有自己圈子里的弱势成员如何相处。摩尔记录那些新近成为白领的黑人女性的生活经历，传达她们的心声。

6月23日　电影《蝙蝠侠》(*Batman*)的开头用了普林斯谱写的配乐。这部电影由稀奇古怪、满脑子幻想的蒂姆·波顿(Tim Burton)导演,既是一部脍炙人口的娱乐影片,又能引发人们对都市偏执的思考,与公众形成共鸣,电影的票房收入总计2.51亿美元,这位漫画书主人公也成为系列电影的主角。普林斯为《蝙蝠侠》创作的音乐不像《紫雨》那样通俗易懂,但是却很好地烘托了电影里邪恶的场景。普林斯最别致的音乐要算《丢人现眼》("Scandalous")了,这是一部公然诱惑的壮丽诗篇。

《蝙蝠侠》原声碟是普林斯最后一部纯流行乐作品。在接下来的几年里,他从华纳兄弟公司的明星人物变成一个郁郁寡欢的反叛者,这个转变也吻合(或是导致了)他公众形象的恶化,以及唱片销量的下跌。这个年代里没有一位流行歌手能像他那样,在音乐上保持旺盛的创造力,在思想观念上超前激进,在表演时幽默搞笑且平易近人,这个人就是大家熟知的(就目前而言)普林斯·罗杰斯·尼尔森。

6月30日　斯派克·李的电影《为所应为》(*Do the Right Thing*)等待公众的争议。电影评论家大卫·邓比(David Denby)、政治作家斯坦利·克罗齐和乔·克莱恩(Joe Klein)在贝德福德-施托伊弗桑特的一个街区批判了这部电影长达24小时,说这部电影拎不清轻重、祸害公众。"如果有观众发疯做傻事,他要付部分责任。"邓比在《纽约杂志》上写道。《为所应为》中涉及了塔瓦娜·布罗利"强奸"事件,还有霍华德海滩惨案,它夹带了沉重的政治意味登上剧院舞台。

幸好,文森特·坎比(Vincent Canby)顶着重重抗议之声,在《纽约时报》的一篇影评中写道:"关于斯派克·李的电影《为所应为》中所折射出的社会和政治蕴义，虽然大家的讨论真挚严肃，然而却忽略了一个事实：这是一部很棒的电影。”坎比注意到，这是一部“大片。虽然情节的展开只局限在贝德-施托一两个理想化了的街区中，整部电影的视角却不狭窄。这是一部当代‘街头之景’，它像戏剧那样高于现实，不仅在视角展望上，而且原声碟中歌曲的歌词也成为影片里异常接近生活、总是让人捧腹的对话的自然延伸”。

斯派克喜爱斯科西斯和米高梅的音乐剧，在影片中，他把音乐剧的元素也融入进去，主要通过音乐伴奏的蒙太奇、对着观众满嘴吐着种族称呼的人物角色、明显是人造的店面、拍摄得极为可爱的水珠，还有不经意间爆发的暴力冲突。比尔·李的配乐时不时还会与对白争宠，但是斯派克把“人民公敌”乐队的《与权力作战》(“Fight the Power”)调控得极为出色。说唱音乐虽然已经成为美国电影常会用的配乐，但是很少有人像李那样，在《为所应为》中把它用得极其合乎电影的主题。

把这部电影与《学校万花筒》放在一起作比较，就好像先是看一个优秀的高中篮球运动员打球，再看一个职业球员打球。自第二部电影以来，斯派克对镜头的掌控水平已大大上升，好像之前电影里犯的错误都经过推敲分析，然后改正了呢。虽然引起诸多争议，这部电影还是获得了2700万的票房，成为十大最佳影片，停留在国民的记忆中。

8月 特里·麦克米兰出版了她的突破之作——小说《消失的大幕》(*Disappearing Acts*)。这本书的章节采用交替的两个叙述视角，一位是佐拉(以佐拉·尼尔·赫斯顿的名字命名)，她是学校老师，却想当歌手；另一位是弗兰克林，一个优秀的建筑工人。

小说成为90年代爆发的黑人商业文学潮流的模板。

麦克米兰探讨的，是黑人男性与女性在承诺、金钱和为人父母方面存在的关系冲突。佐拉与弗兰克林在志向和自身可能性方面发生矛盾时，阶级也起到了至关重要的作用，这反映了受过大学教育的黑人女性与她们工人阶层的配偶之间的隔阂。麦克米兰的笔触朴实机智，极易陷入自我欺骗，而且接近现实生活，因此，《消失的大幕》成为美国黑人的必读之作。麦克米兰让一位黑人男性道出许多叙述部分，这样一来就堵住了那些批评之口(虽然并不是所有的)，他们会说这本书不过是另一个攻击黑人男性的故事而已。“那些说我们在作品中应该如何如何刻画黑人男性的话语，我已经听多了，因为我不喜欢听别人说，我们只是社会学家或是人类学家，”她告诉《华盛顿新闻报》(*Newsday*)的记者，“我想把他(弗兰克林)刻画得尽可能贴近现实，我想让读者理解他的挫折，但同时又不能一语道破。”麦克米兰接下来的小说《待到梦醒时分》(*Waiting to Exhale*)依旧会是一个巨大的跨界成就，然而，《消失的大幕》中那对不相配的情侣身上透露出的一种微妙的人性，使得小说成为麦克米兰最感人的作品。

8月23日　布鲁克林本森赫斯特社区的大部分居民是意大利裔，16岁的尤瑟夫·霍金斯(Yusef Hawkins)在那里被一群白人小流氓追着打，最后被击毙。附近的居民听说，住在这里的一个白人女孩居然邀请一个黑人男孩参加她的生日宴会，都震惊不已。事实上，霍金斯到本森赫斯特来，是想买一辆二手车。

霍金斯的死正好发生在激烈的民主党初选时期，因而成了头号事件。黑人候选人大卫·丁金斯亲自上门抚慰受害者家人，责怪现任市长艾德·科奇，城里空气中弥漫着的仇恨他居然不搭理。

这次袭击事件有助于丁金斯号召种族团结，也为艾尔·夏普顿提供了一个唾手可得的舞台。这位名声很臭的神父组织了一场穿过本森赫斯特的抗议游行，吸引了许多媒体争相报道。夏普顿经常受到主流媒体的抨击，然而，当黑人家庭受到白人权势不公正的待遇时，他们总是希望这位神父能替他们表达愤怒之情。大卫·丁金斯离全世界最重要的城市的市长之职只有几个月之遥了，而夏普顿正着手建立一个拥护他的选民区，他会成为家喻户晓的人物。

州政府办公大楼前的第125大街上举行了一个大型集会，以悼念霍金斯之死。在这个为一个小男孩举办的大型活动上，许多说唱界伟大的歌手上台发言，并表演节目。观众大多报以热烈的掌声，只有L. L. 酷杰得到了一些嘘声，说明观众对这位多才多艺的艺人怀着爱恨交加的复杂感情。

8月26日 《电视指南》(*TV Guide*)的封面故事提出了一个问题："奥普拉！电视界最富有的女性?"这篇文章详细记载了她财产收入的增加，从1986年赚的200万美元，到1987年的1200万美元，再到1999年的2500万美元。文章估计，这位35岁的电视主持人年收入为4000万美元，净资产为2亿5000万美元。跟《早安，芝加哥》时期相比，她真的富了不少。

9月 N. W. A. 一曲《警察去死》("Fuck Tha Police")，惹得联邦调查局给优先唱片公司递出了一封警告信。N. W. A. 要去表演的城市的警察局也收到了同样的信件。虽然最后水落石出，信是一个白人种族主义联邦特工策划的，但是也反映了白人群体内某些因素很担忧说唱歌手给美国造成影响，他们的恐惧日益增加。

终有一天，人们不仅会把《警察去死》看成词作者艾斯·库伯

(Ice Cube)恐怖抗议的才能流露，还会把它看成多年以来整个黑人群体，尤其是洛杉矶人民，一直生活在警察控制的压抑之下所带来的遗留效应的街头预言。等到信件被公之于众时，许多左翼作家纷纷把它诠释成美国老大哥主义的典型表现。而对于 N. W. A. 来说，这只不过再次说明此时此刻，他们是“世界上最危险的乐队”，洛杉矶黑帮说唱正要开始谱写它挺身冒险、壮烈殉难的神话。

9月 一直以来，亚特·谢尔(Art Shell)是全职业碗的一名进攻内锋，现在开始担任奥克兰突袭者队的教练，成为自 20 年代的弗里兹·波拉德(Fritz Pollard)以来，国家橄榄球联盟的第一位黑人总教练。从助理教练升到总教练的位置，谢尔一直对突袭者俱乐部(以及那位苛刻到具有传奇色彩的老板艾尔·戴维斯[Al Davis])忠心耿耿。他的执教水平一般，也许这是我们应该期盼的最好结果了吧，至少说明不一定要非常优秀能干的非裔美国人才能有好机遇。不管谢尔担任总教练有哪些不足，他能做到这个位置便为其他黑人教练打开了 NFL 之门。

10月 全国传染病中心的研究人员发现，高纯度可卡因必须为艾滋病毒的扩散承担部分责任，因为它引发了性滥交和以性换取毒品的交易。观察结果表明，毒品吸食场所之于异性恋者，犹如 80 年代的同志桑拿会所之于同性恋，当时 HIV 病毒的传播范围相当广。我们在 21 世纪中看到如此多感染了 HIV 病毒的异性恋黑人女性，数量之多堪比种族清洗，她们都是在 80 年代的毒品吸食场所染上病毒的。高纯度可卡因这种邪恶的毒品，让许多本性善良的人们踏入万劫不复之地，一度优美的社区居住环境也因此荒废。

10月 “霓虹灯”迪昂·桑德斯(“Neon” Deion Sanders),绰号为“黄金时刻”(Prime Time)。这位嘻哈时代的运动员成为跟博·杰克逊一样的双项体育运动明星。新手赛季中,桑德斯在纽约扬基队担任兼职外野手,赛季结束后,他加入亚特兰大猎鹰队担任角卫。在佛罗里达州州立大学读书时,桑德斯就是一位很优秀的角卫兼反攻员,代表学校参加大学世界系列赛(CWS),取得了1988年奥运会选拔赛的短跑选手资格。

这位佛罗里达州土生土长的运动员完全吸引住了公众的目光,然而,他不甘心仅仅做一名运动员。桑德斯借鉴了穆罕默德·阿里的狂妄自大、嘻哈青年的不可一世,创造了独特的霓虹灯迪昂魅力:说话不干不净,言行举止随心所欲,脖子上挂很多金项链。桑德斯是团体运动中第一位凭借其运动才华敢于与华丽浮夸的说唱人叫板的体育巨星(泰森是个人运动中的第一位)。他在说唱歌手MC哈默身上找到了知己,哈默帮他制作了一首不怎么样的说唱单曲——《肯定是金钱干的》(“Must Be the Money”)。

一切皆如桑德斯所料,一份份大合同、广告合约以及疯狂的追星迷都来到了他的身边。论棒球,桑德斯绝对不是博·杰克逊的对手,但是他却是一位让人畏惧的角卫,在为旧金山和达拉斯队效力,争夺超级碗冠军时是一名关键的选手。霓虹灯迪昂的魅力预示着一个体育明星时代的到来——嘻哈运动员,这在我们现在看来并不稀奇,在当时却是新鲜事儿。

10月 最近十年中,黑人文学的女性主义流派不断取得辉煌的文学硕果,这时,一本反动的草根文学读物突然蹦了出来,其非主流的姿态赢得人们广为传阅。莎赫扎德·阿里(Shahrazad Ali)的《了解黑人女性——写给黑人男性的导读》(*The Blackman's*

Guide to Understanding the Blackwoman)摆在各大黑人书店和非洲中心主义文化中心，很快成了畅销书，这位来自费城的作者在书中所表达的，是对待黑人女性极为保守(甚至是厌女)的观点。

阿里写道："美国的黑人男女之间存在一个问题。他们处得并不融洽。黑人男性要想解决这个问题，首先必须了解问题的各个方面。首先，黑人女性完全失控了。她们不甘心屈尊于上帝赐予他们的伴侣即黑人男性的教诲。她们想控制男性，主要是由几个因素导致的，其中最重要的一点便是她们缺乏安全感，神经兮兮地作茧自缚。"

10月 《卡拉卢》杂志的冬季刊上登了年轻小说家特雷·艾力斯写的一篇文章，题为"全新的黑人审美观"("The New Black Aesthetic")。最初，文章是《纽约时报》的约稿，接着之前格雷格·泰特在《乡村之音》上写过关于黑人艺术中隔代变化的话题往下探讨。艾力斯这样描绘黑人年轻艺术家："长大后，发现黑人世界和白人世界都不理解他。孤独不合群的(年轻)知识分子中，越来越多的人躲到爵士和布鲁斯的象牙塔中，还有一些人你能在疯克音乐会现场看到，还有在书店出没、戴着圆形小墨镜的小个子流氓；有些人承认，他们既喜欢杰姆又喜欢托尼·莫里森。"

为了阐释自己的理论，艾力斯接着说道："虽然从美学标准的角度来说，全新的黑人审美观(NBA)不会比莫里森女士的《所罗门之歌》(*Song of Solomon*)(1978年)时髦多少，然而作为一种运动，我们能找到足够的证据说明它很新潮。在黑人历史上，我们第一次有了这么多大学毕业生，他们的父母也都是大学毕业生。NBA跟许多欣欣向荣的艺术形式一样，是由中产阶级下一代催生的后中产阶级运动。"艾力斯举出了温顿·马萨利斯、艾迪·墨菲、斯派克・李的《稳操胜券》和《学校万花筒》、乔治・沃尔夫的《黑人博物馆》、特里・麦克米兰的《妈妈》、摇滚乐队“生命之彩”和“鱼刺”，作为NBA的有力证据。

艾力斯的积极乐观并非空穴来风——随着80年代的演进，黑人艺术界的态度和性情发生了重大的变化，这一点自不在话下。但是事实并非全然如此。变化涉及的范围太广了，而且错综复杂，不能仅仅用隔代变化的旗帜来概括，因为也涉及政府政策的转向以及黑人行为的社会转变。80年代里，最适合走向市场的黑人文化（嘻哈、探讨男女关系的文学作品）先开始是得到非裔美国人群体内部的机构组织的支持，然后一些大公司收购了这些机构。然而，同一时期诞生的其他文化运动（黑人摇滚、完全独立的黑人电影）在接下来的十年里，却会面临生存的困境。

10月16日 《国家》（*The Nation*）周刊上刊登了洛杉矶作家兼社会运动家苏珊・安德森（Susan Anderson）的《民权运动再回首》（*Eyes on the Prizes, Not the People*），文章一针见血地道破了黑人领导层与下等阶层黑人之间白热化的冲突。安德森写道：“即便是到今天，平权行动、公平住房、教育和选举平等也只是少数族裔中最有权有势，或是最有雄心壮志的人才能享有，他们通过自身努力，可以参与社会体制下有限的‘机遇’。黑人自由运动在法律法规上取得了进展，然而，今天的自由运动依然面临很多问题，法律法规上的突破也只是活跃在主流社会中的黑人领袖做出种种妥协换来的，只要黑人在国家经济体制中能‘平等地’被代表，他们就不会指摘其种种漏洞。不幸的是，代表只是针对‘有资格的’黑人说的。带着沉重的阶级歧视做出的妥协，这就是当今黑人政界最不为人知的事实真相。”

安德森总结道："黑人政坛若想重整，那就要看领导们是否敢直面穷人的苦楚，进而挑战现行的经济秩序，眼下的经济秩序创造贫穷与积累财富一样随心所欲……然而，那些只顾自己政治生涯、沾沾自喜或是贪污腐败的黑人政客是不太可能担当如此伟大的事业的……再怎么说，民权运动也是由公车上的一张座位[①]引发的，而不是政界的一张位置。"

11月　圣丹斯电影节是美国独立电影最重要的舞台。1990年，电影节接受了三部黑人故事片（温德尔·哈里斯[Wendell Harris]的《变色龙大街》[*Chameleon Street*]、雷吉·哈德林的《家庭派对》以及查尔斯·伯内特的《带怒而眠》）以及詹尼·李文斯顿(Jennie Livingston)的纪录片《巴黎在燃烧》(*Paris Is Burning*)参展。《巴黎在燃烧》是一部关于纽约黑人同志亚文化的纪录片。电影节还邀请了黑人评论家阿蒙德·怀特(Armond White)作为评委嘉宾。

电影节在1月份举行，是黑人导演的重大出柜派对。哈里斯的作品以两个黑人皮条客的生活为背景，新颖独特，赢得了评委会大奖（虽然影片只在小范围内放映）。哈德林的《家庭派对》是以他在哈佛拍的短片为基础，赢得了电影制作人奖杯（由导演投票）以及最佳电影摄影奖。影片轻松活泼，起用了两位技术一般，但是魅力不凡的说唱歌手([Kid 'N Play])，两位著名的喜剧演员（罗宾·哈里斯[Robin Harris]和马丁·劳伦斯[Martin Lawrence]），还有

---

① 50年代，美国很多城市的公共交通实行种族隔离制度，黑人应让座给白人。1955年12月1日，阿拉巴马州蒙哥马利城一位名叫罗莎·帕克斯夫人的黑人在公共汽车上拒绝让座给白人，被捕入狱，由此引发了全城黑人罢乘公共汽车，最终民权运动爆发。

一帮新秀演员，想捕捉给嘻哈音乐以灵感的“狂欢派对”精神。《家庭派对》是迄今为止探讨嘻哈音乐最重要的电影（拍摄耗资 200 万美元，为新线电影公司赚得 2800 万美元）。继这部影片之后最重要的带有嘻哈风味的影片将会探索嘻哈文化的黑暗面。

伯内特 1977 年的电影《杀羊人》（*Killer of Sheep*）被认为是艺术价值最高的黑人独立影片，而这次这部冷静思索的《带怒而眠》则得到了评委会的特别认可。影片的执行制片人丹尼·格洛弗因之前的电影《致命武器》而吸金不少，这次他扮演了一个南方江湖骗子，他的阴险骗术差点毁了洛杉矶一户人家。南方腹地里游荡的非洲鬼魂贯穿着整个寓言，提醒大家历史是如何掐着现时的喉颈的。伯内特把 70 年代原汁原味的洛杉矶黑人独立影片场景所携带的严肃主题带到了新时代里。《带怒而眠》虽然没有广泛播映，但是至少说明黑人电影完全有能力像文学和音乐那样，形象生动地再现非裔美国人的生活经历。它提出的问题令人望而却步：其他黑人电影人会有这样的技术和资金，跟上伯内特的步伐吗？

李文斯顿的影片则是把“孩子们”，也即黑人异装癖者快活嬉戏的世界呈现在了荧幕上，风格幽默，华美中透着伤感。“斯纳普皇后”[①]在荧幕上这么一亮相，被他们改头换面的主流风格（他们把相互竞争的两帮人戏称为“香奈儿店”和“圣劳伦店”）和他们特有的造型，即“时髦”的舞风，很快就渗透进广告、电影、音乐等主流文化中，连麦当娜也是受到《巴黎在燃烧》姿态影响的名人之一。

---

① 斯纳普皇后（snap queen）：指带有夸张的女性特征的年轻男子，他们经常做的动作是响指（finger snap），斯纳普是动词 snap 的音译。

11月3日　电影《荣耀》(*Glory*)首映。导演艾德·兹维克(Ed Zwick)进军电影长片,导演了这部根据真实故事改编的影片,描写内战期间一个全由黑人组成的抗战分队的故事,不过他最为人所熟知的,是他制作并编写的ABC电视台剧集《三十而立》(*Thirty Something*),讲述雅皮士的故事。在好莱坞自由电影制片史的长廊里,《荣耀》绝对算上乘作品之一,因为它的演员阵容强大,兹维克给了演员很大的自由空间,让他们塑造经典的人物形象。安德烈·布劳格(Andre Braugher)在出演电视剧《凶杀》(*Homicide*)之前,先是在《荣耀》里扮演了一个书呆子气的北方黑鬼——托马斯·瑟尔斯(Thomas Searles)下士。摩根·弗里曼离他职业生涯中最重要的电影《为戴茜小姐开车》只相距一部影片,他继续扮演汤姆叔叔式的人物——军士长约翰·罗林斯(John Rawlins),一位性情随和的前奴隶。

但是,影片真正打动人心的,是丹泽尔·华盛顿对愤怒的诠释。华盛顿扮演的士兵特里普是一个酝酿中的奈特·特纳(Nat Turner),他让观众尽情想象,在奴隶制结束之前的年代里,一个骄傲的黑人男子是什么样子。经典的一幕里,华盛顿被绑在一根柱子上,因违反军法而受鞭刑,他既没有痛苦地喊叫,也没有疼痛地打滚,只有一滴眼泪从面颊上淌下。这精彩一幕让他赢得了奥斯卡最佳男配角奖。

11月3日　查尔斯·莱恩的电影《街边故事》(*Sidewalk Stories*)几乎是一部无声影片,在曼哈顿的第57大街放映。这部通常被人忽略的故事片讲述了一个无家可归的优雅男士想好好照顾他的女儿,是一部难能可贵的片子。莱恩是纽约黑人独立电影人群体的一员,BFF曾在纽约城的公园里放映过他的作品。1976年,莱恩拍摄了电影《那时那地》(*A Place in Time*),讲述了纽约一个流浪街头的艺术家的故事,是一部 36 分钟的无声影片。

十年以后,莱恩利用后斯派克时代人们对黑人独立电影人的兴趣,为他这部非同寻常的黑白影片筹得拍摄资金。曾推出过《稳操胜券》和《蒙娜丽莎》的孤岛电影公司曾表示过兴趣,但是好运没有相中莱恩。不管怎样,《街边故事》还是一部很不错的影片,今年早些时候曾在戛纳电影节上首映。电影放映完后,观众集体起立,鼓掌长达 12 分钟。如果今天人们还记得莱恩的话,一定是记住了他 1991 年的迪斯尼喜剧片《真我假我》(*True Identity*),虽然这部影片并不会让人印象深刻。英国黑人喜剧演员兰尼・亨利(Lenny Henry)在其中扮演有着白皮肤的黑人。

11月5日 一整年,查克・D 因格瑞菲教授接受《华盛顿时报》采访引起的风波而饱受困扰。冬日里的一个深夜,他跳上自己的福特野马,从长岛开到宾夕法尼亚,再开回来。就是在这个漫长的独驾夜晚,查克写下了歌曲《欢迎来到恐怖王国》("Welcome to the Terrordome")的大部分歌词。

在清脆的电吉他声和鸣响的钹声伴奏下,查克开始了独唱——没有弗雷尔在此缓和一下氛围——查克意识流的说唱让人想起以前布鲁斯里的说唱。歌曲的旋律非常感性沉痛,几乎是介于感伤与嘲讽之间。"人民公敌"乐队的所有讽刺歌曲中,没有一首能像《欢迎来到恐怖王国》一样沉重哀恸。

然而,像乐队几乎所有的歌曲那样,《欢迎来到恐怖王国》也惹来了争议。犹太拉比现在也会听一些嘻哈音乐,他们找出一些歌词——"所谓的'冷血的上帝选民'"和"像选中耶稣一样,他们选中了我",指出里面带有反犹意图。他们的逻辑让查克大为恼怒,原本只是容忍反犹主义，一气之下自己也成了反犹人士。

这些攻击的讽刺之处在于，“人民公敌”乐队的支援团大部分是黑人。跟他们签约的人（里克·鲁宾）、他们的私人经纪人（罗恩·斯托勒[Ron Stoller]和埃德·查尔平[Ed Chalpin]）、德福·詹姆公司的公关人员（比尔·阿德勒[Bill Adler]）以及拉什管理公司的总裁（里奥·科恩[Lyor Cohen]）都是犹太人。今年一年的风波里，他们始终坚定地站在“人民公敌”背后。因此，查克·D和洛杉矶的一个拉比，还有记者尼尔森·乔治，一起上《今日》节目，当着布莱恩特·冈贝尔的面解释清楚。

11月6日 49岁的查尔斯·刘易斯出席地区法庭并宣誓作证，1988年，特区市长马里恩·巴里到当地的华美达饭店看望他时，他至少给过他三次可卡因。巴里承认曾经六次前往刘易斯下榻处，但是否认曾购买、服用，或是看到毒品。

11月7日 在西北部，黑人赢得了一场重大的选举胜利。华盛顿州的西雅图市尚未与油渍摇滚、微软亿万富翁、星巴克这些文化概念等同起来。此时此刻的西雅图，只是一个很少有黑人居住的白人城市，因而，诺曼·B. 赖斯(Norman B. Rice)能当选为市长真的很让人吃惊。赖斯是一位黑人温和派人士，多年来一直是市政厅的成员，他精通各项政策，在这个只有10%黑人人口的城市里赢得了58%的选票。

就在西雅图选择赖斯当市长的同一天，市民们通过了一项反对黑人白人同校的行动方案——“救救我们的学校”，赖斯本人是反对这项方案的。方案仅以1100票胜出。这个西北部的城市富有，又精明，大部分市民觉得如果一个黑人很优秀，可以领导他们，但是他们不想让城里数量有限的黑人学生坐在他们自己小孩的边上。西雅图传达的信息在这个时代里再平常不过：人们可以接受一个黑人领导，但是要接受普通的黑人群众，还有些麻烦。

12月 据美国人口局统计，黑人已经受够北方和中西部地区的生活了。一场具有历史意义的反向迁移已经浩浩荡荡展开，究其原因，可能是工人阶层工作机会的减少、居住环境的恶化以及毒品激发的社会混乱。从1980年到1984年间，全国各地只有89 000名非拉美裔的黑人搬到南方。从1985年到1989年，这个数字猛增到355 000。在北方和中西部的大城市里能找到更好的工作，房价低廉且居住舒心，远离种族主义——黑人的美国梦对于很多人而言不过是个幻想而已。

50年流落在梅森-迪克森线[①]以外的生活即将结束。大人们已经厌倦了在寒冷中瑟瑟发抖的生活，祖父母们想回到平静宜居的家乡，年轻人要过慢节奏的生活，找份工资可以维持生活的工作，他们拖家带口回到亚特兰大、弗吉尼亚海滩、夏洛特市这样的麦加城，然后跟还在大都市里碌碌劳作的朋友们吹嘘他们的新家。

12月6日 一位79岁的黑人法官判处一名22岁的黑人男子终身监禁，不得假释。这名男子藏有5.5盎司高纯度可卡因，根据1988年的一项联邦毒品非法交易法规的规定，对任何有两项以上犯罪前科的被告要判重刑。就洛杉矶中南部的理查德·温罗(Richard Winrow)案裁决一事，地区法庭法官大卫·W.威廉姆斯

---

① 梅森-迪克森线(Mason-Dixon Line)：宾夕法尼亚州与马里兰州之间的分界线，为过去蓄奴州的最北边界线。

(David W. Williams)解释道:“我跟他有一两处共同点。我们一样的肤色,来自相似的社区。我在第109东街长大,我对那个社区再熟悉不过,我知道它现在变了很多。这个人把这样的社区变得不能住人,不能走在大街上。我的同胞都是受害者。”

如果温罗是在州法庭被起诉这些罪行的话,那么他获得的最高刑罚是有期徒刑四年。他的律师争辩道,联邦法律触犯了宪法保护被告不受残酷异常处罚的权利,剥夺了法官根据特定被告量刑的自行处置权。温罗被起诉所依循的法律,是1988年反毒品滥用修正法案的一部分,这项法案中有修正条款主张对毒枭判处死刑,引起不小的争议,因而法案本身的重要性也打了折扣。

大家想必也能体会(甚至钦佩)这位法官对毒贩子的愤恨,但是我们也要看到,毒品狂潮触动了美国司法部门最为叛逆的一面,温罗案不过是许多例子之一。

在民权和罪犯定刑持续的紧张较量中,可卡因的出现使正义的天平向处罚偏移,这种处罚通常很残酷,而且带有种族色彩。藏有同等重量的高纯度可卡因要比火药的罪行更严重,这种强制定刑的政策显然是针对街头年轻的毒贩子的,他们通常有着黑色和棕色肌肤。带有种族色彩的定罪量刑是各州和联邦立法的主要倾向,这种情况一直持续到90年代,共和党和民主党内部都传来强烈的支持声。

12月20日 为了“保护”本国公民、推翻曼纽尔·诺瑞珈(Manuel Noriega)将军的政权,美国对巴拿马实行军事入侵。今天早上,许多美国人首次一睹科林·鲍威尔将军的容貌,鲍威尔最近被任命为参谋首长联席会议的主席。身为美国的最高军事长官,他召开新闻发布会,像脱口秀主持人一样镇定自若地解释此次军事行动。鲍威尔多年来一直供职于首都政府,是80年代最后一位黑人媒体新星。他谈吐流利,拥有权威感和震慑力,可能在白人中的人气要高于黑人群体中。鲍威尔的军旅生涯已经算是一帆风顺了,这次晋升的新职务更是把他推到口实的浪尖(未来的国务卿呢还是总统?)。鲍威尔完美地解释了我们是如何拿下巴拿马运河,又是如何打败当地军队的,这下子,他成了自德怀特·艾森豪威尔(Dwight Eisenhower)以来最受全国人民爱戴的将军,同时也是美国军事力量最贴近百姓的代言人,成为80年代登场的黑人群星中最后一位恰好也是最有影响力的一位。大半个美国一边吃着早餐,一边谈论着我们是如何入侵一个发展中国家的。时代的帷幕悄然落下。

遗产，烛照脚下之路

众人盼着能有一位领袖降临。穷富之间的经济文化沟壑越来越宽。毒品及性病杀起人来悄无声息。“黑人特质”被重新界定，影响范围之广，以致这个词的魅力逐渐丧失。对那些自称非裔美国人的人而言，1980 到 1989 这十年，尽是极端的对比，一直在前进与倒退中跌跌撞撞，留给后人的遗产也相互矛盾，让人费解。

嘻哈音乐和黑人女性文学显然是胜者，90 年代里，这两种艺术形式会继续蓬勃发展。黑人市长的影响力时断时续。威尔逊·古德虽然在 MOVE 炸弹事件中犯下的错误引人注目，不过，他仍能再次当选为费城市长。而且几年之后，费城的选民会团结一致，再次选出另一位黑人担任市长。然而，在纽约和芝加哥，以及弗吉尼亚州的州长府邸，黑人权力犹如昙花一现。作为一种狂热和商品的高纯度可卡因，其潮流已慢慢退去，但是造成的人员伤亡仍在增加：瘾癖会再次复发，家会破人会亡，监狱文化会蔓延到监狱以外并扎下根来。

80 年代里扬名立万的大多数人都留在了主流舞台上——有些人少年得志，成了权势的掌舵者，有些人少年老成，还有些人身败名裂。90 年代里，奥普拉·温弗瑞唯一走错的一步是参与制作并出演了一部改编自托尼·莫里森的经典小说《宠儿》(*Beloved*)

的电影,影片气势恢弘,却名不副实。不然的话,她可以全身心投入到电视节目、杂志创办和读书俱乐部中。托尼·莫里森倒是赢得了诺贝尔文学奖。科林·鲍威尔被任命为国务卿。特里·麦克米兰的三本小说被拍成电影。罗素·西蒙斯的德福·詹姆唱片公司成为嘻哈音乐的生产基地,他在有线电视和服装行业的投入也有不错的回报。小亨利·路易斯·盖茨仍旧是学术界一位泰斗人物,即使经常遭人批评。奥古斯特·威尔逊继续他那壮观的戏剧创作事业。艾尔·夏普顿神父顶着重重压力,成为一位具有威慑力的政坛人物。斯派克·李的职业生涯更是复杂。没有任何一位美国电影人能像他那样多产,既拍电影长片,又拍纪录片和广告,虽然他对文化产生的最大影响一直要到90年代初才会出现。"人民公敌"乐队仍旧四处演出,并录制唱片(经常是通过网络发行),但是已失去了销售噱头,虽然查克·D会成为嘻哈音乐的卫道士(他做了很多讲座,在电视上露脸,还建了个网站)。布莱恩特·冈贝尔犯过几次小错,不过,他在HBO主持的一档体育节目非常不错。新一代女性作家的创作从艾丽丝·沃克的作品里汲取营养,然而,她们的出现盖过了沃克的锋芒。特蕾西·查普曼的作品经常式样翻新,虽然她的音乐还是一如既往地真挚感人。时至今日,艾迪·墨菲似乎只能拍拍火爆的家庭剧,挣个一亿美元,或是演些无趣的烂角色。

阿森尼奥·霍尔、大卫·丁金斯、惠特尼·休斯顿、普林斯(90年代里有一段时间,被人称为"标志男")和安妮塔·贝克都是80年代重要的名人,他们要么从公众面前消失(通常是自己的选择),要么由于个人选择的伴侣或是名字,而遭来众人的取笑。MC哈默的名气升得快,跌落得更快。迈克·泰森从一位让人闻风丧胆的拳击高手,沦落为马戏团表演秀演员,其间还在监狱里短暂呆过一段时间，清醒了下脑子。

精力充沛的迈克尔·杰克逊和杰西·杰克逊在1984年时曾是民族的向心力，20年过后，他们依然在公众视线内，却不复往日的活力，名誉重重受损。对人性侵犯，被告上法庭，小报消息满天飞，高傲不睬，伪装无辜。岁月对两位姓杰克逊的人毫不留情。难道是因为他们当年的名气太大了，这次跌也要跌得隆重惨烈？

一位朋友的理论是，黑人生活状态有无改善，只需看看我们周围的平凡人是如何晋升的。他认为，在以往，非裔美国人必须有威利·梅斯(Willie Mays)的活力、雪莉·齐泽姆的激情或是瑟古德·马歇尔(Thurgood Marshall)那样的分析能力，才有可能获得成功。而现在不必了。80年代留给人们的遗产中，我们没有公开承认的一点是，如此多的机会之门朝我们打开，不仅局限于才能兼备之人，即便是平庸之辈，有时甚至是蠢材也能沿着名利之梯爬升。只消看看电视台的蒙泰尔·威廉姆斯(Montel Williams)、国会非裔议员连线团体里的庸庸之辈，还有90年代程式化的黑人罗曼司小说的兴盛，你就大概能看出这个种族是否在改善。你一定觉得这个理论真高明。

还记得黑人共和党吗？80年代初期，有几个珍品在这个动荡不安的年轻国家政府里担任要职。但是康迪·赖斯(Condi Rice)和克拉伦斯·托马斯的例子就说明，即使一两个人取得成就，这种老式的楷模意识形态对大众产生的正面影响有时还是小得可怜。最终，黑人要想参与我们称之为美国民主的这场扑朔迷离的事业，不再需要个人超凡的能力，或是抗议游行，或是实施道德训诫。现在看来，我们所需的仅仅是融入大众的意愿，接受这个并不完美的国家的价值观，即热衷于科学技术、物质生活、大笔的军费开支、假惺惺的虔诚、干涉他国外交政策的主张以及痛恨空想的社会改善方案、自主独立的第三世界国家,并且不愿关注那些不接受美国价值观的异己者。中庸,是整个国家都推崇的态度。非裔美国人群体内,从上到下都加入了这一膜拜潮流。

那什么又是后灵魂年代呢?在我看来,非裔美国人已经跨过这个阶段了。在21世纪里,他们正与一些全新的身份概念打交道。我们不再是这个国家最大的少数族裔群体,虽然我们仍是非白人这个硕大群体的一部分。许多种族血统模糊的混血孩子由于受习俗和种族主义观点的影响,曾视自己为黑人,现在他们接受了自己多种族的身份。黑人群体发现,白人业主正在入侵他们的领地,那些地方在黑人历史上曾有过举足轻重的地位,而白人们正在这儿找寻发家致富的机会。目前几乎三分之二的黑人不到40岁。在美国颜色最深的大城市底特律,一位名叫克瓦姆·基尔帕特里克(Kwame Kilpatrick)的32岁的嘻哈迷当选为市长。已拍板的事情又被改变了,而且始终还在改变。作为少数族裔,作为美利坚合众国的一部分,是时候换一种新的眼光看待我们自己的身份了。我们依旧蠢蠢欲动,依旧进取创新,依旧朝气蓬勃,而这些,都是诠释我们国家的精神特质。我们已不属于后灵魂年代,已跨入了新的时代。什么时代?现在,姑且把这个结论留给你们吧。

致　谢

首先，我要感谢哥伦比亚大学新闻系的学生艾丽夏·伊斯特(Ellysha East)，是她不辞辛劳地为我找寻相关书籍、文章，教我使用 LexisNexis，省去了研究过程中不少的麻烦。祝福她，愿她在探索狗镇[1]的真正涵义和重新研究飞盘战的旅途中能乘风破浪，到达彼岸。

自从 1988 年的《节奏与布鲁斯之殇》(*The Death of Rhythm & Blues*)以来，我的每一部非小说类作品，温迪·沃尔夫(Wendy Wolf)都仔细校对。她是我忠实的读者、批评家和导师，我的文字如铁，经她的敲打锤炼而成钢。没有她，我写的非小说类故事不会成书(也许根本不会写)。

莎拉·拉曾(Sarah Lazin)做我的经纪人已达近 20 年之久，向她表示我最真挚的尊敬与敬仰。

许多好友给了本书灵感。某些情况下，他们的人生故事就记录在此，希望我未失偏颇、做到了公允。感谢他们：比尔·史蒂芬尼、克里斯·洛克、雷吉·哈德林、罗素·西蒙斯、梅丽莎·麦克斯

---

① 狗镇(Dog Towns)：美国有几处称之为"狗镇"的小镇，如加利福尼亚和伊利诺伊州。加州的狗镇是由 19 世纪淘金时代的淘金者创立，因其恶劣的居住环境而得名。淘金者离开后，小镇便荒弃了，又叫做鬼镇。

维尔、安·卡里、西恩·丹尼尔、史蒂芬·巴恩斯、阿库雷·沃尔、莫尼克·琼斯、贝森·哈迪逊、维侬·里德、盖瑞·哈里斯、图雷和帕姆·刘易斯。

特别感谢《今日美国》杂志、罗伯特·克里斯高的“消费者导读”专栏，以及约翰·多斯·帕索斯的《美国》三部曲，在它们的影响下，本书的叙述模式得以成型。衷心感谢克里斯高以及《乡村之音》，谢谢他们在1992年5月17号的杂志上为这个疯狂的后灵魂年代概念提供了安身之所，才有了十年后的今天这本书的结构框架。